故宮

博物院藏文物珍品全集

故宮博物院藏文物珍品全集

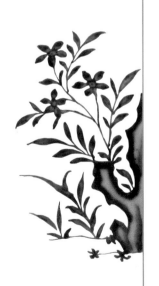

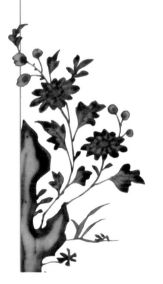

青花釉裏紅

（中）

主編：耿寶昌

商務印書館

青花釉裏紅（中）

Blue and White Porcelain with Underglazed Red (II)

故宮博物院藏文物珍品全集

The Complete Collection of Treasures of the Palace Museum

主　　編 …………… 耿寶昌

副 主 編 …………… 邵長波

編　　委 …………… 趙　宏　蔡　毅　陳潤民　王建華　陳華莎(特邀)

攝　　影 …………… 趙　山

出 版 人 …………… 陳萬雄

編輯顧問 …………… 吳　空

責任編輯 …………… 田　村

設　　計 …………… 李士伋

出　　版 …………… 商務印書館（香港）有限公司
　　　　　　　　　　 香港筲箕灣耀興道 3 號東滙廣場 8 樓
　　　　　　　　　　 http://www.commercialpress.com.hk

發　　行 …………… 香港聯合書刊物流有限公司
　　　　　　　　　　 香港新界大埔汀麗路 36 號中華商務印刷大廈 3 字樓

製　　版 …………… 奇峰分色製版有限公司
　　　　　　　　　　 香港柴灣康民街 10 號新力工業大廈 17 樓 A01 室

印　　刷 …………… 中華商務彩色印刷有限公司
　　　　　　　　　　 香港新界大埔汀麗路 36 號中華商務印刷大廈

版　　次 …………… 2009 年 12 月第 2 次印刷
　　　　　　　　　　 © 商務印書館（香港）有限公司
　　　　　　　　　　 ISBN 978 962 07 5269 8

All inquiries should be directed to:
The Commercial Press (Hong Kong) Ltd.
8/F., Eastern Central Plaza, 3 Yiu Hing Road, Shau Kei Wan, Hong Kong.

故宮博物院藏文物珍品全集

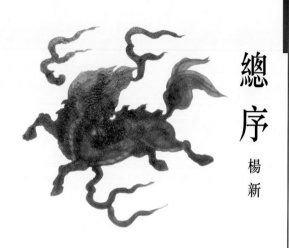

總序

楊新

故宮博物院是在明、清兩代皇宮的基礎上建立起來的國家博物館，位於北京市中心，佔地72萬平方米，收藏文物近百萬件。

公元1406年，明代永樂皇帝朱棣下詔將北平升為北京，翌年即在元代舊宮的基址上，開始大規模營造新的宮殿。公元1420年宮殿落成，稱紫禁城，正式遷都北京。公元1644年，清王朝取代明帝國統治，仍建都北京，居住在紫禁城內。按古老的禮制，紫禁城內分前朝、後寢兩大部分。前朝包括太和、中和、保和三大殿，輔以文華、武英兩殿。後寢包括乾清、交泰、坤寧三宮及東、西六宮等，總稱內廷。明、清兩代，從永樂皇帝朱棣至末代皇帝溥儀，共有24位皇帝及其后妃都居住在這裏。1911年孫中山領導的"辛亥革命"，推翻了清王朝統治，結束了兩千餘年的封建帝制。1914年，北洋政府將瀋陽故宮和承德避暑山莊的部分文物移來，在紫禁城內前朝部分成立古物陳列所。1924年，溥儀被逐出內廷，紫禁城後半部分於1925年建成故宮博物院。

歷代以來，皇帝們都自稱為"天子"。"普天之下，莫非王土；率土之濱，莫非王臣"（《詩經·小雅·北山》），他們把全國的土地和人民視作自己的財產。因此在宮廷內，不但匯集了從全國各地進貢來的各種歷史文化藝術精品和奇珍異寶，而且也集中了全國最優秀的藝術家和匠師，創造新的文化藝術品。中間雖屢經改朝換代，宮廷中的收藏損失無法估計，但是，由於中國的國土遼闊，歷史悠久，人民富於創造，文物散而復聚。清代繼承明代宮廷遺產，到乾隆時期，宮廷中收藏之富，超過了以往任何時代。到清代末年，英法聯軍、八國聯軍兩度侵入北京，橫燒劫掠，文物損失散佚殆不少。溥儀居內廷時，以賞賜、送禮等名義將文物盜出宮外，手下人亦效其尤，至1923年中正殿大火，清宮文物再次遭到嚴重損失。儘管如此，清宮的收藏仍然可觀。在故宮博物院籌備建立時，由"辦理清室善後委員會"對其所藏進行了清點，事竣後整理刊印出《故宮物品點查報告》共六編28

冊，計有文物117萬餘件（套）。1947年底，古物陳列所併入故宮博物院，其文物同時亦歸故宮博物院收藏管理。

二次大戰期間，為了保護故宮文物不至遭到日本侵略者的掠奪和戰火的毀滅，故宮博物院從大量的藏品中檢選出器物、書畫、圖書、檔案共計13427箱又64包，分五批運至上海和南京，後又輾轉流散到川、黔各地。抗日戰爭勝利以後，文物復又運回南京。隨着國內政治形勢的變化，在南京的文物又有2972箱於1948年底至1949年被運往台灣，50年代南京文物大部分運返北京，尚有2211箱至今仍存放在故宮博物院於南京建造的庫房中。

中華人民共和國成立以後，故宮博物院的體制有所變化，根據當時上級的有關指令，原宮廷中收藏圖書中的一部分，被調撥到北京圖書館，而檔案文獻，則另成立了"中國第一歷史檔案館"負責收藏保管。

50至60年代，故宮博物院對北京本院的文物重新進行了清理核對，按新的觀念，把過去劃分"器物"和書畫類的才被編入文物的範疇，凡屬於清宮舊藏的，均給予"故"字編號，計有711338件，其中從過去未被登記的"物品"堆中發現1200餘件。作為國家最大博物館，故宮博物院肩負有蒐藏保護流散在社會上珍貴文物的責任。1949年以後，通過收購、調撥、交換和接受捐贈等渠道以豐富館藏。凡屬新入藏的，均給予"新"字編號，截至1994年底，計有222920件。

這近百萬件文物，蘊藏着中華民族文化藝術極其豐富的史料。其遠自原始社會、商、周、秦、漢，經魏、晉、南北朝、隋、唐，歷五代兩宋、元、明，而至於清代和近世。歷朝歷代，均有佳品，從未有間斷。其文物品類，一應俱有，有青銅、玉器、陶瓷、碑刻造像、法書名畫、印璽、漆器、琺瑯、絲織刺繡、竹木牙骨雕刻、金銀器皿、文房珍玩、鐘錶、珠翠首飾、家具以及其他歷史文物等等。每一品種，又自成歷史系列。可以說這是一座巨大的東方文化藝術寶庫，不但集中反映了中華民族數千年文化藝術的歷史發展，凝聚着中國人民巨大的精神力量，同時它也是人類文明進步不可缺少的組成元素。

開發這座寶庫，弘揚民族文化傳統，為社會提供了解和研究這一傳統的可信史料，是故宮博物院的重要任務之一。過去我院曾經通過編輯出版各種圖書、畫冊、刊物，為提供這方面資料作了不少工作，在社會上產生了廣泛的影響，對於推動各科學術的深入研究起到了良好的作用。但是，一種全面而系統地介紹故宮文物以一窺全豹的出版物，由於種種原因，尚未來得及進行。今天，隨着社會的物質生活的提高，和中外文化交流的頻繁往來，無論是中國還是西方，人們越來越多地注意到故宮。學者專家們，無論是專門研究中國的文化歷史，還是從事於東、西方文化的對比研究，也都希望從故宮的藏品中發掘資料，以探索人類文明發展的奧秘。因此，我們決定與香港商務印書館共同努力，合作出版一套全面系統地反映故宮文物收藏的大型圖冊。

要想無一遺漏將近百萬件文物全都出版，我想在近數十年內是不可能的。因此我們在考慮到社會需要的同時，不能不採取精選的辦法，百裏挑一，將那些最具典型和代表性的文物集中起來，約有一萬二千餘件，分成六十卷出版，故名《故宮博物院藏文物珍品全集》。這需要八至十年時間才能完成，可以說是一項跨世紀的工程。六十卷的體例，我們採取按文物分類的方法進行編排，但是不囿於這一方法。例如其中一些與宮廷歷史、典章制度及日常生活有直接關係的文物，則採用特定主題的編輯方法。這部分是最具有宮廷特色的文物，以往常被人們所忽視，而在學術研究深入發展的今天，卻越來越顯示出其重要歷史價值。另外，對某一類數量較多的文物，例如繪畫和陶瓷，則採用每一卷或幾卷具有相對獨立和完整的編排方法，以便於讀者的需要和選購。

如此浩大的工程，其任務是艱巨的。為此我們動員了全院的文物研究者一道工作。由院內老一輩專家和聘請院外若干著名學者為顧問作指導，使這套大型圖冊的科學性、資料性和觀賞性相結合得盡可能地完善完美。但是，由於我們的力量有限，主要任務由中、青年人承擔，其中的錯誤和不足在所難免，因此當我們剛剛開始進行這一工作時，誠懇地希望得到各方面的批評指正和建設性意見，使以後的各卷，能達到更理想之目的。

感謝香港商務印書館的忠誠合作！感謝所有支持和鼓勵我們進行這一事業的人們！

1995年8月30日於燈下

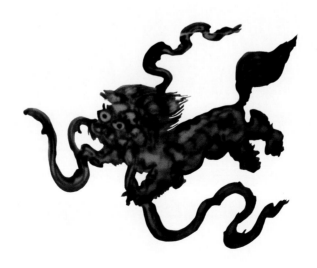

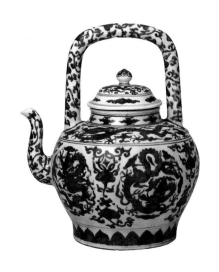

目錄

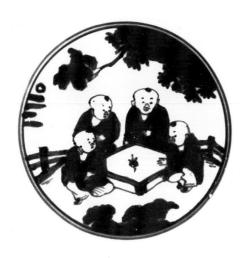

文物目錄

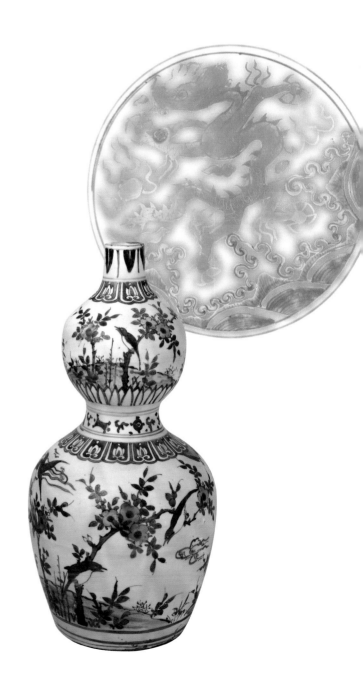

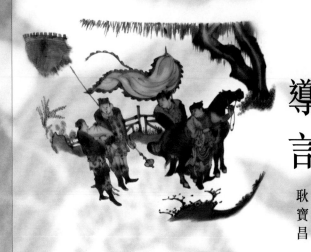

明代中晚期青花釉裏紅瓷器概述

導言

耿寶昌

北京故宮博物院收藏的元、明、清三代青花、釉裏紅瓷器多係官窰御器，其質量之高，數量之多，均居全國首位。本次出版《故宮博物院藏文物珍品全集》選取青花、釉裏紅，包括少量青花釉裏紅及青花加彩瓷器，以時間為序，分編為三卷，上卷自元代至明代天順朝；中卷自明代成化朝至崇禎朝；下卷為清代初年至清末。此三卷的出版，將首次全面介紹有關重要藏品。

本卷為中卷，內容包括明代中晚期的青花釉裏紅瓷器，計二百三十六件，時間跨度一百七十九年，歷經成化、弘治、正德、嘉靖、隆慶、萬曆、泰昌、天啟、崇禎，共九帝。這一時期的青花釉裏紅瓷器的製作條件和藝術水平，與元至明初相比，有其鮮明的時代特點。

青 花

青花仍為明代中晚期瓷器製作的主要品種，隨着國勢由強而弱，製作工藝由精細、雅致、秀巧，逐漸走向晚期的粗者甚粗，細者越細。

（一） 成化青花

明朝第九位皇帝朱見深於1465年登基，改年號為成化。成化帝不僅擅長丹青，同時也愛青花、鬥彩瓷，尤愛玲瓏小品。由於天子所好，此時的青花瓷器燒造數量相當可觀。北京故宮博物院藏成化瓷僅青花一類即有八十件之多，加上台北故宮博物院的藏品，南京朝天宮及其他地區博物館收藏，以及流散於海內外的署款與未署款的，更是不可勝數。這些傳世遺珍以實物印證了《明史·食貨志》的記載：「成化時遣中官之浮梁景德鎮，燒造御用瓷器最多且久，費不貲。」

成化官窰青花瓷十分精美，釉色溫潤、青花淡雅，以秀巧見長，既不亞於永（樂）宣（德）之作，又富有自己的特色。此時期大器與小器並重，故宮博物院收藏的諸多杯、盞、盤、碟、高足杯等玲瓏、輕盈的小品，均為完美佳作。其造型雋秀，綫條圓潤柔和，真可謂多一綫則拙，少一綫則缺，後世歷朝仿品無一可與之相比擬。其中青花纏枝花紋瓜棱瓶（圖1）、青花山石花卉紋蓋罐（圖4）、青花花鳥紋杯（圖34、35）、青花九龍鬧海紋碗（圖20）、青花夔龍紋高足碗（圖28），均為代表佳作。大器多見於瓶、尊、罐、盒類，如青花纏枝蓮紋葫蘆瓶（圖2）、青花高士圖蓋罐（圖3）、青花麒麟紋盤（圖11），這些大器較明天順時器呈現更為柔和的格調。成化大型器還有天津藝術博物館藏的獅球紋罐。

成化青花的特色是進口青料與國產青料並用，此時可謂青花瓷的轉折時期。成化初期，御窰廠承前朝工藝，仍存有少量的進口青料，故其產品造型、紋飾、色彩均與宣德青花瓷十分相似，如青花松竹梅紋盤（圖13）等。宣（德）、成（化）兩朝相隔三十年之久卻有如此相類的製品，殊為難得。此後，由於進口青料供不應求，於是採用了出自景德鎮附近樂平縣所產的青料，名為"陂塘青"，亦名"平等青"。用這種青料描繪紋飾燒成後的青花瓷一改以往的濃艷之色，發色淺淡，呈明淨素雅的正藍或灰藍，深潛於肥腴的釉層之下，內蘊而不暈散、飄浮。此種青花充分體現了成化青花的獨特風采，其藝術風格影響到後世的弘治、正德兩朝，形成了三朝一脈相傳的現象。如青花折枝花果紋盤（圖17），初源於宣德，經成化朝承前啟後，發展至嘉靖朝仍大同小異。

成化朝製坯的瓷土均經精細加工，可塑性強，易於修胎。其胎潔白細膩，呈粉潤狀。杯、碗之類，胎薄如紙，器外壁紋飾透影器內，清晰可見。其胎體之輕盈，恰如古人讚曰："唯恐風吹去，還怕日炙消。"白釉中又泛青灰色之變幻，胎釉相得益彰，酷似羊脂美玉。盤類器心下塌，有呈"糊米粑"狀的細砂底面（圖17），工藝遺痕已成為成化朝瓷器的特殊標記。成化青花注重裝飾，刪繁就簡，佈局疏朗，清新明快。在成化帝的推崇下，畫院風格成為時尚，其時的青花瓷亦受其影響，輕描重畫，濃淡有致，雙鈎填色，運筆瀟灑。紋飾涵蓋面廣，既有傳統題材，也有創新。雲龍是歷代沿用的傳統紋飾，此時龍的形象更為祥和，雖雙目圓睜，卻頗具柔態。龍紋中又分穿花龍、荷塘龍、海水龍，最為風行的是夔龍（又稱香草龍）（圖28）。動物、禽鳥、花卉題材甚豐，人物畫面多採用歷史故事和仕女、嬰戲圖等。輔助紋飾有錢紋、拐紋、雲紋、水紋、忍冬紋、蕉葉紋、梅花紋、蓮瓣紋、龜背錦紋等。此外因當時重佛、道教，所以又有佛杵、佛花、八寶、蓮托八寶、梵文等紋飾。

成化青花瓷的款識"大明成化年製"，以圓潤的中鋒運筆，藏鋒寫出，大字楷體，筆劃遒勁挺拔，這一書體貫穿本朝始終，為明代一絕。僅有萬曆款書體與之相近，故而唯有萬曆仿款頗為難辨。二十世紀早期，故宮博物院已故著名陶瓷鑑定專家孫瀛洲先生曾對成化款識進行研究，並總結出易記易識的鑑定歌訣：“大字尖圓頭非高，明字月尖年肥胖，成字一點頭肩腰，化字人匕平微頭，製字衣橫少越刀。”這一歌訣久經考驗，被廣傳博引。古人視天為萬物的主宰，清代康熙、雍正、乾隆三帝對明成化“天”字款極為欣賞，並仿造“天”字罐。成化朝的五彩、鬥彩、青花“天”字罐享譽中外，故宮博物院藏有數件完美之器。

二十世紀前半葉，陶瓷研究者寥寥，對青花瓷的研究尚處混沌狀態，當時鮮有人識知“成化”，常以清雍正器充明宣（德）、成（化）器，反而又將宣、成器誤認為雍正器。孫瀛洲先生早於二十世紀三十年代對明代青花瓷、鬥彩瓷的研究即已名聞遐邇，可謂海內外研究成化瓷的先行者。

成化青花瓷與其彩瓷同樣名貴，明代嘉（靖）、萬（曆）兩朝乃至清代康、雍、乾三朝均有摹品，雖力求逼真，但受時代局限，都帶有本朝特色。唯近年景德鎮御窰廠遺址有了出土物才得以被廣泛研究，並屢有投入市場的現象，這就為近代趨利仿作贋品者提供了最佳資料，以其為範，利用新技術製作，以致今時之贋品真可以“亂真”了。

（二）弘治青花
弘治帝朱祐樘主張節儉。據《明史・孝宗記》、《大明會典》、《明孝宗實錄》記載：弘治年間，至少有三次停止或減少御窰廠的瓷器燒造。因此弘治青花瓷的傳世品不多，但其燒造工藝仍具較高水平。

弘治青花瓷繼承成化青花之技藝燒造，其特色與成化青花幾乎相同，故有“成、弘不分”之說，但弘治青花的格調更顯纖柔。其流傳數量與前朝相比明顯減少。

弘治青花瓷仍以平等青色料為主，御窰製品青花色澤多同於成化時之淺淡，紋飾纖柔，但其大器與民窰器則細柔與粗放，淺淡與濃艷者並存。

故宮博物院藏有弘治御窰的典型製品。本卷選出的八件中，青花纏枝花卉紋罐（圖42）甚為標致。青花折枝花果紋盤（圖45）紋樣承前啟後，器型秀美圓潤。青花荷塘游龍紋碗（圖47）是弘治時多見的器物，紋清色麗，具時代特色。青花海水瑞獸紋碗（圖49）猶有成化遺風。無款器青花茅山道士圖筒爐（圖43），造型雋秀，輕描淡畫，人物富有神采，意境深邃。其畫意同於四川成都市弘治十一年（1498）墓出土物及上海市博物館和遼寧省博物館的藏品。藏於英國大維德博物館的青花纏枝蓮紋雙獸耳大瓶，類似元至正十一年（1351）款瓶的器型，瓶高62.1厘米，外口沿書有銘文："江西饒州府浮梁縣里仁都程家巷，信士弟子程彪喜捨香爐、花瓶三件共壹付，送到北京順天府關王廟永遠供養，專保合家清吉，買賣亨通。弘治九年五月初十日，信士弟子程二造。"此瓶色彩深濃，紋飾粗放，反映了弘治時期同時存在纖柔與粗放兩種風格的青花瓷。

弘治青花的紋飾，輕描淡繪，構圖疏朗，尤喜用蓮塘水藻烘托行龍圖案。

釉面色白、青白、灰白為弘治時青花瓷之特異現象。

弘治青花瓷的款識字體清秀，小而規整，與成化挺勁的風韻大相徑庭，但也以中鋒寫出，排列緊湊，青花款色調淡雅而穩定。

（三） 正德青花

正德青花瓷器，既承前朝成化、弘治的傳統，又有許多創新之作。其時代風格亦啟迪了後來的嘉靖一朝。據《江西大志·陶書》說："正德初，設御器廠，專管御器。尋以兵興，議寢陶息民，未幾復置。"其時的御窰廠曾接前朝遺留的半成品繼續燒造，《明史·食貨志》對此曾有記載："自弘治以來，燒造未完者三十餘萬件。"其後，"正德十五年（1520）十二月己酉，命太監尹輔往饒州燒造瓷器。"（見《明武宗實錄》）故而，傳世的正德青花瓷數量可觀。

正德青花除沿用呈色淺淡的平等青料外，又新採用"石子青"料，"石子青"亦稱"無名子"，發色泛灰。據正德十年《瑞州府志》載："上高縣天則崗有'無名子'，景德鎮用以繪畫瓷器"。正德中後期的青花瓷進而使用"回青"料，其色澤微泛紫或呈鮮艷濃重的藍色，據《窺天外乘》記載："回青者，出外國，正德間，大鐺鎮云南，得之，以煉石為偽寶。……已知其可燒窰器，用之果佳。"

正德青花瓷中既有玲瓏秀美之器，也有胎體厚重之作。琢器多帶器座。此時期喜燒較大的器皿，並在傳統形制的大尊、瓶、罐之上加以變化，如出戟貫耳瓶、蒜頭瓶、花觚、花盆、花插、筆山、燭台等，從而形成了本朝的獨特風格，並為爾後嘉（靖）、萬（曆）朝青花瓷的新貌開啟了先河。

故宮博物院藏正德青花瓷數百件，造型都很新穎，如摹仿青銅器型的出戟尊（圖50、51），折沿有棱的三足爐（圖54），繪蓮花紋洗（圖59），器型均凝重。其中層疊套盒（圖52）為稀少之作，其上所繪仕女圖近於成、弘風格。正德時的碗有墩式與雞心式多種，一般撇口豐腹式碗當時俗稱"宮碗"。正德帝常發思古幽情，反映在官窯瓷器上，則是這一時期的青花瓷摹擬元代及明初宣德、成化器的造型和紋樣，從而形成古樸渾厚和纖細工巧兩種不同的風格。紋飾繪畫技法仍採用雙勾綫填染，平塗渲染後的青花多有暈散，紋飾題材在傳統基礎上又有變化。由於正德帝甚為重視伊斯蘭文化並崇尚佛、道教，影響波及官窯瓷器的裝飾，最為突出的是器物上多見阿拉伯文和道教吉祥圖案。此時的龍紋圖案多見雙翼應龍和穿花龍（圖61、63）。花卉紋有纏枝蓮、套勾石榴。人物圖多見《十六子嬰戲圖》與《仕女庭園圖》等。最常用的主題裝飾是將阿拉伯文的《可蘭經》箴言"真主保佑"寫於各種形式的開光當中，以綫紋、雲紋、回紋、靈芝、"卍"字錦等紋飾輔助烘托。瓷的釉面色澤多呈青白或青灰，釉質肥潤為其特色。

正德青花多用楷書四字或六字款圍以雙圈，一般書於器口邊或器底。此時有大量的摹古之器，最為常見的偽託款是宣德（圖64）、成化的帝號款。較為新穎的款識是以元代國師八思巴所造文字書"正德年製"四字款（圖62、70）。孫瀛洲先生曾將正德款特點總結成歌訣："大字橫短頭非高，明字日月平微腰，正字豐底三橫平，德字心寬十字小，年字橫畫上最短，製字衣橫少越刀。"

（四）　嘉靖青花

嘉靖帝朱厚熜在位時間長達四十五年，景德鎮御窯廠燒造瓷器亦多，據《江西大志》等記載：自嘉靖二年（1523）至四十三年（1564），燒造瓷器約六十三萬零一百三十九件，因此傳世品數量相當可觀。其時的青花及其他品種的瓷器比傳統瓷器有明顯變化，並影響其後兩朝，從而形成了嘉、隆、萬三朝青花瓷一脈相通的藝術風格。

嘉靖青花瓷造型較前更加多樣，圓器有盤、碗、杯、爵等餐具與文房用器。陳設用大器增多，如花盆、五供、大罐、大魚缸等，均燒製得十分成功。此時器多見四方、六方、八方、瓜棱等器形，製造難度較大，嘉靖帝推崇黃老之道，器物造型多蘊含道教教義，最為流行的是大小不等的葫蘆形瓶。其中上圓下方的喻道教"天圓地方"之意，其造型工藝粗放，胎重體厚，渾厚樸拙，有欠規整。

故宮博物院藏的嘉靖瓷器數量多，品種全，本卷從中選擇七十二件，有活環耳瓶、玉壺春瓶、出戟尊、方罐、梨壺、盆、盤、洗、盂等，主要紋飾有八仙祝壽（圖97）、人物、嬰戲、百壽字（圖100、101、105）等，而青花穿花龍紋盤（圖120）體形之大，可謂一代之奇。以上各件均具時代特色，反映了明中晚期瓷器燒造工藝的面貌。

嘉靖青花的典型特徵是採用回青料為主色，形成如寶石藍、青金石藍一般鮮亮的、濃艷泛紫的深藍色澤，從而改變了以往青花的淡雅色調。《陶說》中首稱："嘉靖尚濃，回青之色幽菁可愛。"此類色彩的代表器有青花雲龍紋壽字蓋罐（圖96）。此時的青花中還有藍色淺淡的一種，以嘉靖中期最為常見，且不乏精細之作。如青花魚藻紋盤（圖128），不僅色淡紋細，且胎薄體輕，釉面潤澤，為當朝追摹宣、成青花的佳作。其時釉質的潤澤與枯澀，當與器物之大小，工藝之粗細和窰溫之高低都有直接關係。

這一時期紋飾描繪工細與粗放並存，細膩者類似成化器，粗放者別有風采。紋飾題材除了傳統圖案雲龍、龍鳳，又新出《五靈圖》（圖88）。花卉中纏枝蓮、纏枝牡丹、纏枝靈芝等應用普遍。人物圖中的《四愛圖》（圖100）與嬰戲圖（圖101）內容新穎，與以往不同。由於嘉靖帝崇奉道教，青花瓷繪八仙、八卦、鳳伴雲鶴（圖89）、老子讀經、以及符咒等具道教色彩的紋飾較多。此外反映國泰民安、萬壽清平、風調雨順、五穀豐登（圖134）及以樹幹攀繞成"福"、"壽"的太平吉語紋飾亦不少。

嘉靖青花瓷款的字體，運筆多遒勁粗放，但也有較柔和的。雙行楷書"大明嘉靖年製"或圍以圈欄，或方框，或無圈欄，或環寫，形式不一，其青花色艷。

明代正德、嘉靖時對外貿易已很發達，從而促使其瓷器品種花樣不斷翻新，遠銷海外。據藍浦《景德鎮陶錄》記載："其時，製造益考，無物不有。"同時還風行仿古瓷，其中着意仿成化者與成化青花瓷的風格相近，幾能亂真。

（五）　隆慶青花

隆慶青花燒造時間短，為期僅六年，雖然這一時期經濟蕭條，但在燒造瓷器方面，並非象一些文獻中記載的"與為時短，此時無物，且粗"。根據《浮梁縣志》載，隆慶五年（1571）都御史徐栻疏題稱，該內承運庫太監崔敏題，為缺少上用，各種瓷器單開要燒造裏面鮮紅碗、鐘、甌、瓶、大小龍缸、方盒，各項共十萬五千七百七十桌、個、對。由此可知此時青花瓷傳世品數量可觀，其中的上品器，製作工細，色彩明快，為嘉、隆、萬三朝青花瓷中的佼佼者。

故宮博物院藏隆慶官窯瓷三十餘件。青花瓷中的創新之作有繪團龍的提梁壺（圖153），器形渾厚古雅。蟋蟀罐（圖155）、圓盒（圖154）、八方形盤（圖158）和蓮生貴子團花紋碗（圖159），造型新穎別致，色彩清新亮麗。

隆慶青花瓷注重器型的多樣化，突出的有多方、長方、四方、瓜棱、銀錠、方勝等。菱花形、梅花形及以鏤空工藝製作的各式盒類，成型均有相當的難度，體現了此時期陶瓷工匠們的創新精神與精湛的工藝技巧。

隆慶青花瓷選料精細，仍採用回青料，燒成後藍色濃艷微微泛紫，色彩純正穩定，與晶瑩清亮的釉面相互映襯，愈見爐火純青。

隆慶青花瓷除描繪紋飾外，還有青花留白工藝。主題紋飾習慣用雲紋、團龍、龍鳳、五龍、三鳳、攀枝娃娃、荷蓮、魚藻、折枝花鳥、蟠螭、蜂猴、松鹿等。畫面常見有豪邁的風格為其突出的時代特色。

隆慶青花瓷署款有別於傳統慣例，其"大明隆慶年造"款識結構嚴謹，字體挺勁有力。寫"製"字的极少，落款位置除底面與器外口沿外，也有寫於器裏口者。

（六） 萬曆青花
明代萬曆皇帝朱翊鈞在位時間最長（1573－1619），御窯廠燒製的各種瓷器也遺留最多。萬曆青花早期仍用回青料，色澤與嘉靖、隆慶時一致，如若不據款識就難以區別。此時除採用藍中泛紫的回青料外，又新添一種青料，因產自浙江省而通稱為"浙料"。據《明實錄》載：萬曆三年（1575），江西礦稅太監潘相上疏，"請專理窯務，又言描繪瓷器，須用土青，惟浙青為上，……請變價以進。從之。"因此萬曆後期的青花瓷出現沉靜而藍中泛灰的色調，其青花色澤多數不及前期那樣濃艷。

故宮博物院藏萬曆青花瓷很多，器型各異，如梅瓶的造型就各有不同，此外，有蒜頭瓶、長頸瓶、花觚、扇面形罐及小如牛眼的圓形盒（圖182），還有多層帶屜盒（圖185）、盆、盂、筆架等不同造型的器物，均製作奇巧。此時盒類多取鏤空新藝，鏤空有圓形、長方形（圖186、187），此時仍尚大器，最常見的有各式大型花口瓶、大花觚和大龍缸，梅瓶有的高達72厘米（圖160）。文具、棋盤、棋子罐之類小品製作工細，唯大器明顯粗糙，技藝已大不如前期。

釉面有厚薄之分，覆蓋青花紋飾效果不同。厚者滋潤，薄者稀淡。

青花紋飾一般以雙綫勾畫輪廓填染，或淡描綫繪。圖案題材以龍、鳳為主，及動物、人物故事畫等。由於萬曆時仍重道教，諸如八仙、老子講道等道教題材十分盛行。以綫描法繪青花地留白花果紋盤（圖195）是此時的新作。梵文、樹本"福壽"字、及"天下太平"、"全壽"、"大吉"等吉祥詞句亦作裝飾。

萬曆青花款識，書法頗似顏體，剛勁敦厚，格式多六字雙行，少用四字，寫以楷書，偶有篆書體。

萬曆時多仿先朝青花，有的仿先朝器型、紋飾而寫本朝年款，也有的寫先朝宣德、成化等年款。

萬曆時，明王朝對南洋和西方各國的瓷器貿易進入了一個新的階段，上百萬件中國瓷器被葡萄牙、荷蘭商船源源不斷地載往世界各地。里斯本就是一個市場。當時歐洲各國的上層社會以搜集中國瓷器為時髦，從而使景德鎮外銷瓷產量驟增。萬曆三十年（1602）以後，荷蘭商人開始把歐洲流行的器皿造型、紋樣介紹到中國來，以便景德鎮生產的日用瓷更符合歐洲人的習慣。因此，這一時期的瓷器紋飾除傳統的花鳥、瑞獸及人物圖案外，還常見西方國家的族徽、文字、西洋風景。

（七） 天啟青花

天啟一朝為時七年，處於晚明的多事之秋，明王朝的統治正經受着極大的衝擊，農民起事勢若燎原之火。此時，景德鎮的製瓷業更趨蕭條，御窰廠逐漸停產，所燒製官器的品類與產量已縮減至歷史上的最低水平，以致天啟官窰傳世品如今已屬罕見，署有正規而明確的帝號款器物更是寥寥無幾。而民窰燒造大多為日用器具，雖能維持相當於萬曆朝後期的規模，但粗製濫造之風有增無減。

天啟時期的瓷器品種較少，有的主要是青花和五彩。青花的色調多種多樣，既有類似萬曆時期的淡描之色，也有純正艷麗或濃黑深灰的色澤，偶有暈散現象，同時出現了近於後來清代初期的青翠色調。

天啟青花的造型既有粗重厚笨的大件器物，也有胎薄體輕的精細小品和一般器皿，傳統的供器、瓶、罐、爐、壺漸有變化，小口細身筒瓶及小品時出新樣，器型規整，釉面肥潤，色調明快。

故宮博物院藏天啟青花竹梅圖小杯（圖216），胎薄體輕，玲瓏剔透，底部楷書"大明天啟年製"，是極為珍貴的晚明帝號款典型器。這一類官窰瓷器對民窰很有影響，如"天啟年米石隱製"款方觚（圖213），其造型、紋飾、色彩，均有萬曆朝遺風，但較前朝更顯柔姿弱態。頗有新意的作品有署"大明天啟元年孟夏月造"款的獸鈕鐘（圖212），暗刻款文於肩部，通景繪十八羅漢，人物神態瀟灑，刻畫細膩非凡，其白描手法明顯受當時畫羅漢的名家丁雲鵬之影響。

流失於日本的一件天啟青花折沿盆，現被根津博物館收藏。其主題紋飾是滿簇花卉的花籃，器底楷書年款，是一件規整的天啟官窰作品。

天啟青花瓷的裝飾內容，除龍紋與花卉外，人物圖多見老子騎牛、仙人乘槎、八仙、十八羅漢、達摩、文王訪賢、太白醉酒、進爵圖、夢幻圖、陣戰圖、仕女圖等。有的在人物圖中綴以詩賦。所繪八駿、牧牛、玉兔、松鼠葡萄、花鳥草蟲等均富新意，也有源於晚明木刻版本的紋飾題材。

青花瓷的官窰款識書"大明天啟年製"，而民窰多數無款，或寫"天啟年製"、"天啟元年"、"天啟御造"。

（八）　崇禎青花

崇禎為明末代王朝，國勢日益衰敗，內憂外患頻仍，在"甲申之變"中終於寢滅。此時景德鎮御窰廠生產很不正常，並一度停廢，而民窰則隨意燒造。

崇禎青花瓷所用青料，據《天工開物》記述：景德鎮燒製瓷使用的青花原料，"凡饒鎮所用，以衢、信兩羣山中者為上料，名曰'浙料'，上高諸色為中，豐城諸者為下也。""如上品細料及御器龍鳳等，皆以上料畫成"。其時的青花色調，晦暗並有暈散的居多，濃重色彩中夾帶黑斑的是下品。

崇禎青花官窰產品甚少，民窰產品相對較多，歷來對其年代無嚴格劃分，只能籠統稱之為"明末清初"。後來根據傳世實物及新發現的署有官窰款的器物，順情梳理，上述模糊觀點才得以澄清。崇禎時期以傳統工藝成型的瓶、尊、罐、爐、壺、盤、碗等，製作粗糙，如署崇禎七、八、十年龍紋筒爐，均紋飾草率，青花色彩欠佳。而此時期又有另一種青花瓷，其色彩清新亮麗，畫工細緻，別有新貌。如青花繪達摩的香爐和青花留白纏枝蓮紋圓盒，其底部均書以工整的"大明崇禎年製"楷書款，是少見的官窰作品。前者現存廣東省博物館，後者已流失海外（見《太倉仇氏抗希齋曾藏珍品圖錄》）。同於此類的也有出自民窰的，如中國歷史博物館收藏的青花山水人物淨水碗，其碗壁楷書"大明國江西南昌府南昌縣信士商人蕭炳喜助淨水碗壹付，供奉蕭公順天王御前，崇禎十二年中秋月即立。"這些帶有確鑿年款之器，其青花色調，繪畫技法及胎釉、造型都可作為崇禎時期新型青花的標準。

故宮博物院藏晚明青花瓷很多，遴選數件納入此目。其中青花百鳥圖缸（圖219）、青花誇官圖缸（圖218）均筆意瀟灑，色彩清新，不同以往各朝的青花瓷，應是崇禎時期的典型器物。

此時的青花瓷工藝，粗者甚粗，細者愈細，可謂粗細並存。胎體堅細者修飾圓滑；砂底無釉者裸露部分較多；釉面平淨如水，是明末製瓷的獨特之處。

青花瓷常刻暗花裝飾，青花畫風或豪放，或工麗，畫面並多皴點。紋飾有龍紋、花鳥、動物、人物故事等。

款識"大明崇禎年製"，書寫有工整與草率之分。其中官窰款少，民窰款多，字體多隸書。崇禎時仿古之風也很盛，多有偽託明代前期各朝帝號款識者。

崇禎時有大量青花瓷外銷，西方訂貨以葡萄牙、西班牙、荷蘭等國為主。當時有以荷蘭人出樣的鬱金香名花紋飾裝飾於器的。自明正德朝開始的外國皇家國徽紋章瓷此時仍在燒造，如繪有西班牙國王菲力浦二世皇徽的聖水瓶，另一面則為中國畫風的山水人物，而另一件的一面則繪中國傳統的花卉紋。這些造型、紋飾新穎別致的瓷器雖為外銷商品，而器型、紋飾卻仍未完全脫離中國的民族藝術風格，它們既是中西合璧的作品，也是中外文化交流的歷史見證。

1984年，英國人海契爾撒切從中國南海打撈出一艘滿載中國明末青花瓷的沉船，此船約為1645年沉沒，出水瓷器十五萬件，多為瓶、罐、壺、盒、軍持、盤、碗等，造型、紋飾都很別致，為天啟、崇禎時典型之物，其為明末清初過渡期青花瓷的研究提供了旁證。

明、清的青花瓷器不僅是外銷商品，對外國燒製青花亦有很大影響。首先在明中期朝鮮已開始借鑑為李朝燒造青花，繼而傳到日本，崇禎時日本派五良太輔來華學製瓷，取中國名吳祥瑞，學成後回國燒青花瓷，稱"祥瑞手古染付"。越南於明代中期聘請了中國製瓷技師授藝並燒造青花瓷器，其風格與中國雲南玉溪青花風格相近。西方國家因需要大量瓷器，相繼有意大利、英國、荷蘭等國摹仿明、清青花瓷，其藝術技藝各有不同，別有異國情趣。

釉裏紅

成化朝景德鎮御窰廠的高級匠師燒造御用瓷器最多，不僅燒造青花、五彩和鬥彩，而且燒造銅紅呈色的釉裏紅，色澤濃艷鮮亮，不亞於宣德器。有三魚紋大碗，魚紋一逆二順，活潑自然。亦有高足碗，白釉如脂，紅色亮麗，相得益彰。採取以紅釉為地留白技法也是承襲永、宣傳統。

弘治時，景德鎮御窰廠燒瓷品種不多，但釉裏紅也有燒造。由於釉裏紅呈色難度較大，有時因掌握火候不適度而起了變化，有的變灰黃、有的變青綠，如三果梔子紋盤，即常出現這種效果，由此而形成了新的品種。

正德與弘治一脈相傳，承燒弘治時未完之器。兩朝風尚相近，因襲燒製的釉裏紅瓷一般紅色灰暗，有遜宣德、成化。如三魚、四魚紋盤、碗（圖220），三果紋杯，墩式宮碗，其色有深、淺之別，色彩極淡，覆以瑩潤肥厚的白釉，魚身似隱約出現在海水深處，效果極佳。

嘉靖時瓷藝仍具相當水平。據《大明會典》記載："嘉靖二年，令江西燒造，內鮮紅改為礬紅"，故嘉靖時白釉釉裏紅蟠螭紋蒜頭瓶一品，其紅色鮮艷，無論其為釉裏紅或紅釉，都具有重要價值。

萬曆時釉裏紅瓷燒造效果很好，以釉裏紅繪三魚紋的碗類，藏於台北故宮，仍是一逆二順構圖，呈色鮮紅，此時燒製技術的成功是難能可貴的。

青花釉裏紅

青花釉裏紅是以青色鈷料與氧化銅紅料融於一器的瓷器，是明代陶瓷中的優秀品種。

青花釉裏紅以永樂、宣德朝的燒製為基礎，至成化時燒製技藝仍能掌握自如，水準較高。傳統造型與紋飾承襲舊法，杯、碗、高足碗，胎薄體輕，釉汁肥腴如脂。所飾釉裏紅魚襯以青花荷塘水藻；釉裏紅異獸以青花海浪烘托；釉裏紅龍隱現於青色水中，可謂精工細作，水平極高。

萬曆時期雖燒造技術欠佳，但御窯廠之作品尚好，如故宮博物院藏青花釉裏紅嬰戲圖碗（圖221），青花色彩濃艷，襯以濃重的釉裏紅，效果特殊。以輕描淡染手法處理之作，色彩差異很大，民窯產品多有這一現象。其後，天啟青花釉裏紅盤、碗之類，畫意簡單而粗率，青花、釉裏紅二色都欠鮮亮。

青花紅彩

成化時繼承明代早期的紅彩工藝，既有與宣德凝膩紅彩相近的一類，也有較之更為鮮艷的一類。或以青花繪主題紋飾，加紅彩為輔構成全圖，如以紅彩海水烘托青花龍紋的盤、碗、高足碗；或反之以青花繪海水波浪，填以紅彩龍紋、異獸以及填有礬紅花的青花寶相花杯，傳世品有之，清代歷朝有仿。故宮博物院藏青花紅彩海水龍紋碗（圖222），構圖疏朗，紅彩明麗鮮亮，為成化時此一品種之代表作。

弘治一朝與成化朝相連，瓷藝一脈相承，以青花輔加紅彩品種的風格基本一致，但更顯柔態。如繪青花朵雲紋、海水，紅彩飾龍紋的盤（圖223、224）和繪紅彩魚紋的高足碗（圖225），紋飾都很細膩。青花紅彩蓮塘魚紋碗（圖226），紅魚肥大，青蓮掩映，別有情趣。

嘉靖、隆慶、萬曆三朝的青花和紅彩色調基本一致，需以款識為定。紋飾除有青花紅彩海水龍紋外（圖228），還有與此相反的紅彩海水青花龍紋，多見於大盤、大碗或一般器物。其紅彩基本具有本時期的特殊色調，宛若紅棗之色，被稱為“棗皮紅”。

黃釉青花

以低溫黃釉鋪底襯托青花，始自宣德，經成化至正德，有繪梔子、茶花、石榴、花果紋盤，造型、紋飾幾乎一樣，少有變化，形成傳統，直至嘉靖一朝，僅署款方位有別，唯宣德、成化有邊款。

嘉靖時瓷藝技術仍具有相當水平，黃釉青花燒造尤多，如葫蘆瓶、方斗杯、盤、缸之類，紋飾多繪纏枝蓮、靈芝、“壽”字和人物。此時製作多大器，如繪龍紋大盤（圖234），口徑達

80.7厘米。歷來大器燒造難度較大，輔以低溫黃釉，二次入火燒造，方能成器，可見當時燒造水平之高。

嘉靖、隆慶、萬曆三朝此類品種都有燒造，大同小異，代表了明代中後期的工藝水平。

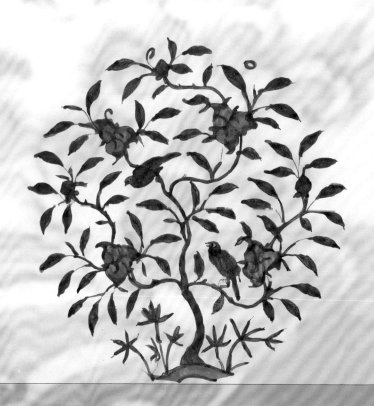

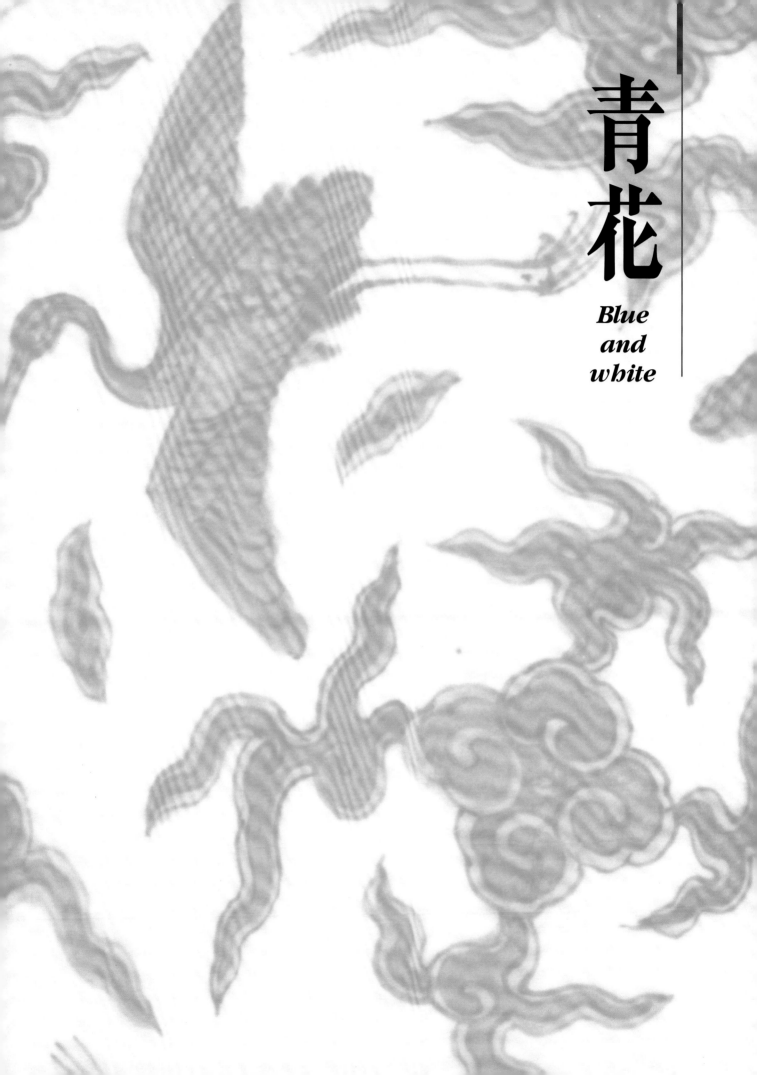

青花

*Blue
and
white*

青花纏枝花紋瓜棱瓶
明成化
高27.8厘米　口徑4.3厘米　足徑6.7厘米
清宮舊藏

**Blue and white melon-shaped vase with design of
interlocking sprays**
Chenghua period, Ming Dynasty
Height: 27.8cm　Diameter of mouth: 4.3cm
Diameter of foot: 6.7cm
Qing court collection

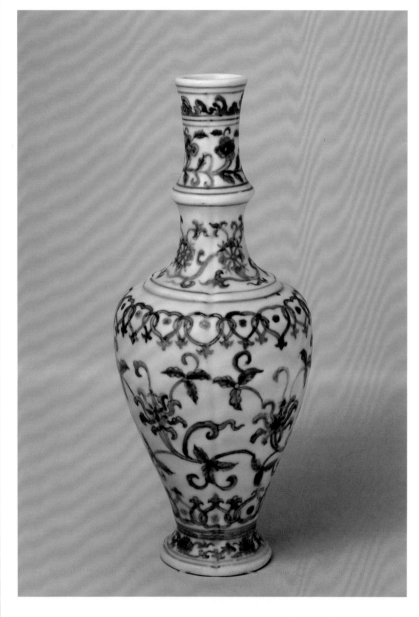

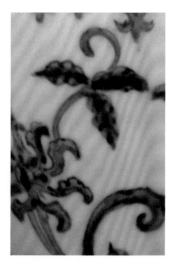

瓶瓜棱形，口微撇，竹節式長頸，豐肩，腹下漸收，圈足外撇。青花紋
飾，口沿飾海水紋，頸與腹部分別繪不同方向的纏枝寶相花紋，肩與足
牆飾套勾海石榴紋。

此器造型承襲明初永樂朝又略有變化，為皇室佛前供器。因常置於觀音
菩薩造像一側，又稱"甘露瓶"。清代雍正、乾隆官窯有類此器型的鬥
彩器。

青花纏枝蓮紋葫蘆瓶

明成化

高41厘米　口徑6厘米　足徑16.5厘米

Blue and white double-gourd vase with design of interlocking sprays of lotus

Chenghua period, Ming Dynasty

Height: 41cm　Diameter of mouth: 6cm
Diameter of foot: 16.5cm

2

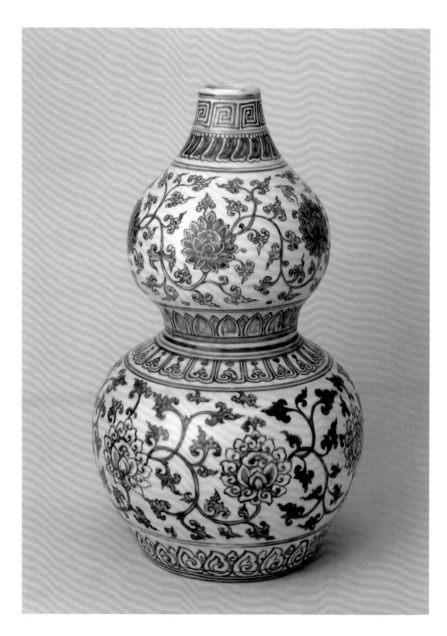

瓶呈葫蘆式，直口，平砂底內凹。青花紋飾呈灰藍色，頸飾回紋、蓮瓣紋，上下腹部繪纏枝蓮花紋，束腰處飾仰蓮瓣紋及變形蓮瓣紋，近底處飾如意雲頭紋。

此器造型秀美圓渾，為明中期葫蘆瓶式典型，雖是道士作法時的用具，但通體紋飾以蓮花為主，正是此時佛、道合一的表現。

青花高士圖蓋罐
明成化
通高31厘米　口徑17厘米　足徑16.8厘米

Blue and white jar with design of scholars
Chenghua period, Ming Dynasty
Overall height: 31cm　Diameter of mouth: 17cm
Diameter of foot: 16.8cm

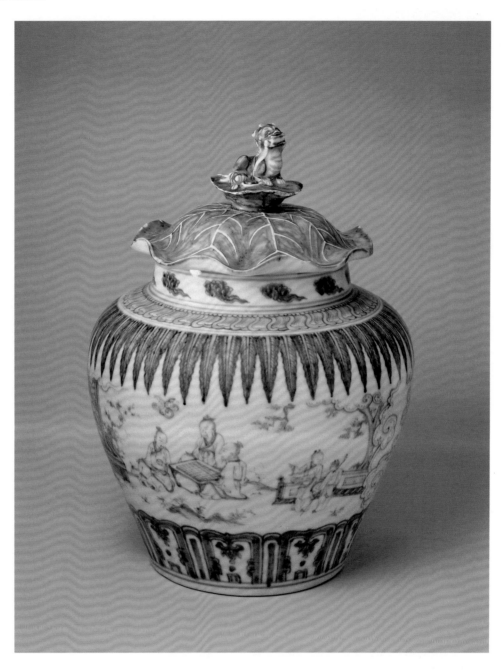

罐直口，短頸，豐肩，鼓腹下收，荷葉形蓋，獅鈕。器身通景青花繪高士圖，人物高雅飄逸，正是"商嶺採芝尋四老，紫陽收術訪三茅"的形象寫照。

傳世品中成化大器較少，而罐類又多見失蓋。此件胎質潔白，釉面溫潤，青花色澤典雅，不僅為此時大器中的精品，且罐、蓋珠聯璧合，尤為難得。

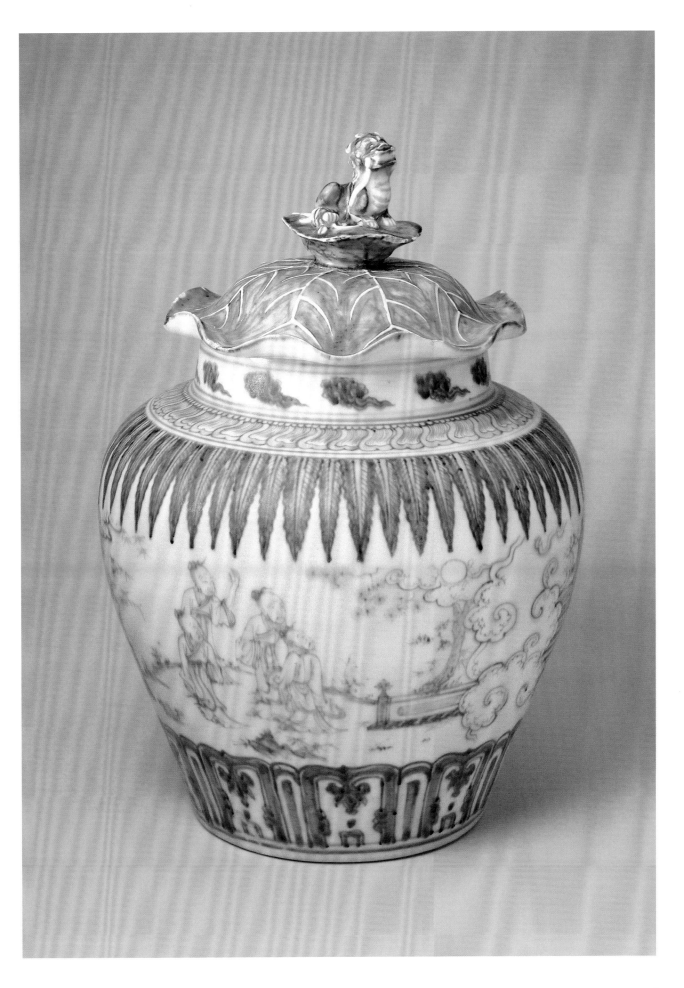

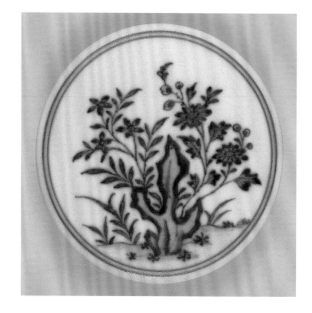

青花山石花卉紋蓋罐
明成化
4 通高11.3厘米　口徑7.9厘米　足徑10.3厘米
清宮舊藏

Blue and white jar with design of rocks, flowers and plants
Chenghua period, Ming Dynasty
Overall height: 11.3cm　Diameter of mouth: 7.9cm
Diameter of foot: 10.3cm
Qing court collection

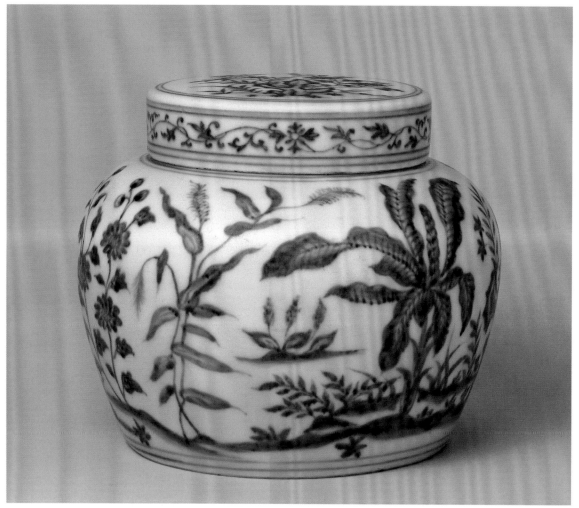

罐直口，圓肩，鼓腹，圈足。蓋直口。青花紋飾，蓋面繪山石菊花，腹部繪秋天生長的九種植物，象徵豐收，寓意"九秋同慶"。

此罐胎體輕薄，釉色潔白，青花顏色淡雅勻淨，筆意活潑自然，意境清新明朗，是成化時期青花瓷器的代表作。

5

青花花鳥圖象耳爐

明成化
高13.2厘米　口徑22.3/20.2厘米　底徑18.5厘米

**Blue and white censer with elephant-shaped handles decorated with bird-
and-flower design**
Chenghua period, Ming Dynasty
Height: 13.2cm　Diameter of mouth: 22.3/20.2cm
Diameter of bottom: 18.5cm

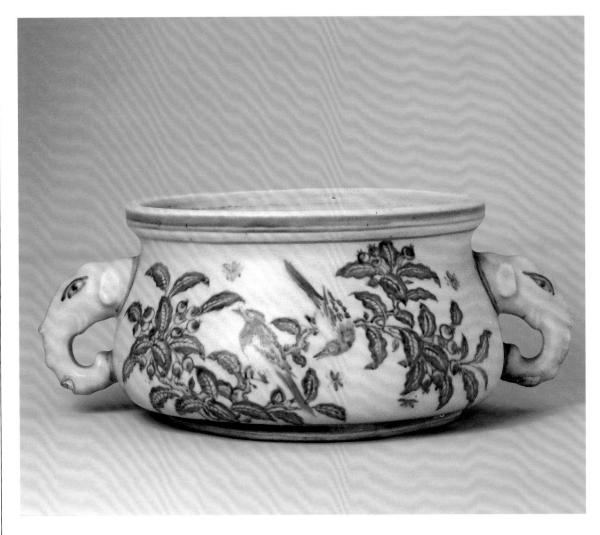

爐橢圓形，敞口，垂腹，平底，兩側口、腹間各飾一象首耳。青花紋
飾，腹部兩面繪花鳥圖。

此器青花呈色灰藍，胎體厚重。花鳥圖描繪筆法生動，以圓果寓意"狀
元"，以棲枝的喜鵲寓意"雙喜"，合之含"喜報三元"的吉祥畫意。

6 青花雲龍紋盤
明成化
高4厘米　口徑18.3厘米　足徑11.4厘米

Blue and white plate with design of dragon among clouds
Chenghua period, Ming Dynasty
Height: 4cm　Diameter of mouth: 18.3cm
Diameter of foot: 11.4cm

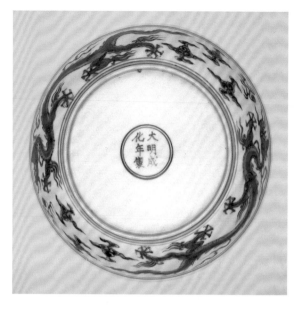

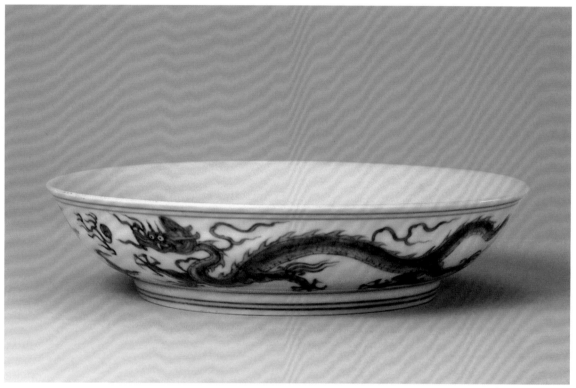

盤敞口，弧壁，圈足。外壁飾青花雙龍趕珠紋及朵雲紋，雙龍首尾相連，足牆有青花綫。底青花雙圈內書"大明成化年製"楷書款。

青花夔龍紋盤
明成化
高4.3厘米　口徑19.9厘米　足徑12.4厘米

Blue and white plate with Kui-dragon design
Chenghua period, Ming Dynasty
Height: 4.3cm　Diameter of mouth: 19.9cm
Diameter of foot: 12.4cm

7

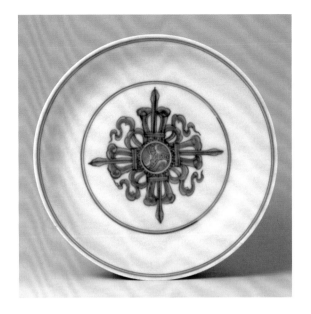

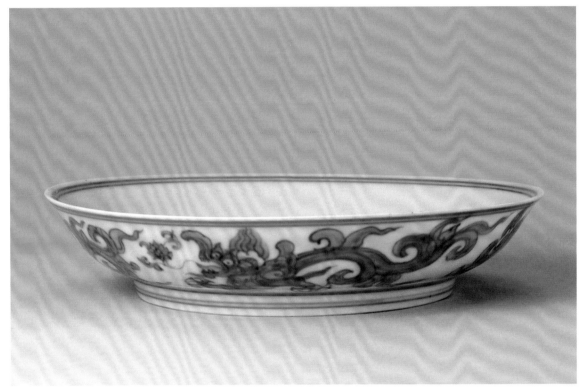

盤敞口，弧壁，圈足。青花紋飾，盤心繪金剛杵，佛教密宗用來代表堅
固、鋒利之智，可斷煩惱、除惡魔，具有空性、真如、智慧等含義。外
壁繪夔龍紋，一稱"香草龍"。明代瓷器上這一圖案始自宣德朝，盛行
於成化時期，與其時皇室崇信佛教有關。

青花庭園仕女圖盤
明成化
高4厘米　口徑20.3厘米　足徑13厘米

Blue and white plate with design of maids and garden
Chenghua period, Ming Dynasty
Height: 4cm　Diameter of mouth: 20.3cm
Diameter of foot: 13cm

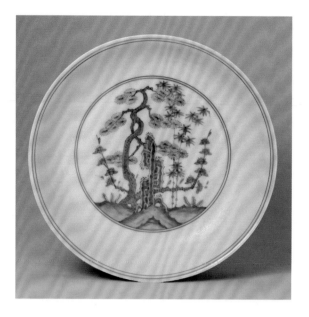

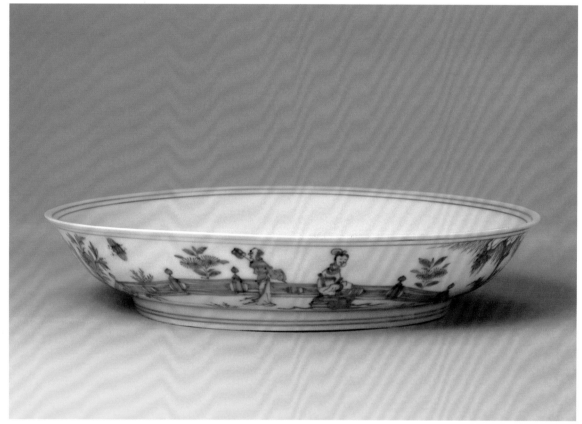

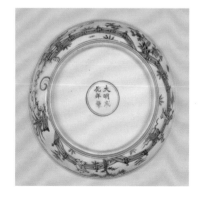

盤敞口，弧壁，圈足。青花紋飾，盤心繪洞石及松、竹、梅，外壁繪仕女、嬰戲圖，並輔以花木、草蟲、欄杆等景物。底青花雙圈內書"大明成化年製"楷書款。

此盤無論是造型還是紋飾都與宣德時期類同，它説明宣德時期的製瓷工藝歷經正統、景泰、天順之後，於成化時還在延續。但此時的青花，因採用平等青鈷料而形成其獨特的風格。

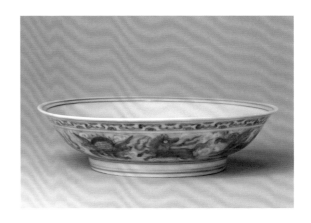

青花海水異獸紋盤
明成化
高3.5厘米　口徑14.8厘米　足徑7.8厘米
清宮舊藏

**Blue and white plate with design of sea water and
strange animals**
Chenghua period, Ming Dynasty
Height: 3.5cm　Diameter of mouth: 14.8cm
Diameter of foot: 7.8cm
Qing court collection

9

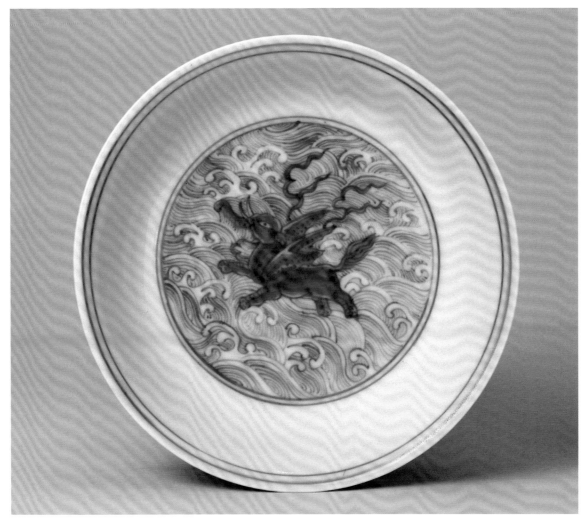

盤敞口，弧壁，圈足。青花紋飾，盤心雙圈內繪踏波奔馳的海象，外壁
繪海中靈怪九種，有龍、馬、獅、龜、象、鹿、羊、螺、麒麟等。

此器造型、紋飾承襲宣德朝官窰，但外口沿邊飾已與之有明顯不同，呈
勾雲花朵紋。

青花海水異獸紋盤
明成化
高5.1厘米　口徑20.4厘米　足徑12.3厘米

Blue and white plate with design of waves and rare animals
Chenghua period, Ming Dynasty
Height: 5.1cm　Diameter of mouth: 20.4cm
Diameter of foot: 12.3cm

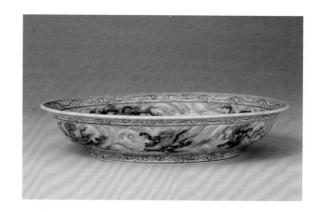

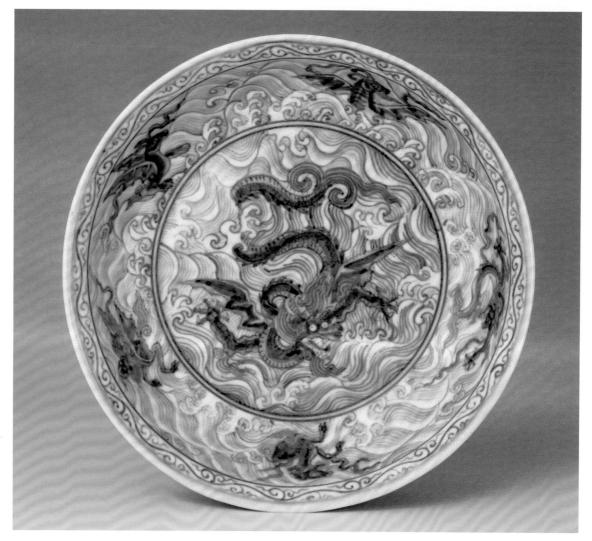

盤撇口，弧壁，圈足，盤心微塌。青花紋飾，盤心繪翼龍，內外壁繪海水浪花地海獸紋。

盤心所繪翼龍，又稱"應龍"，中國民間有"五百年為角龍，又五千年為應龍"之說。紋飾承宣德朝海獸高足杯，但此時畫意已較宣德青花平和。

11

青花麒麟紋盤
明成化
高6.5厘米　口徑34.2厘米　足徑22.2厘米
清宮舊藏

Blue and white plate with design of Kylin (unicorn)
Chenghua period, Ming Dynasty
Height: 6.5cm　Diameter of mouth: 34.2cm
Diameter of foot: 22.2cm
Qing court collection

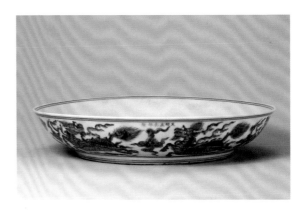

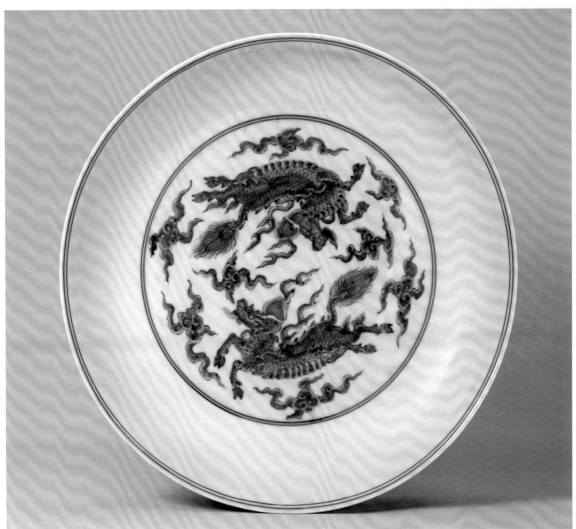

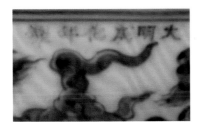

盤敞口，弧壁，圈足。青花繪麒麟及朵雲紋。口沿下青花橫書"大明成化年製"楷書款。

此盤為成化時期的大器，造型規整、端莊。青花色調亮麗，筆法細膩流暢，與明代中期流行的工筆繪畫藝術相通。其露胎沙底的"糊米粑"痕為這一時期瓷器中大盤類的典型特徵。

青花山石花卉紋盤
明成化
高5.6厘米　口徑28.8厘米　足徑17.8厘米

Blue and white plate with design of rocks, flowers and plants
Chenghua period, Ming Dynasty
Height: 5.6cm　Diameter of mouth: 28.8cm
Diameter of foot: 17.8cm

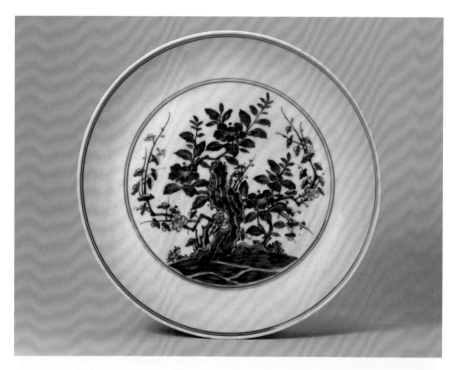

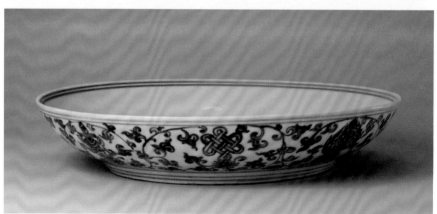

盤敞口，淺弧壁，底微塌，圈足。青花紋飾，盤心繪洞石、梅花、山茶，外壁繪纏枝蓮托八寶紋。

盤心圖景表現冬去春來，顯出一派生機盎然的景象。其畫稿應源自宮廷畫院。八寶紋源自藏傳佛教，象徵吉祥如意。

青花松竹梅紋盤

明成化
高4厘米　口徑16.4厘米　足徑10.1厘米
清宮舊藏

Blue and white plate with pine-bamboo-plum design
Chenghua period, Ming Dynasty
Height: 4cm　Diameter of mouth: 16.4cm
Diameter of foot: 10.1cm
Qing court collection

13

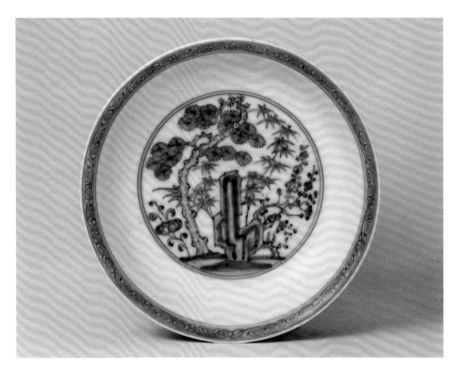

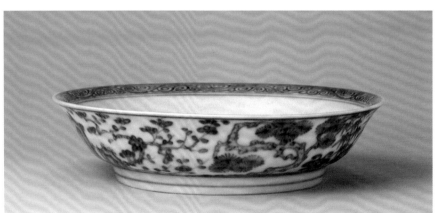

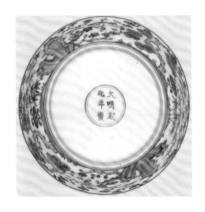

盤撇口，弧壁，圈足。青花紋飾，盤心雙圈內繪松、竹、梅及柱石、靈芝，內口沿飾忍冬紋，外壁通景繪松、竹、梅。底青花雙圈內書"大明成化年製"楷書款。

此盤造型、紋飾含有宣德時期的遺風，但青花料已採用平等青，提煉純淨，清新淡雅，色澤穩定，偶有灰色鐵斑。主題為傳統的松、竹、梅"歲寒三友"圖，畫工精細，佈局嚴謹，體現了官窰特色。

青花月影竹梅紋盤
明成化
高4.4厘米　口徑21.8厘米　足徑12.8厘米
清宮舊藏

Blue and white plate with design of bamboo and plum in the moonlight
Chenghua period, Ming Dynasty
Height: 4.4cm　Diameter of mouth: 21.8cm
Diameter of foot: 12.8cm
Qing court collection

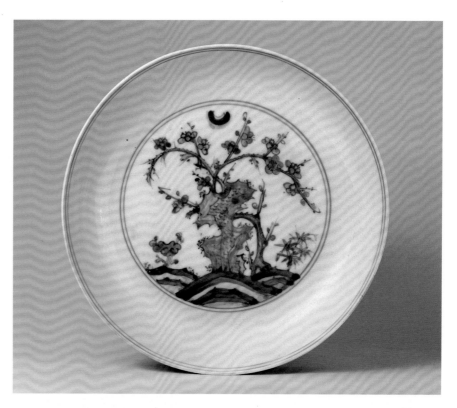

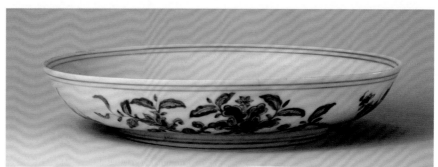

盤敞口，弧壁，圈足。青花紋飾，盤心內繪月映梅、竹、石、靈芝，外壁繪折枝茶花及梅花紋。

月映梅主題紋飾乃元代以來盛行的“四君子”畫意，月下一株寒梅，疏影橫斜，冷香幽韻，以花喻人，比喻君子淡泊名利的情操。

15

青花松竹梅紋盤
明成化
高4.2厘米　口徑22.9厘米　足徑14.4厘米
清宮舊藏

Blue and white plate with design of pine, bamboo and plum
Chenghua period, Ming Dynasty
Height: 4.2cm　Diameter of mouth: 22.9cm
Diameter of foot: 14.4cm
Qing court collection

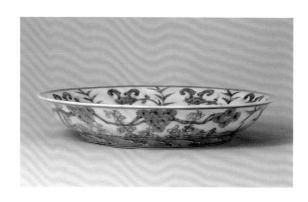

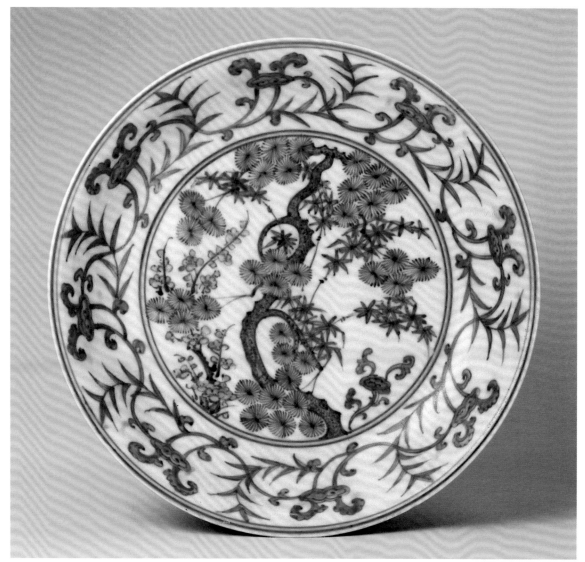

盤敞口，弧壁，圈足。青花紋飾，盤心與外壁繪松、竹、梅，內壁環以
相互纏繞的靈芝與竹枝，足牆飾海水紋。

內壁所繪紋飾為成化官窰的創新。靈芝，自古以來被認為是長壽仙草，
而竹又諧"祝"音，其與經冬不凋的松、竹、梅歲寒三友相配，蘊含
"靈仙祝壽，天地長春"的美意。

青花纏枝寶相花紋盤

明成化

16

高4.4厘米　口徑23.6厘米　足徑15.3厘米

Blue and white plate with design of interlocking sprays of rosette

Chenghua period, Ming Dynasty
Height: 4.4cm　Diameter of mouth: 23.6cm
Diameter of foot: 15.3cm

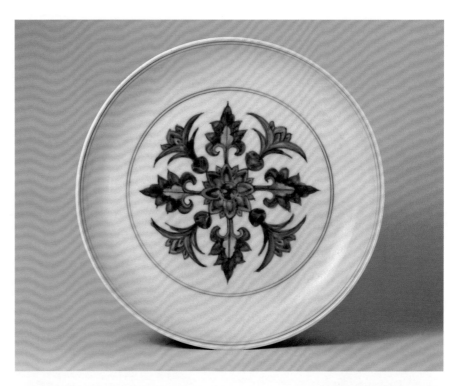

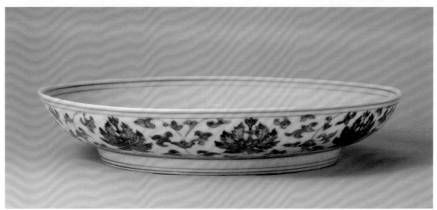

盤敞口，弧壁，圈足。青花紋飾，盤心飾"十"字寶相花紋，俗稱"佛花"，外壁飾纏枝寶相花紋。

青花折枝花果紋盤
明成化
高5.5厘米　口徑29.8厘米　足徑20.4厘米

**Blue and white plate with design of plucked fruit and
floral sprays**
Chenghua period, Ming Dynasty
Height: 5.5cm　Diameter of mouth: 29.8cm
Diameter of foot: 20.4cm

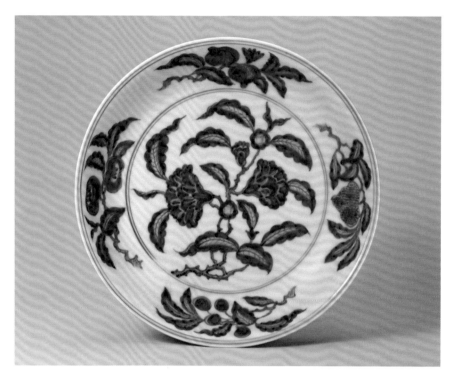

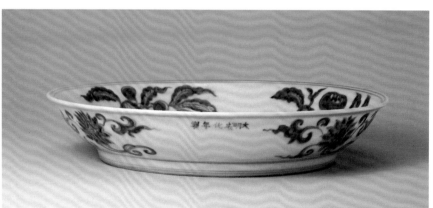

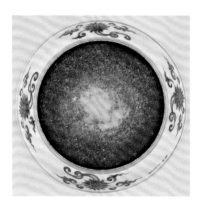

盤撇口，弧壁，圈足，砂底呈"糊米粑"痕。青花紋飾，盤心繪折枝石榴花紋，內壁繪折枝荔枝、櫻桃、柿子和石榴紋，外壁四組折枝勾蓮紋。口沿下橫書"大明成化年製"楷書款。

此器造型、紋飾、署款形式上承宣德朝，此時尚存底部與外口沿下署款兩種形式，其後此類盤署款僅見於器底。

青花梵文盤
明成化
高3.8厘米　口徑17.7厘米　足徑10.9厘米
清宮舊藏

Blue and white plate with Sanskrit
Chenghua period, Ming Dynasty
Height: 3.8cm　Diameter of mouth: 17.7cm
Diameter of foot: 10.9cm
Qing court collection

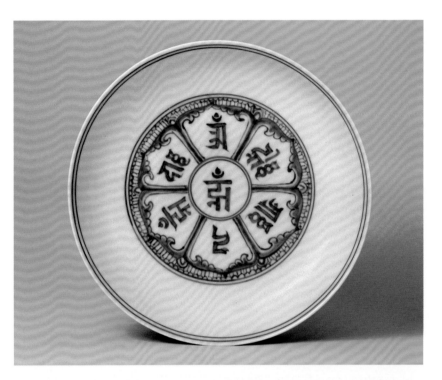

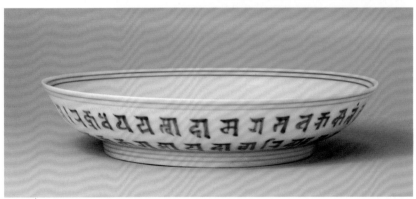

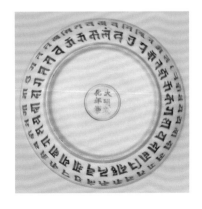

盤敞口，弧壁，圈足。青花紋飾，中心書梵文十輪金剛咒；周圍環飾蓮瓣紋，內分別書梵文六字真言；外壁青花書梵文吉祥咒兩行。底青花雙圈內書 "大明成化年製" 楷書款。

青花如意紋碟

明成化
高2.3厘米　口徑8.2厘米
足徑4.8厘米

Blue and white dish with S-shaped design
Chenghua period, Ming Dynasty
Height: 2.3cm
Diameter of mouth: 8.2cm
Diameter of foot: 4.8cm

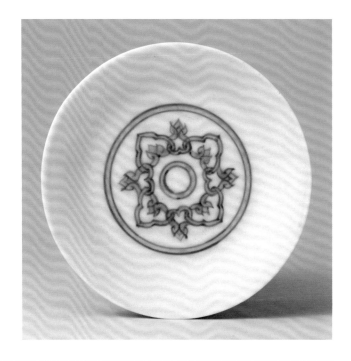

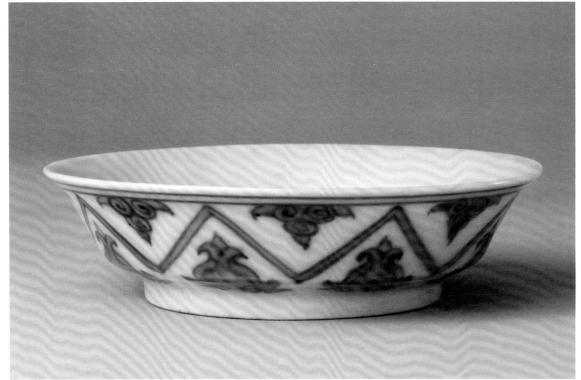

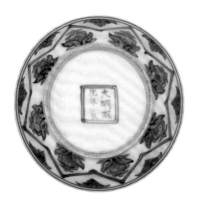

碟撇口，斜壁，折腰，圈足。碟心繪四連環如意雲頭紋，外壁繪朵雲紋
及海石榴紋。底青花雙方框內書 "大明成化年製" 楷書款。

此類折腰碟還見有鬥彩品種，同為當時皇室進膳用具。後世清代雍正官
窰有仿，但署本朝年款。

20

青花九龍鬧海紋碗
明成化
高7.8厘米　口徑17.2厘米　足徑7厘米
清宮舊藏

Blue and white bowl with design of waves and nine dragons playing in the sea
Chenghua period, Ming Dynasty
Height: 7.8cm　Diameter of mouth: 17.2cm
Diameter of foot: 7cm
Qing court collection

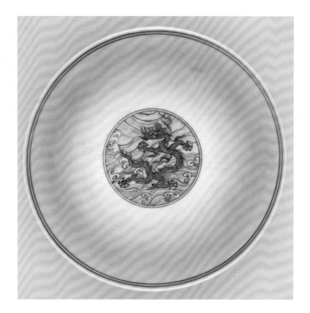

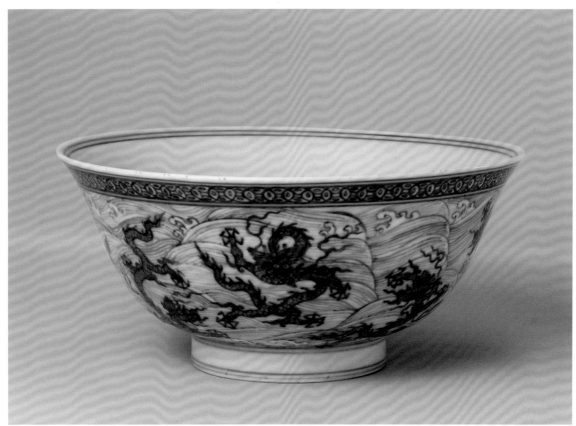

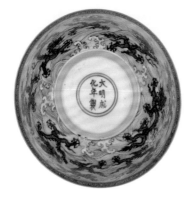

碗敞口，深弧壁，圈足。青花紋飾，碗心繪海水騰龍紋，外壁繪九龍鬧海紋。底青花雙圈內書"大明成化年製"楷書款。

此碗的獨特之處在於它以青花淡描海水為地，九條色澤濃重、呈色藍黑的青花龍騰躍於水中，以青花本身的色差相互襯托，濃淡有致，虛實相生，使畫面具有立體的層次感。

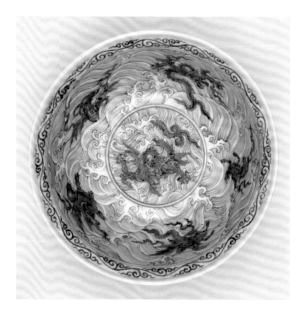

21

青花海水異獸紋碗
明成化
高9.1厘米　口徑20.2厘米　足徑8.7厘米
清宮舊藏

Blue and white bowl with design of waves and rare animals
Chenghua period, Ming Dynasty
Height: 9.1cm　Diameter of mouth: 20.2cm
Diameter of foot: 8.7cm
Qing court collection

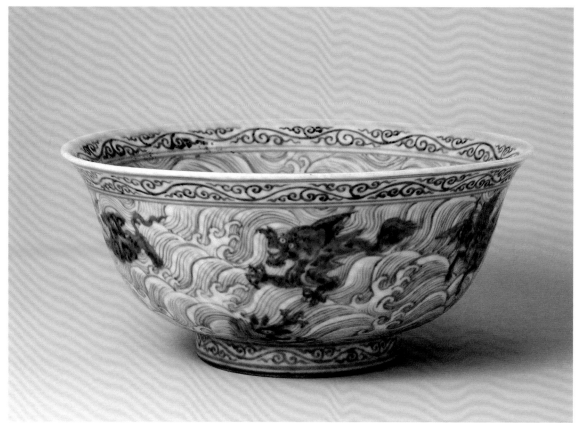

碗撇口，深弧壁，圈足。青花紋飾，碗心繪海水應龍紋，內外壁繪海水
異獸紋，寓意"龍生九子"。

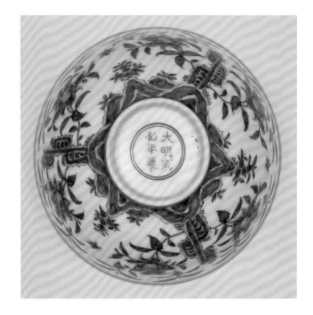

青花山石茶花紋碗

明成化
高6.7厘米　口徑15.3厘米　足徑5.2厘米
清宮舊藏

Blue and white bowl with design of rocks and camellia
Chenghua period, Ming Dynasty
Height: 6.7cm　Diameter of mouth: 15.3cm
Diameter of foot: 5.2cm
Qing court collection

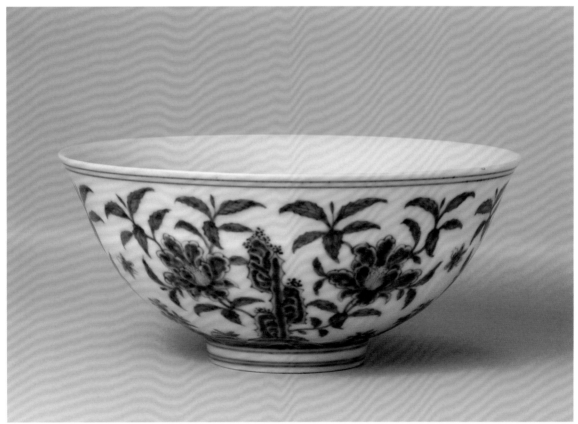

碗敞口，深弧壁，圈足。外壁以青花繪柱石、山茶化，中間綴以野花、蜜蜂。底青花雙圈內書"大明成化年製"楷書款。

青花紋飾分為六組，每組地面凸起，組成六角形。山石花卉錯落有序，生動自然。其柱石形象為成化朝所特有。

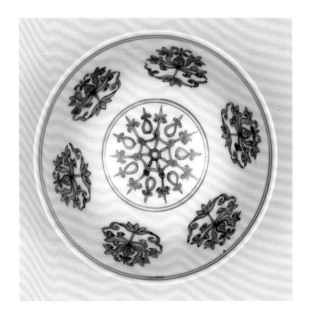

青花纏枝寶相花紋碗

明成化

高5.8厘米　口徑12.1厘米　足徑4.3厘米

清宮舊藏

Blue and white bowl with design of interlocking sprays of rosette

Chenghua period, Ming Dynasty

Height: 5.8cm　Diameter of mouth: 12.1cm

Diameter of foot: 4.3cm

Qing court collection

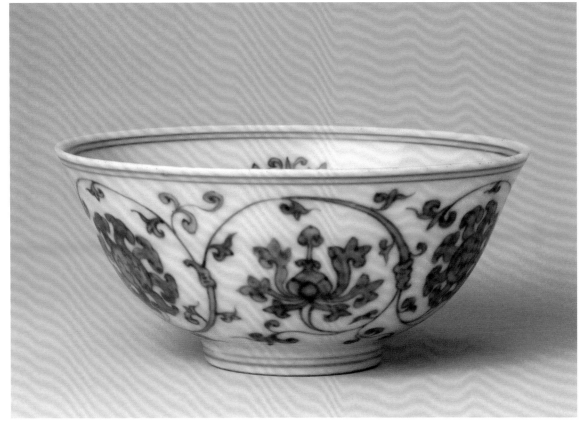

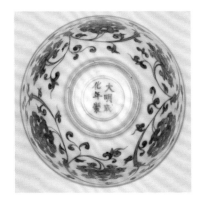

碗敞口，深弧壁，圈足。碗心青花繪輪花紋，外環以六朵折枝寶相花，象徵佛教六字真言；外壁繪纏枝寶相花與之呼應。底青花雙圈內書"大明成化年製"楷書款。

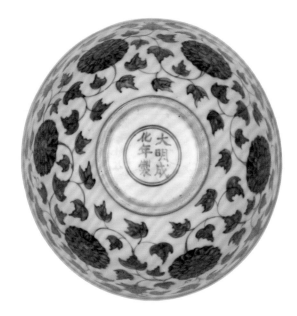

青花纏枝牡丹紋碗
明成化
高7.6厘米　口徑15.8厘米　足徑5.3厘米
清宮舊藏

24

Blue and white bowl with design of interlocking sprays
of peony
Chenghua period, Ming Dynasty
Height: 7.6cm　Diameter of mouth: 15.8cm
Diameter of foot: 5.3cm
Qing court collection

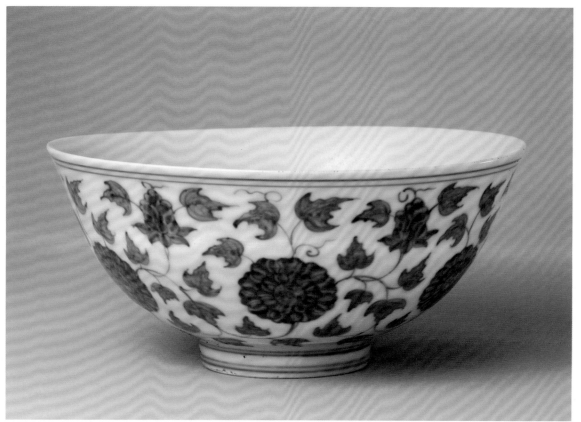

碗敞口，深弧壁，圈足。青化紋飾，外壁繪纏枝牡丹紋。底青花雙圈內
書"大明成化年製"楷書款。

青花瓷器上的纏枝牡丹紋啟始於元代，明代多用，成化朝牡丹紋構圖舒
展，筆意柔和。此碗牡丹紋將碗一周等分為六組，具有裝飾性，花頭豐
滿，枝葉疏朗，畫工精細。

青花寶相花紋碗
明成化
高4.2厘米　口徑11.9厘米　足徑6.6厘米
清宮舊藏

Blue and white bowl with rosette design
Chenghua period, Ming Dynasty
Height: 4.2cm　Diameter of mouth: 11.9cm
Diameter of foot: 6.6cm
Qing court collection

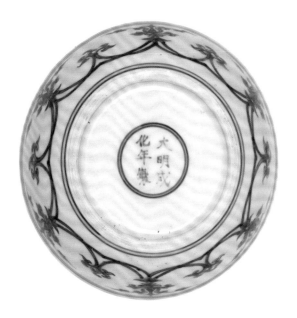

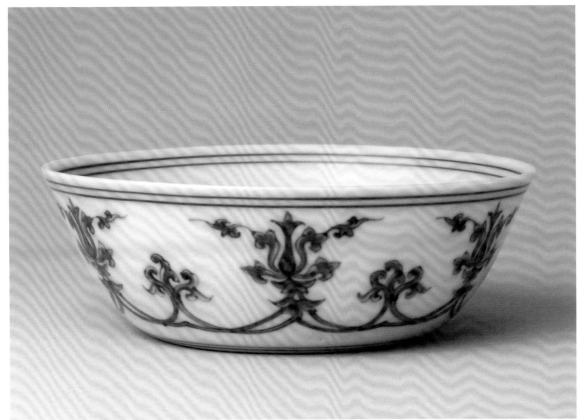

碗敞口，淺弧壁，臥足。青花紋飾，外壁飾套勾寶相花紋。底青花雙圈內書"大明成化年製"楷書款。

此碗為皇室佛前供器。

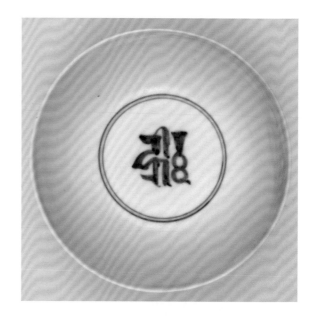

青花海石榴紋碗

明成化
高4.4厘米　口徑10.2厘米　足徑5.6厘米
清宮舊藏

Blue and white bowl with pomegranate design
Chenghua period, Ming Dynasty
Height: 4.4cm　Diameter of mouth: 10.2cm
Diameter of foot: 5.6cm
Qing court collection

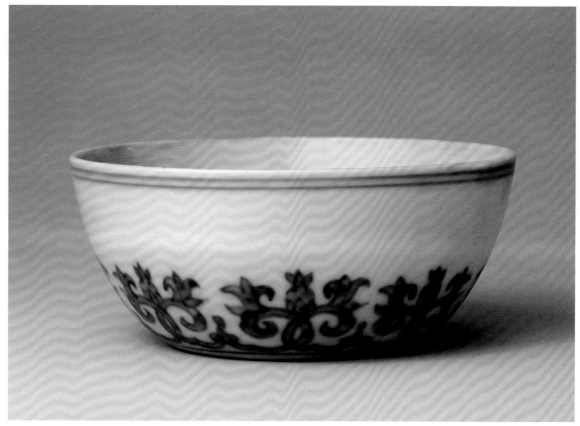

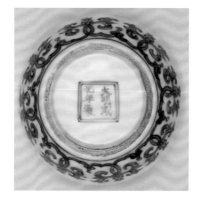

碗敞口，弧壁，臥足。青花紋飾，碗心雙圈內書藍查體梵文種子字，代表五方佛之一的成就佛。外壁環飾套勾海石榴紋。底青花雙方框內書"大明成化年製"楷書款。

此碗紋飾簡潔連貫，與碗心文字配合得當，為皇室佛前供器。

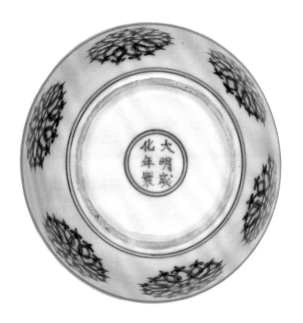

青花輪花紋碗
明成化
高5厘米　口徑13.7厘米　足徑6.9厘米
清宮舊藏

Blue and white bowl with posy design
Chenghua period, Ming Dynasty
Height: 5cm　Diameter of mouth: 13.7cm
Diameter of foot: 6.9cm
Qing court collection

27

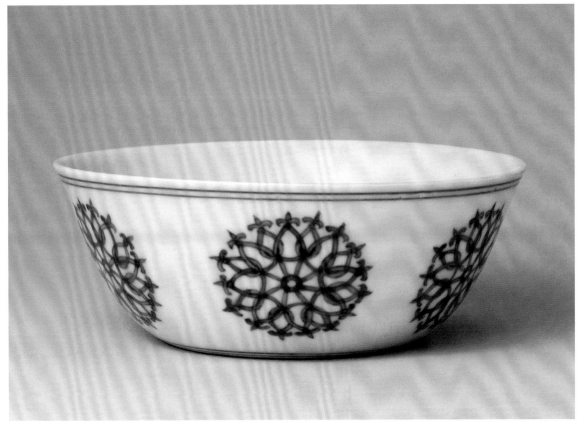

碗敞口，弧壁，臥足。青花紋飾，外壁繪輪花紋，底青花雙圈內書"大明成化年製"楷書款。

此碗為皇室的佛前供器。

青花夔龍紋高足碗
明成化
高13.4厘米　口徑15.3厘米　足徑4.6厘米
清宮舊藏

Blue and white stem bowl with Kui-dragon design
Chenghua period, Ming Dynasty
Height: 13.4cm　Diameter of mouth: 15.3cm
Diameter of foot: 4.6cm
Qing court collection

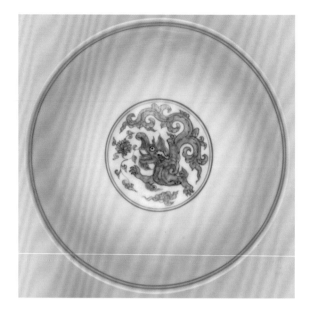

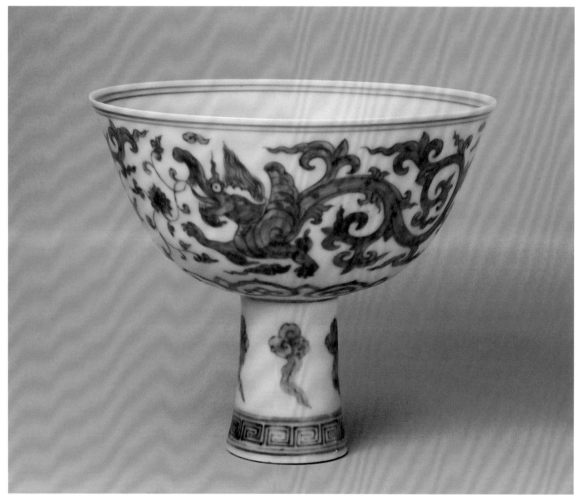

碗敞口，弧壁，高足中空。青花紋飾，碗心和外壁所繪夔龍紋，為佛經中記載的神獸，長有雙翼，鼻長如象，口啣蓮花，尾若捲草。其形象在這一時期的瓷器上盛行與憲宗信奉藏傳佛教有關。足柄裝飾簡潔。其紋飾淡雅清新的魅力，形成了這一時期的獨特風格。

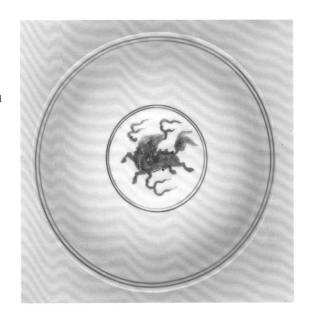

青花天馬紋高足碗

明成化
高12.3厘米　口徑15.9厘米　足徑4.5厘米
清宮舊藏

Blue and white stem bowl with design of heavenly steed
Chenghua period, Ming Dynasty
Height: 12.3cm　Diameter of mouth: 15.9cm
Diameter of foot: 4.5cm
Qing court collection

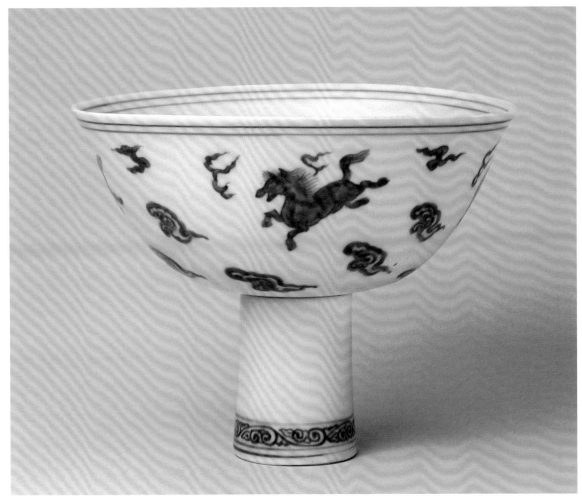

碗敞口，淺弧壁，高足。青花紋飾，碗心的麒麟與外壁的天馬奔騰於太空，內外呼應，喻頌生兒，才氣縱橫。足牆下飾忍冬紋。

高足碗，上部為宮碗式，主要用於宮中陳設供品。

青花松竹梅紋高足碗

明成化
高11.8厘米　口徑15.8厘米　足徑4.4厘米
清宮舊藏

Blue and white stem bowl with design of pine, bamboo and plum
Chenghua period, Ming Dynasty
Height: 11.8cm　　Diameter of mouth: 15.8cm
Diameter of foot: 4.4cm
Qing court collection

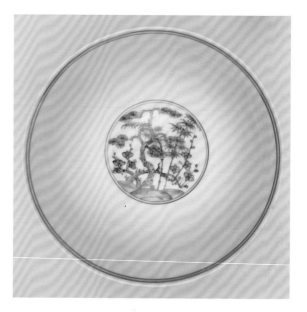

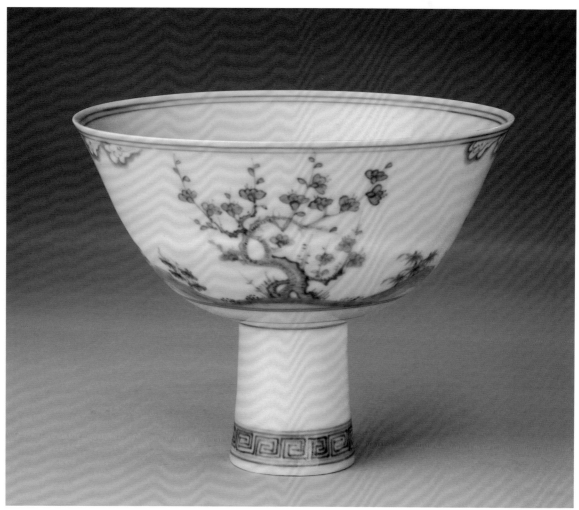

碗敞口，弧壁，高足中空。青花紋飾，外壁繪松、竹、梅，輔以靈芝、菊花、朵雲紋等邊飾，足柄下飾回紋。

此碗釉面潔白，青花淺淡，"歲寒三友"紋飾構圖疏簡，更顯清雅高潔的意境。

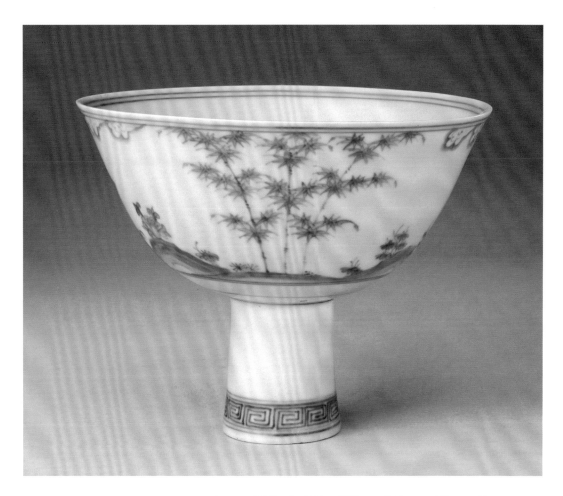

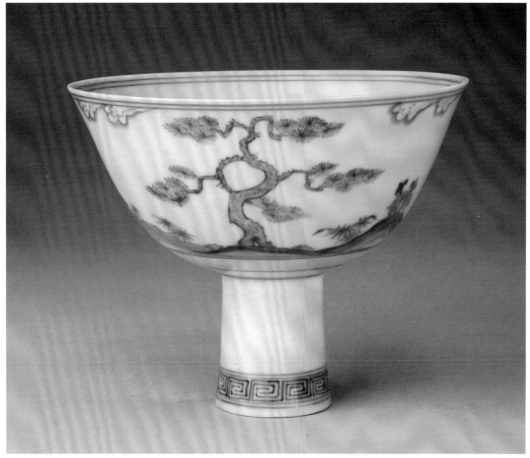

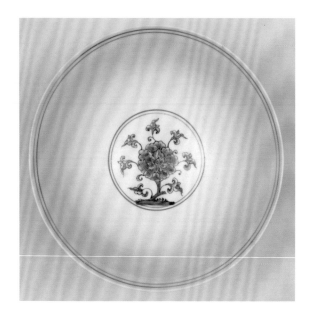

青花纏枝牡丹紋高足碗

31

明成化
高12.8厘米　口徑16厘米　足徑4.4厘米

Blue and white stem bowl with design of interlocking sprays of peony
Chenghua period, Ming Dynasty
Height: 12.8cm　　Diameter of mouth: 16cm
Diameter of foot: 4.4cm

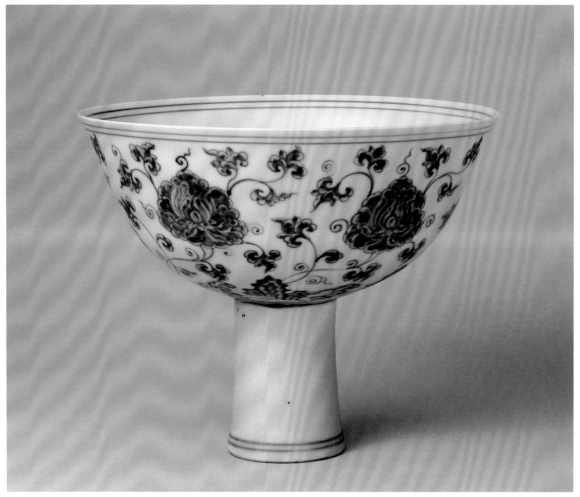

碗敞口，弧壁，高足中空。青花紋飾，碗心繪單株牡丹紋，呈輪形圖
案；外壁繪纏枝牡丹紋，配以山石。

此器壁深足高，釉面潔白溫潤，青花淡雅，筆意柔和，為成化青花瓷的
典型。

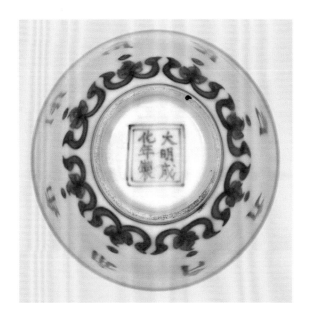

青花梵文杯
明成化
高5厘米　口徑8.7厘米　足徑4厘米
清宮舊藏

Blue and white cup with Sanskrit
Chenghua period, Ming Dynasty
Height: 5cm　Diameter of mouth: 8.7cm
Diameter of foot: 4cm
Qing court collection

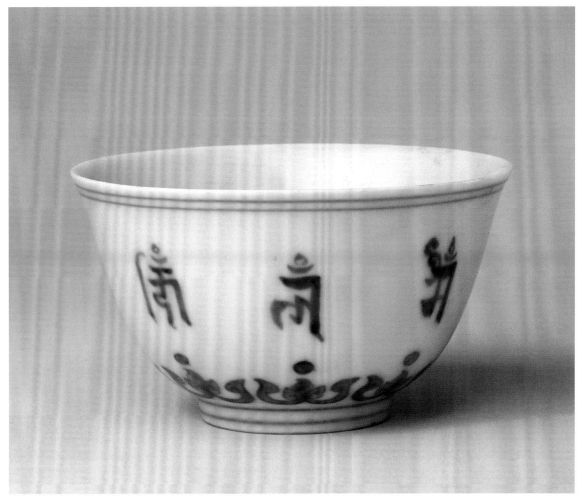

杯敞口，弧壁，圈足。外壁青花書藍查體梵文，輔以青花花瓣紋邊飾。底青花雙方框內書"大明成化年製"楷書款。

此杯為皇室禮佛用器。

33

青花梵文杯
明成化
高4厘米　口徑7厘米　足徑3厘米

Blue and white cup with Sanskrit
Chenghua period, Ming Dynasty
Height: 4cm
Diameter of mouth: 7cm
Diameter of foot: 3cm

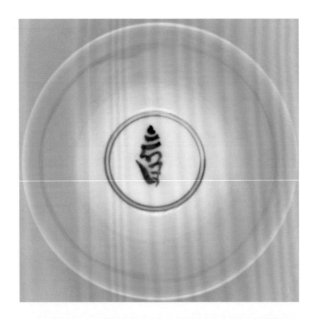

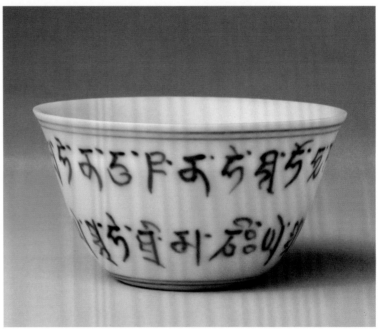

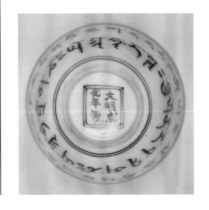

杯敞口，深弧壁，臥足。青花紋飾，杯心正中為梵文種子字，代表五方佛之一的不動佛，外壁青花書梵文吉祥咒。底青花雙方框內書"大明成化年製"楷書款。

此杯是與成化時期鬥彩酒杯一樣規格，小巧玲瓏，俊秀宜人。它是當時深崇藏傳佛教的成化皇帝贈予西藏法王的珍貴禮品。

青花花鳥紋杯

34

明成化
高5.1厘米　口徑8.9厘米　足徑3.6厘米
清宮舊藏

Blue and white cup with bird-and-flower design
Chenghua period, Ming Dynasty
Height: 5.1cm　Diameter of mouth: 8.9cm
Diameter of foot: 3.6cm
Qing court collection

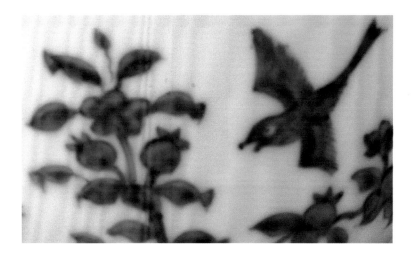

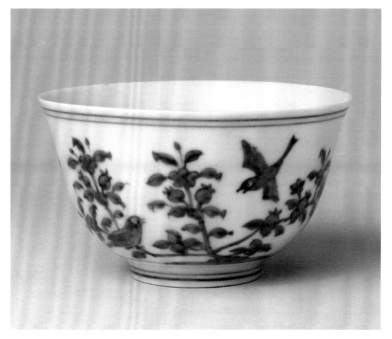

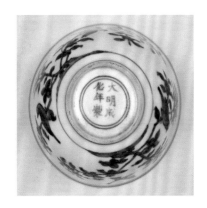

杯敞口，深弧壁，圈足。外壁青花通景繪石榴樹及雀鳥紋，三隻鳥棲於
樹上，一隻飛翔鳴叫，相互呼應，頗有情趣。底青花雙圈內書"大明成
化年製"楷書款。

此時杯類器皿均小巧輕盈，與成化帝及其寵妃的品味密切相關。

青花花鳥紋杯

明成化
高4.1厘米　口徑9.6厘米
足徑5.3厘米
清宮舊藏

**Blue and white cup with design of
bird and flowers**
Chenghua period, Ming Dynasty
Height: 4.1cm
Diameter of mouth: 9.6cm
Diameter of foot: 5.3cm
Qing court collection

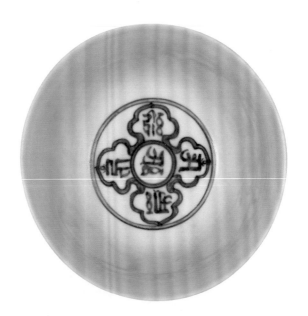

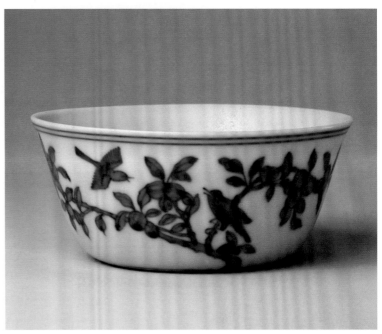

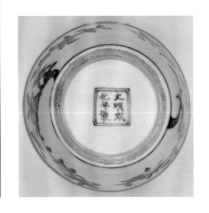

杯敞口，淺弧壁，臥足。青花紋飾，杯心青花書藍查體梵文五種了字，
分別代表五方佛，即毘盧佛、不動佛、無量光佛、成就佛與寶續佛。外
環以如意雲頭紋；外壁繪果樹與雀鳥，其中三隻鳥棲於枝頭，一隻在天
空飛翔鳴叫。底青花雙方框內書"大明成化年製"楷書款。

此杯的畫面採用橫卷式，青花色調淡雅，猶如一幅水墨花鳥畫。

青花折枝花卉紋杯
明成化
高3.2厘米　口徑7.8厘米
足徑4.6厘米
清宮舊藏

**Blue and white cup with design of
disconnected sprays of flowers**
Chenghua period, Ming Dynasty
Height: 3.2cm
Diameter of mouth: 7.8cm
Diameter of foot: 4.6cm
Qing court collection

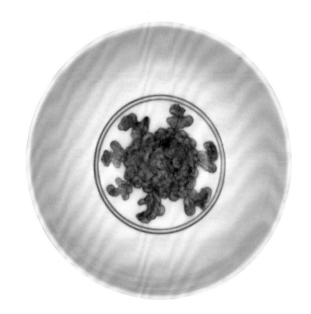

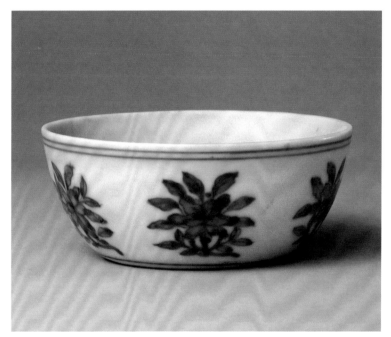

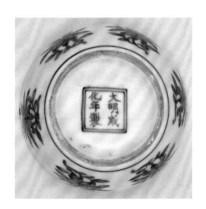

青花折枝花卉紋杯
明成化

杯敞口，弧壁略淺，臥足。青花繪折枝花卉紋，杯心所繪菊花千葉起
樓，似盛開的牡丹；口沿及足邊飾青花雙綫。底青花雙方框內書"大明
成化年製"楷書款。

此杯為宮廷中的用膳器。

37

青花折枝蓮紋杯
明成化
高4.5厘米　口徑8.5厘米　足徑2.8厘米
清宮舊藏

Blue and white cup with design of disconnected sprays
of lotus
Chenghua period, Ming Dynasty
Height: 4.5cm　Diameter of mouth: 8.5cm
Diameter of foot: 2.8cm
Qing court collection

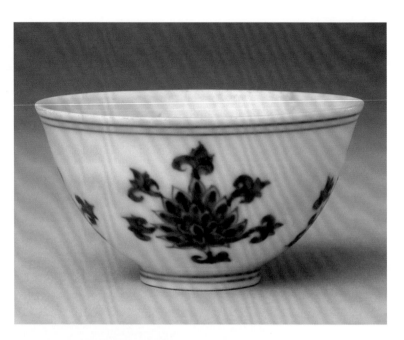

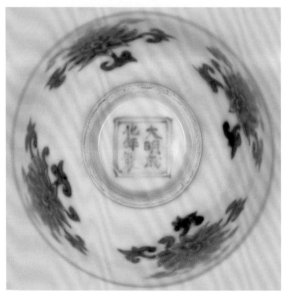

杯敞口，深弧壁，圈足。青花紋飾，外壁繪四組折枝蓮花紋。底青花雙
方框內書"大明成化年製"楷書款。

此杯所飾四組蓮花蘊含佛教"苦、集、滅、道"四真諦。

青花折枝花果紋杯

明成化

高7.8厘米　口徑9.4厘米　足徑4.2厘米

清宮舊藏

**Blue and white cup with design of disconnected sprays
of flowers and fruits**

Chenghua period, Ming Dynasty

Height: 7.8cm　Diameter of mouth: 9.4cm

Diameter of foot: 4.2cm

Qing court collection

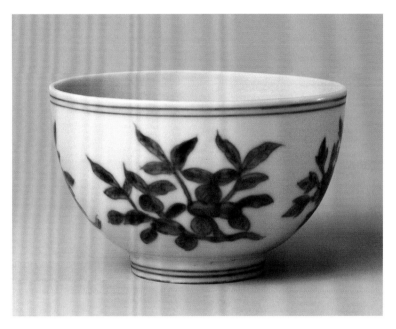

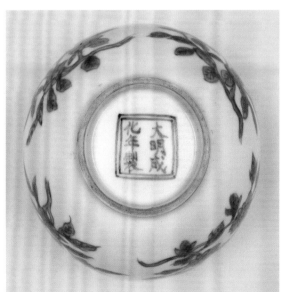

杯敞口，深弧壁，圈足。青花紋飾，外壁繪折枝花果紋，分別為牡丹、桃、山茶、柿子。底青花雙方框內書"大明成化年製"楷書款。

此杯吉祥花果裝飾紋樣源自明初的青花與釉裏紅瓷，但隨時代風尚的變遷，此時畫意平靜祥和，青花優雅鮮艷。

青花荷蓮水藻紋杯
明成化
高4.9厘米　口徑8.8厘米　足徑3.6厘米
清宮舊藏

Blue and white cup with design of water weeds and lotus
Chenghua period, Ming Dynasty
Height: 4.9cm　Diameter of mouth: 8.8cm
Diameter of foot: 3.6cm
Qing court collection

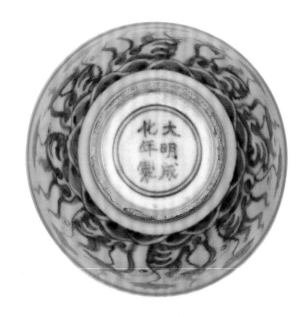

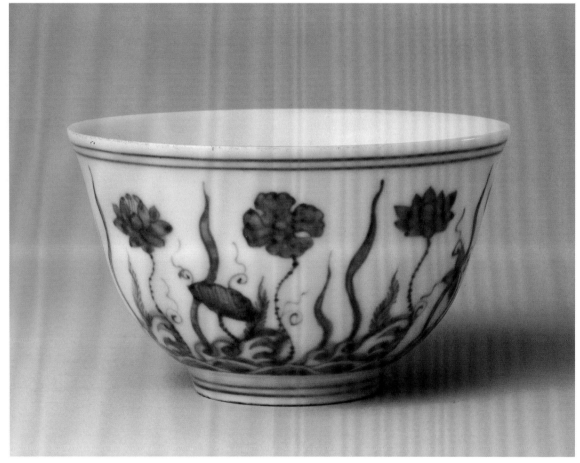

杯口微撇，深弧壁，圈足。外壁通景青花繪蓮塘紋，畫面中的荷蓮水草隨波搖曳，婀娜多姿，富於動感。四周蓮紋間隔以茨菰及水草，近足處繪池塘水波紋。底青花雙圈內書"大明成化年製"楷書款。

這一青花荷蓮紋紋飾繪在瓷器上，是從明初肇始的，並流行於成化一朝，寓意"清廉"。

青花雜寶紋高足碗杯

40

明成化
高8.1厘米　口徑9.8厘米　足徑3.8厘米
清宮舊藏

Blue and white stem cup with design of miscellaneous treasures
Chenghua period, Ming Dynasty
Height: 8.1cm　Diameter of mouth: 9.8cm
Diameter of foot: 3.8cm
Qing court collection

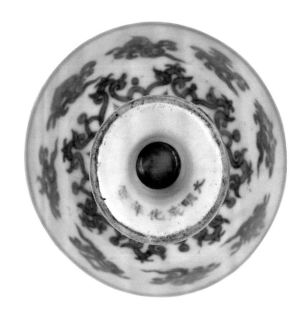

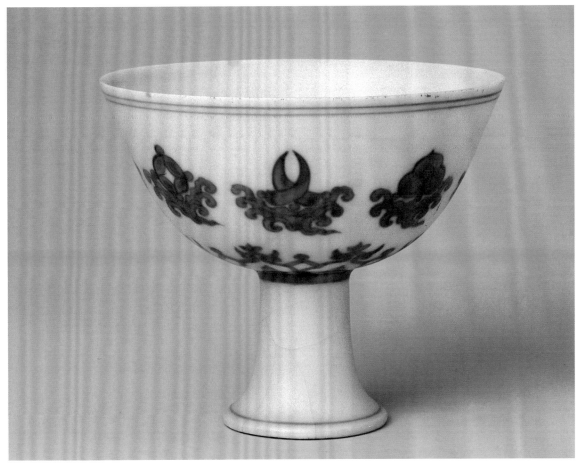

杯撇口，弧壁，高足中空外撇。外壁青花繪祥雲紋，上托金錢、如意、銀錠、方勝、寶珠、犀角、梵夾、貝葉等雜寶，近足處飾套勾海石榴紋。足內青花環書"大明成化年製"楷書款。

此杯為皇室佛前供器，後被清雍正皇帝所欣賞，傳旨御窰廠仿造，庶幾亂真，唯書有雍正朝款識。

青花蓮托雜寶紋高足杯

明成化

高8.8厘米　口徑8厘米　足徑3.6厘米

清宮舊藏

**Blue and white stem cup with design of lotus holding
miscellaneous treasures**

Chenghua period, Ming Dynasty

Height: 8.8cm　Diameter of mouth: 8cm

Diameter of foot: 3.6cm

Qing court collection

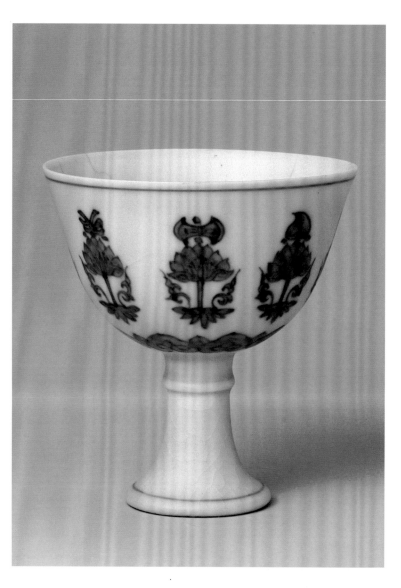

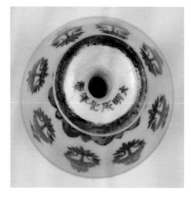

杯敞口，深弧壁，高足凸起弦紋，中空外撇。外壁青花繪仰覆蓮托雜寶紋，依次為寶珠、金錢、犀角、方勝、梵夾、銀錠、貝葉、如意等。足內青花環書"大明成化年製"楷書款。

此高足杯為皇室佛前供器。

青花纏枝花卉紋罐
明弘治
高26.5厘米　口徑14厘米　足徑16厘米

Blue and white jar with design of interlocking flowers
Hongzhi period, Ming Dynasty
Height: 26.5cm　Diameter of mouth: 14cm
Diameter of foot: 16cm

42

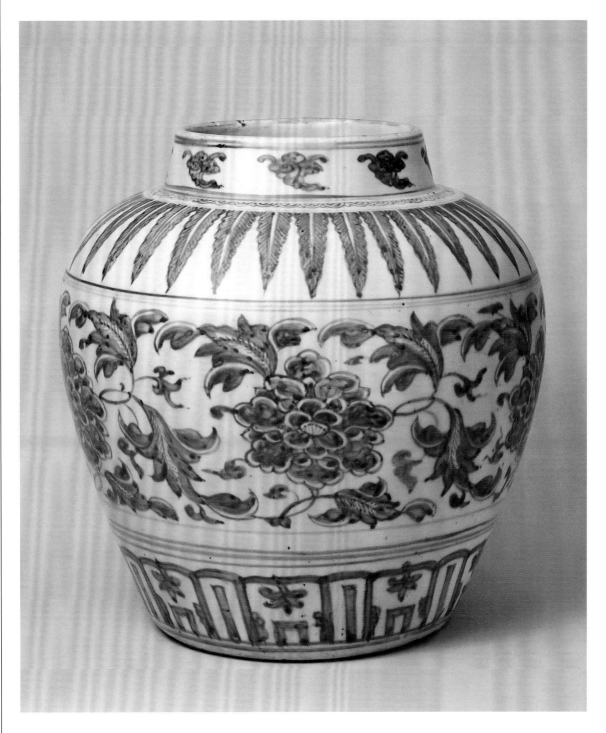

罐直口，短頸，豐肩，腹下斂，平底內凹。青花紋飾，頸飾靈芝形朵雲紋，肩飾倒垂蕉葉紋，腹飾纏枝花卉紋，近底處飾變形蓮瓣紋。

此罐造型、青花紋飾尚有成化遺風，但頸部的朵雲紋已有新意。

青花茅山道士圖筒爐
明弘治
高12.2厘米　口徑19.9厘米　足徑12.4厘米

**Blue and white cylindrical censer with pattern of the
Taoist priest of Maoshan Mountain**
Hongzhi period, Ming Dynasty
Height: 12.2cm　Diameter of mouth: 19.9cm
Diameter of foot: 12.4cm

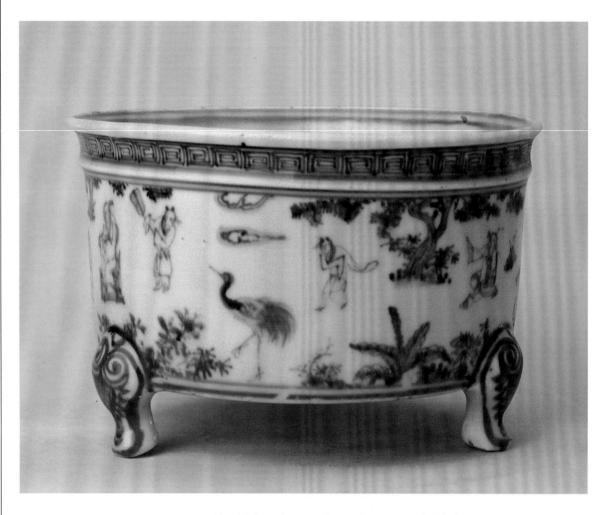

爐呈樽式，唇口，直腹，平底，三足。青花紋飾，口沿下飾回紋，外壁
青花繪《茅山道士圖》，足飾變形葉紋。

漢代時茅盈率二弟棄官學道，成仙後常騎白鶴往來。世人傳說三茅君乘
鶴來，風調雨順，使民無憂。

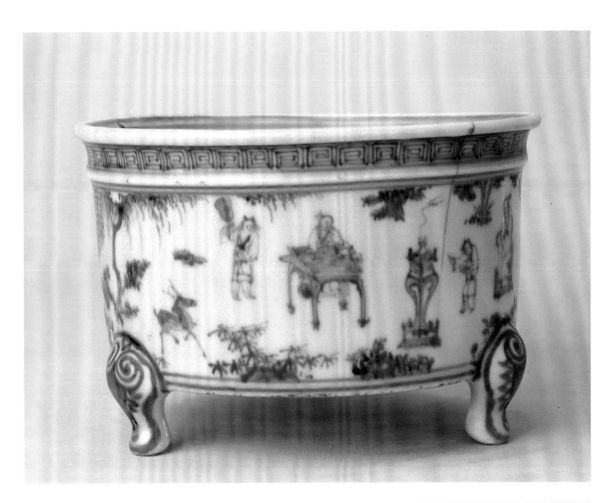

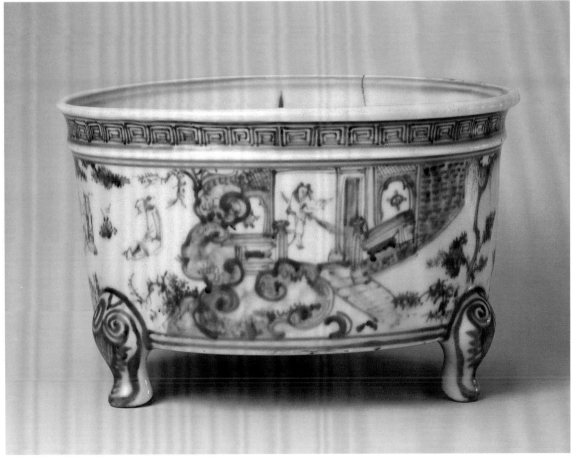

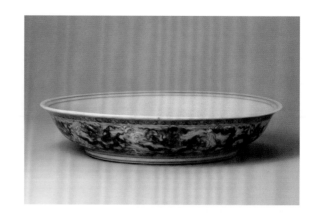

44

青花海水龍紋盤
明弘治
高4厘米　口徑20厘米　足徑12.5厘米

Blue and white plate with design of dragon and waves
Hongzhi period, Ming Dynasty
Height: 4cm　Diameter of mouth: 20cm
Diameter of foot: 12.5cm

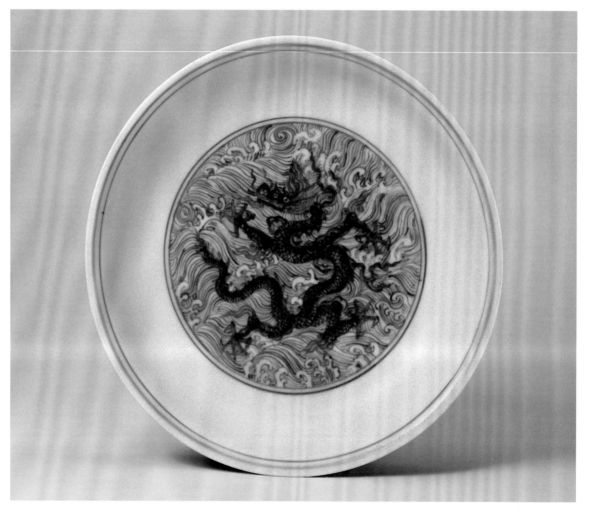

盤撇口，淺弧壁，圈足。青花紋飾，盤心雙圈內繪蛟龍出海紋，外壁口
沿以錢紋為邊飾，其下繪九條蛟龍飛舞於海浪之間。

此器造型、紋飾承襲前朝又略有變化，尤其是釉面微泛青色，與成化朝
的潔白有所不同。

青花折枝花果紋盤

明弘治

高4.8厘米　口徑25.7厘米　足徑16.5厘米

Blue and white plate with design of fruits and floral sprays

Hongzhi period, Ming Dynasty
Height: 4.8cm　Diameter of mouth: 25.7cm
Diameter of foot: 16.5cm

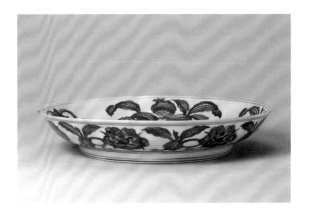

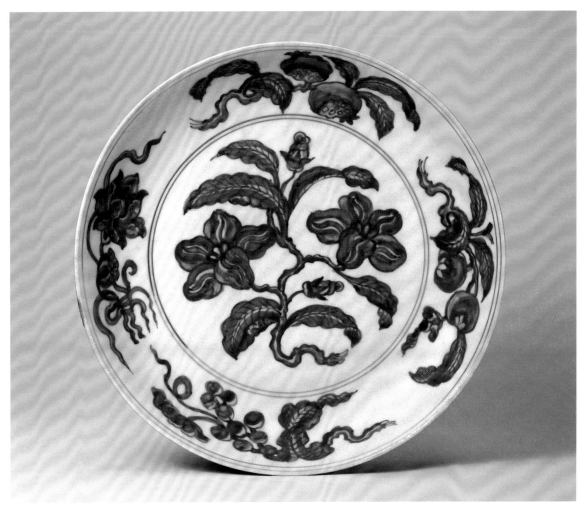

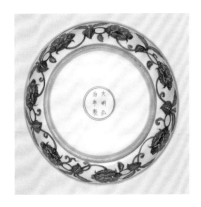

盤敞口，淺弧壁，圈足。青花紋飾，盤心雙圈內繪折枝梔子花紋，內壁繪折枝石榴、柿子、蓮花和葡萄紋，外壁繪纏枝牡丹紋。底青花雙圈內書"大明弘治年製"楷書款。

此盤為傳統品種，其畫面所繪吉祥花果紋，蘊含子孫昌盛，連綿不斷，生生不息之意。

青花松竹梅紋盤

明弘治
高4.9厘米　口徑26.7厘米　足徑16.5厘米

Blue and white plate with pine-bamboo-plum design
Hongzhi period, Ming Dynasty
Height: 4.9cm　Diameter of mouth: 26.7cm
Diameter of foot: 16.5cm

46

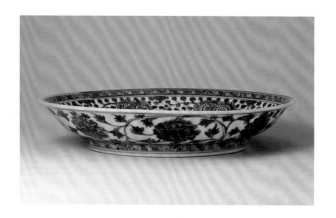

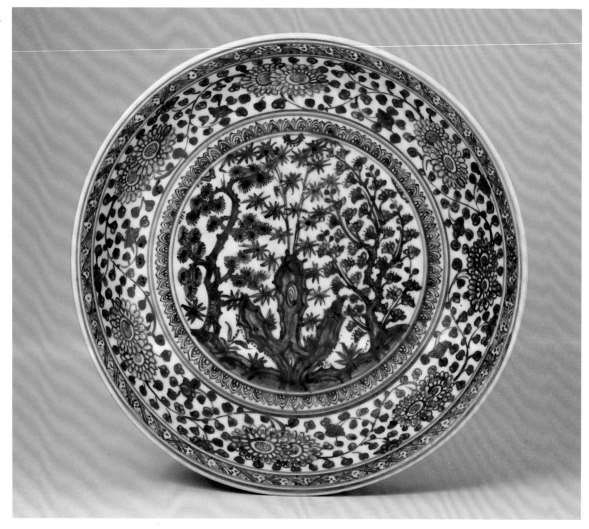

盤撇口，淺弧壁，圈足。青花紋飾，盤心為月影、松、竹、梅、山石，
外環以纏枝並蒂菊花，外壁繪纏枝牡丹紋。

此盤紋飾構圖繁密，青花色澤濃艷，類似作品見於弘治紀年墓出土物。

青花荷塘游龍紋碗
明弘治
高7厘米　口徑16厘米　足徑6厘米
清宮舊藏

Blue and white bowl with design of dragon in the lotus pond
Hongzhi period, Ming Dynasty
Height: 7cm　Diameter of mouth: 16cm
Diameter of foot: 6cm
Qing court collection

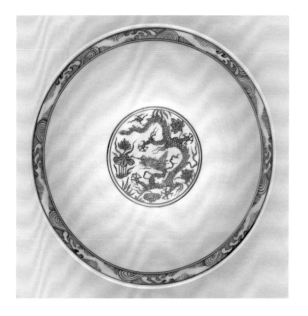

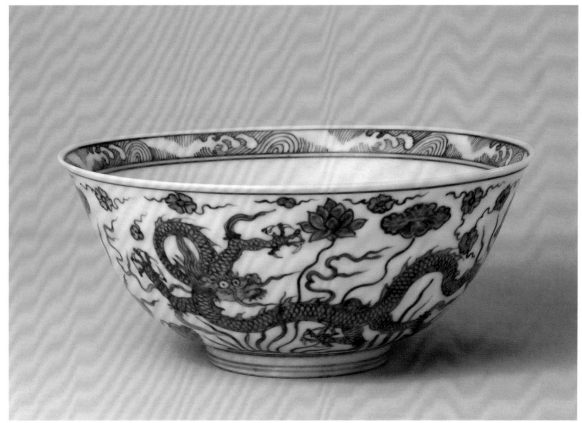

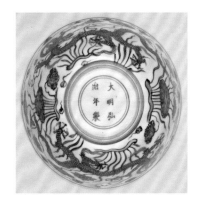

碗敞口，深弧壁，圈足。碗心及外壁為青花繪荷塘游龍戲水紋。底青花雙圈內書"大明弘治年製"楷書款。

明代青花瓷中的荷塘游龍紋樣，始見宣德朝，流行於弘治時期。此時青花瓷上的龍身纖細，神態平和，追求陰柔之美。

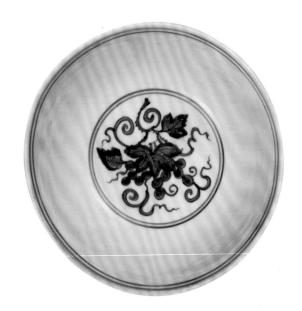

青花折枝葡萄紋碗

明弘治
高6.7厘米　口徑12.6厘米　足徑6厘米
清宮舊藏

**Blue and white bowl with design of disconnected sprays
of grape**
Hongzhi period, Ming Dynasty
Height: 6.7cm　Diameter of mouth: 12.6cm
Diameter of foot: 6cm
Qing court collection

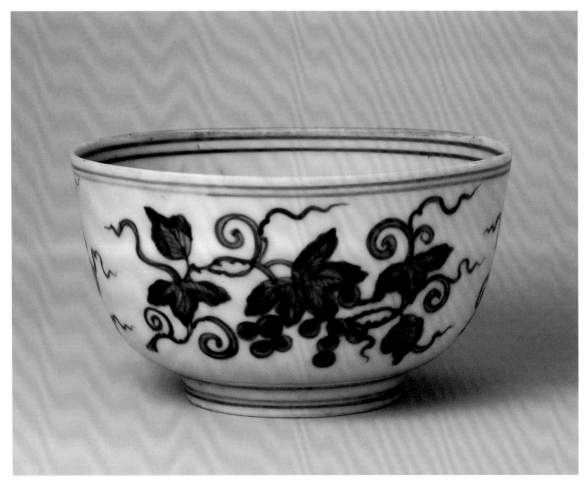

碗敞口，直壁，收底，圈足。碗心及外壁均以青花繪折枝葡萄紋。

紋飾中葡萄葉蔓纏繞，果實纍纍，蘊含"多子多福"、"子孫萬代"的
吉祥祈願。

49

青花海水瑞獸紋碗
明弘治
高9.8厘米　口徑16.1厘米　足徑5.3厘米
清宮舊藏

Blue and white bowl with design of waves and rare animal
Hongzhi period, Ming Dynasty
Height: 9.8cm　Diameter of mouth: 16.1cm
Diameter of foot: 5.3cm
Qing court collection

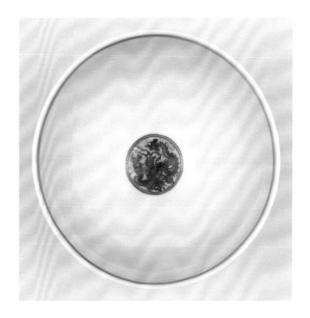

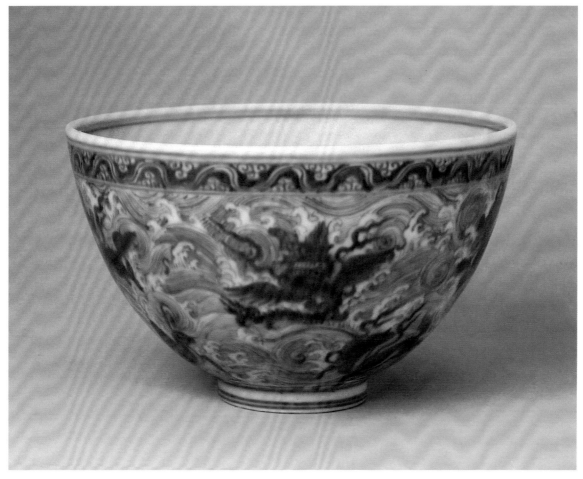

碗敞口，深弧壁，圈足。青花紋飾，碗心繪海水應龍紋，外壁繪海水瑞獸紋。

此碗通常又稱"雞心碗"，於明中期青花瓷中少見。其邊飾落花流水紋為這一時期各種工藝品中所流行。

青花應龍紋出戟尊
明正德
高21.7厘米　口徑14.8厘米　足徑10.5厘米
清宮舊藏

**Blue and white Zun with vertical flanges decorated with
design of wing dragons**
Zhengde period, Ming Dynasty
Height: 21.7cm　Diameter of mouth: 14.8cm
Diameter of foot: 10.5cm
Qing court collection

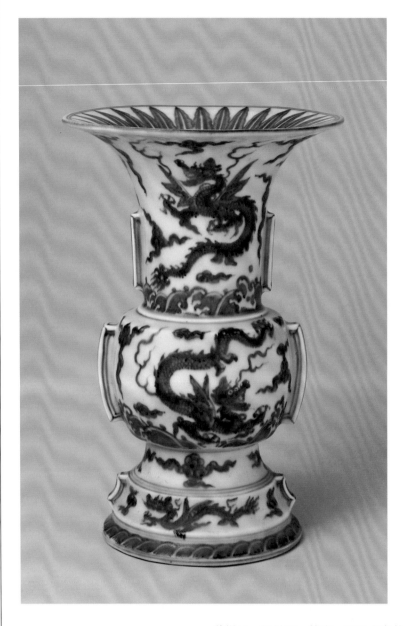
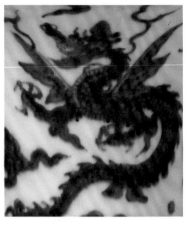

尊撇口，粗長頸，鼓腹，圈足中空外撇。頸、腹、足邊兩側各出一戟。
青花紋飾，裏口繪蕉葉紋，外部繪應龍翻騰於祥雲與海浪之間。

正德朝青花瓷多見應龍，而繪於尊上者甚少，故此彌足珍貴。

青花纏枝牡丹紋出戟尊
明正德
高21.7厘米　口徑15.3厘米　足徑10.6厘米

Blue and white Zun with vertical flanges decorated with
design of interlocking sprays of peony
Zhengde period, Ming Dynasty
Height: 21.7cm　Diameter of mouth: 15.3cm
Diameter of foot: 10.6cm

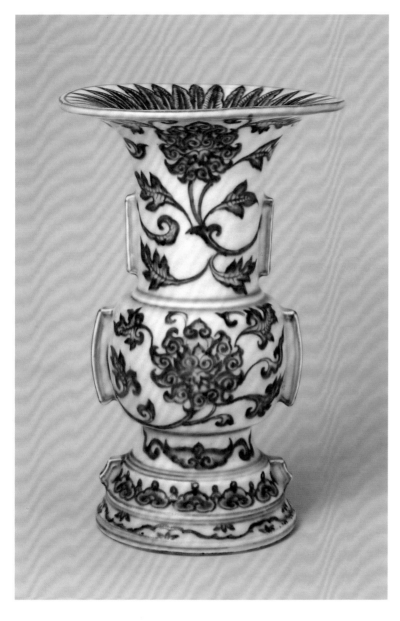

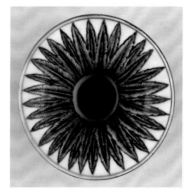

尊撇口，粗長頸，鼓腹，圈足中空外撇。尊兩側各出三戟。青花紋飾，
裏口沿繪蕉葉紋，外部以纏枝牡丹紋為主，輔以如意雲頭紋。

此尊造型、紋飾源於宣德青花瓷，唯足牆的落花流水與如意頭紋為此時
流行的邊飾。

青花庭園仕女圖疊盒
明正德
高23.9厘米　口徑16.1厘米　足徑10.6厘米

Blue and white three-tray box with design of maids and garden
Zhengde period, Ming Dynasty
Height: 23.9cm　Diameter of mouth: 16.1cm
Diameter of foot: 10.6cm

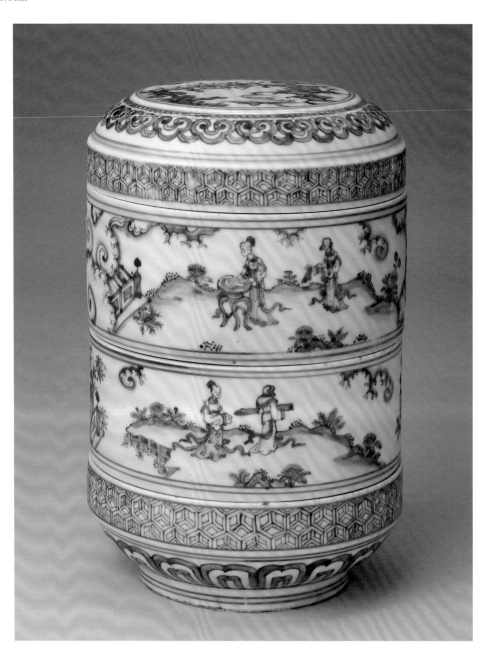

盒圓筒式，三屜，直壁收底，圈足。蓋隆起，平頂。蓋面繪《誇官圖》，狀元、榜眼、探花騎馬街頭；兩層屜各繪仕女遊於庭院之中，畫面分別為賞花、焚香、品茗、攜琴等。

正德時期燒造的瓷器，上承成化、弘治，下啟嘉靖新貌。其初期的作品多具前朝風格。此器青花雙鈎平塗，勻淨淡雅，畫風秀麗纖細。其造型、紋飾於傳世品中僅見，為珍貴的上品。

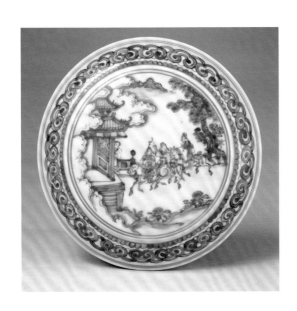

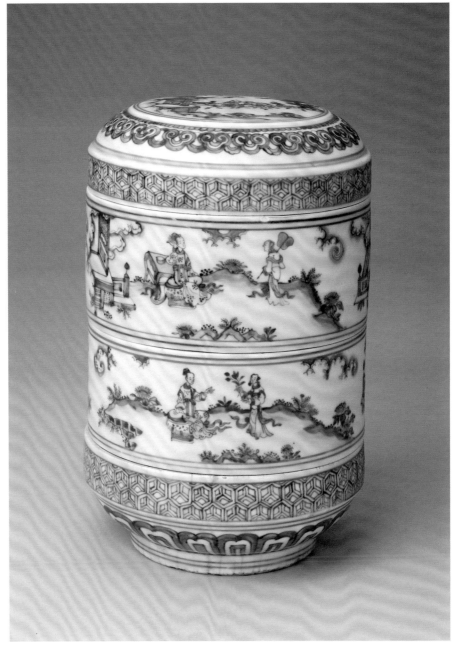

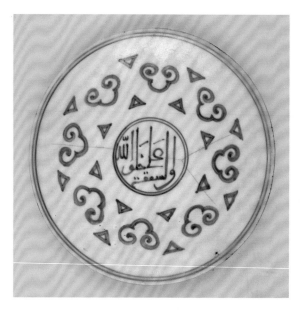

青花阿拉伯文圓盒

明正德
高7.8厘米 口徑16.5厘米 足徑16.5厘米

Blue and white box with Arabic
Zhengde period, Ming Dynasty
Height: 7.8cm Diameter of mouth: 16.5cm
Diameter of foot: 16.5cm

53

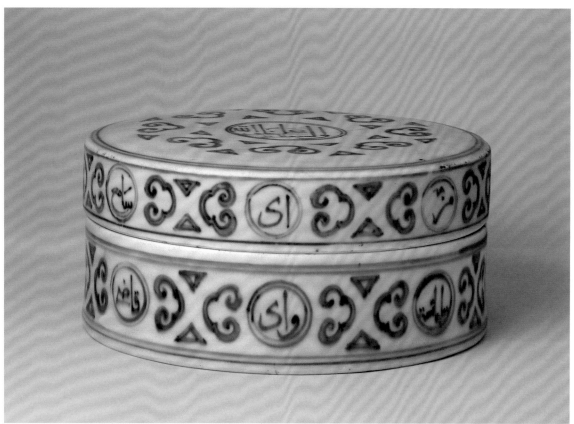

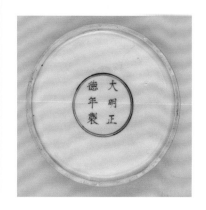

盒子母口,半填,矮圈足。青花紋飾,蓋面飾如意雲頭紋及二角紋組成的八角形,開光內書阿拉伯文;盒的外壁繪與蓋面相同的圖案,間隔為八個圓形開光,內書阿拉伯文。底青花雙圈內書"大明正德年製"楷書款。

青花纏枝蓮紋三足爐

明正德
高12.4厘米　口徑17.7厘米　足徑12.5厘米
清宮舊藏

**Blue and white censer with design of interlocking
sprays of lotus**
Zhengde period, Ming Dynasty
Height: 12.4cm　Diameter of mouth: 17.7cm
Diameter of foot: 12.5cm
Qing court collection

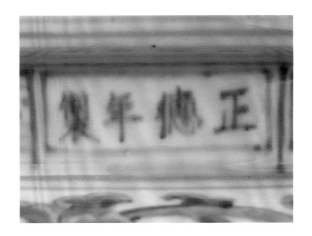

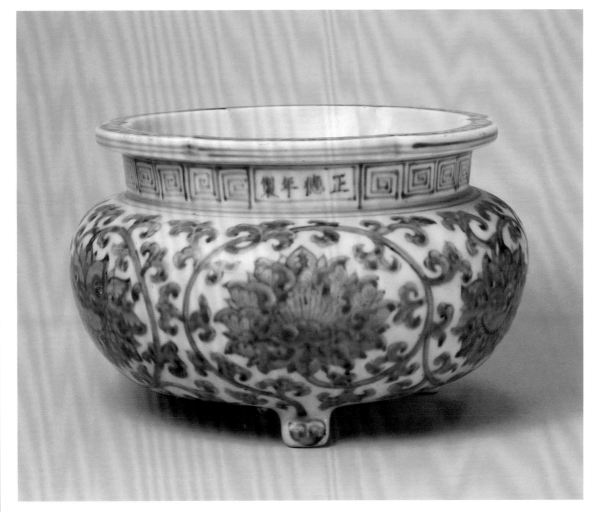

爐六花瓣形口，折沿，短頸，鼓腹，底內凹，三足。青花紋飾，腹繪纏枝蓮紋。頸飾回紋，方框內青花橫書"正德年製"楷書款。

正德皇帝因崇佛迷道，傳旨御窰廠製作各式香爐。此器造型頗為典型。

青花正德丁卯字爐

明正德

高24厘米　口徑34.2厘米　足徑23.7厘米

Blue and white censer with Chinese characters "Zheng De Ding Mao" (Dingmao year of Zhengde period)

Zhengde period, Ming Dynasty

Height: 24cm　Diameter of mouth: 34.2cm

Diameter of foot: 23.7cm

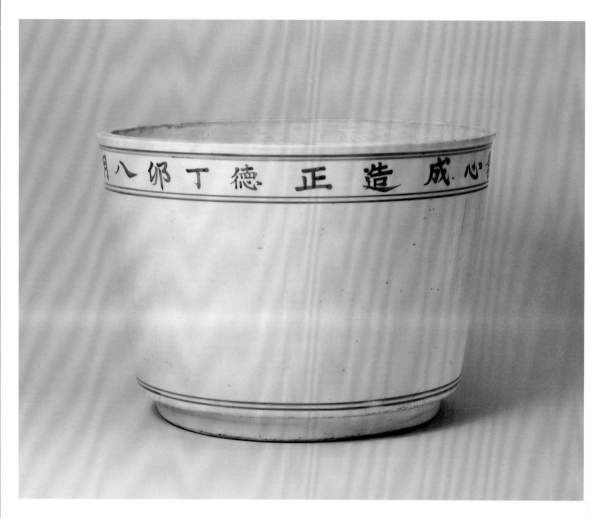

爐筒形，直壁下斂，假圈足。外口沿以青花橫書"欽差尚膳監太監梁等發心成造正德丁卯八月中秋吉日"紀年紀事款。

尚膳監為掌管皇室供膳的機構，源於金、元之前的尚食局，明改稱，由宦官掌管。此件筒爐為正德二年（1507）尚膳監太監定製。

青花阿拉伯文燭台
明正德
高24.6厘米　口徑6.7厘米　足徑13厘米
清宮舊藏

Blue and white candle holder with Arabic
Zhengde period, Ming Dynasty
Height: 24.6cm　Diameter of mouth: 6.7cm
Diameter of foot: 13cm
Qing court collection

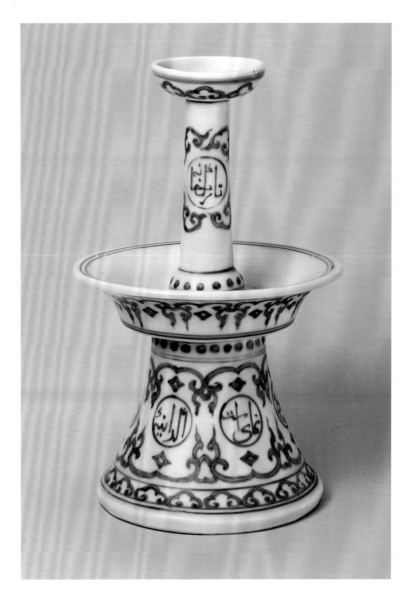

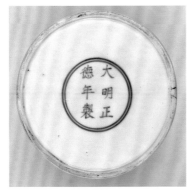

燭台分上下兩層托盤，上層小而淺，下層大而深，高足外撇，兩層之間以長柱相連。器身青花繪勾蓮紋，開光內書阿拉伯文。底青花雙圈內書"大明正德年製"楷書款。

正德皇帝重伊斯蘭教，瓷器上常採用阿拉伯文《可蘭經》箴言，裝飾內容多含吉祥祈福之意，形成獨特的風格。這種瓷器上的阿拉伯文裝飾是研究明代中葉伊斯蘭文化與漢文化相互交融、影響的重要實物資料。

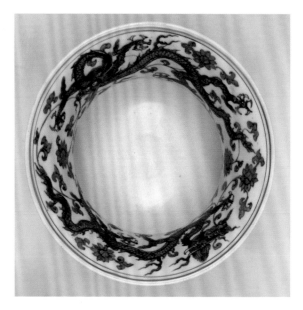

青花穿花龍紋尊

明正德
高11.7厘米　口徑15.7厘米　足徑8.4厘米
清宮舊藏

Blue and white jar with design of dragon flying through flowers
Zhengde period, Ming Dynasty
Height: 11.7cm　Diameter of mouth: 15.7cm
Diameter of foot: 8.4cm
Qing court collection

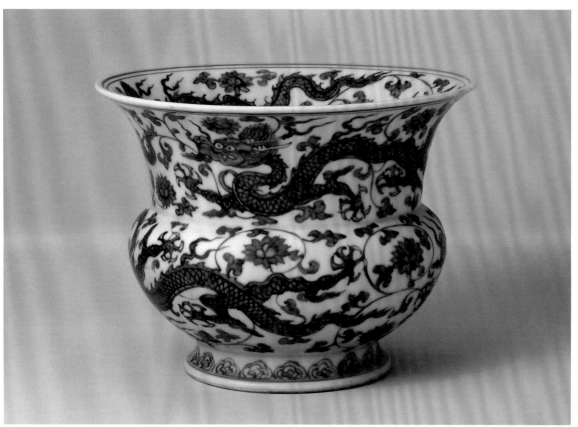

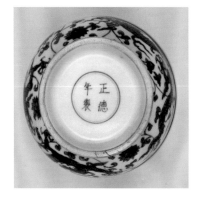

尊撇口，粗頸，鼓腹下斂，圈足外撇。通體青花繪穿花龍紋。底青花雙圈內書"正德年製"楷書款。

青花穿花龍圖案源自宣德朝，而以此時最為流行。

青花獅球紋九孔花插
明正德
高13.5厘米　口徑16厘米　足徑10.7厘米
清宮舊藏

Blue and white flower receptacle with nine openings at the top decorated with design of lions playing with a ball
Zhengde period, Ming Dynasty
Height: 13.5cm　Diameter of mouth: 16cm
Diameter of foot: 10.7cm
Qing court collection

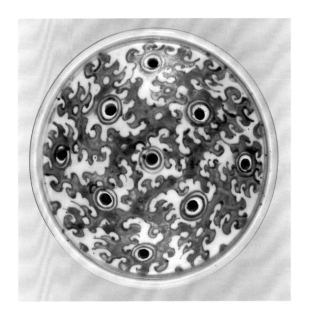

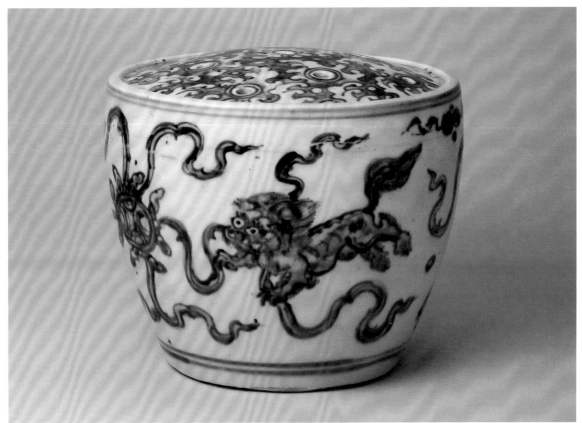

花插鼓形，頂面隆起有九孔，深弧壁，底部內斂，圈足。花插頂面九孔之間繪青花留白海浪紋，外壁繪青花三獅戲球紋。

此器主體紋飾三獅戲球，借"獅"諧"師"音，比喻古時設置的三個顯赫祿位：太師、太傅、太保，寓官至極品，位列三公之意。

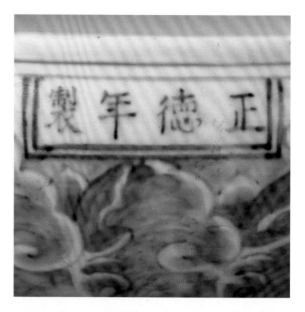

青花蓮花紋洗

明正德
高7.5厘米　口徑23.8厘米　足徑18.8厘米
清宮舊藏

Blue and white brush washer with lotus design
Zhengde period, Ming Dynasty
Height: 7.5cm　Diameter of mouth: 23.8cm
Diameter of foot: 18.8cm
Qing court collection

59

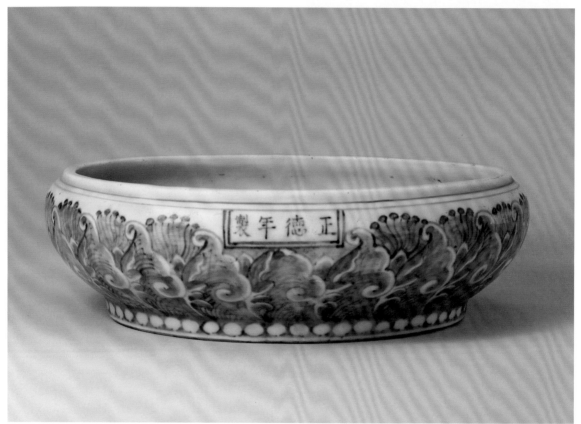

洗斂口，鼓腹，圈足。外壁青花飾荷花紋。口沿下雙方框內青花橫書
"正德年製"楷書款。

此器造型、紋飾奇特，於傳世品中若披沙撿金，寥寥可數。

60

青花雲龍紋盤
明正德
高4.2厘米　口徑20.9厘米　足徑12.7厘米

Blue and white plate with design of dragon and clouds
Zhengde period, Ming Dynasty
Height: 4.2cm　Diameter of mouth: 20.9cm
Diameter of foot: 12.7cm

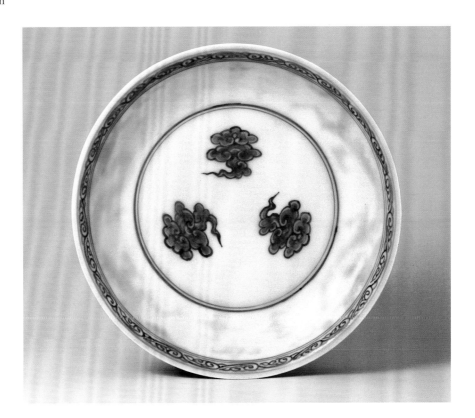

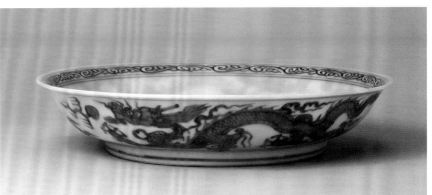

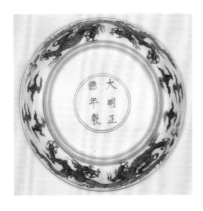

盤撇口，淺弧壁，圈足。青花紋飾，盤心飾三朵靈芝形雲紋，外壁飾雙龍趕珠紋。底青花雙圈內書 "大明正德年製" 楷書款。

此種裝飾於盤心呈品字形排列的祥雲紋，明代肇始於洪武朝，延續至萬曆時期，多為官窯瓷所用。

61

青花應龍紋盤
明正德
高4.2厘米　口徑21.5厘米　足徑12.2厘米

Blue and white plate with design of flying dragon
Zhengde period, Ming Dynasty
Height: 4.2cm　Diameter of mouth: 21.5cm
Diameter of foot: 12.2cm

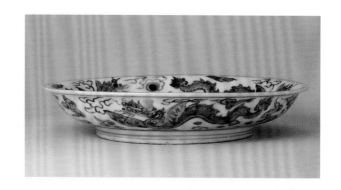

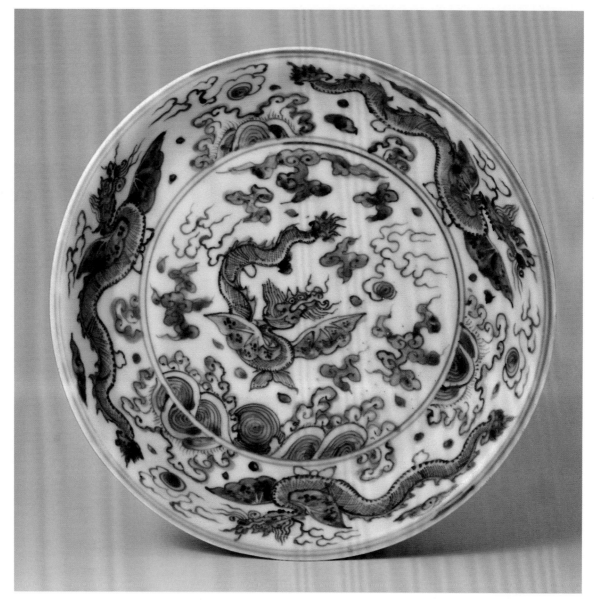

盤撇口，淺弧壁，圈足。青花紋飾，盤心與內外壁繪應龍騰飛於祥雲與海浪之間。

此器紋飾繁鬧，勾綫流暢。應龍傳說於古代神話中。相傳禹治水時，有應龍以尾畫地頓成江河，使水流入大海。故《楚辭》中云："問海應龍，何畫何歷？鯀何所營？禹何所存？"此器紋飾表達了對應龍神威的嚮往。

青花海水龍紋盤
明正德
高5厘米　口徑23.7厘米　足徑15.5厘米

Blue and white plate with dragon and waves design
Zhengde period, Ming Dynasty
Height: 5cm　Diameter of mouth: 23.7cm
Diameter of foot: 15.5cm

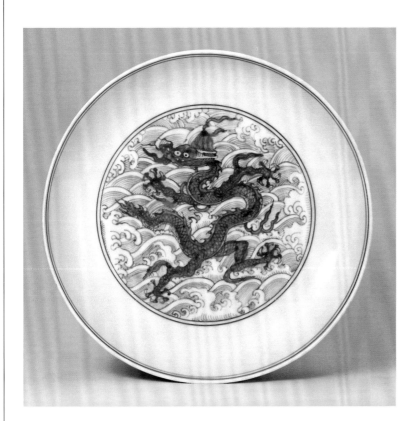

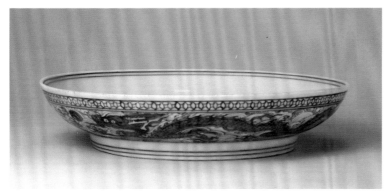

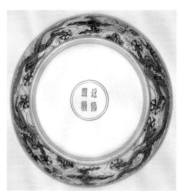

盤敞口，淺弧壁，圈足。青花紋飾，盤心繪蛟龍出海紋，外壁飾雙龍趕珠紋。底青花雙圈內書八思巴文款，譯為"正德年製"。

八思巴文是被元世祖忽必烈封為國師的西藏薩迦五祖八思巴所創，元滅後廢棄不用。但明正德時，由於皇帝信烏斯藏僧有能知三生者，遣官入番，並"治入番器物"，用來賞賚西藏喇嘛，以示友好與尊敬，此盤應為其中之一。

63

青花穿花龍紋盤
明正德
高4厘米　口徑19.8厘米　足徑12.8厘米

**Blue and white plate with design of dragon flying
through flowers**
Zhengde period, Ming Dynasty
Height: 4cm　Diameter of mouth: 19.8cm
Diameter of foot: 12.8cm

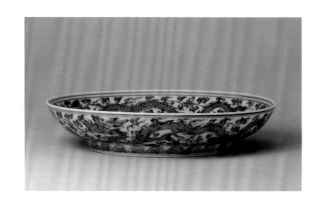

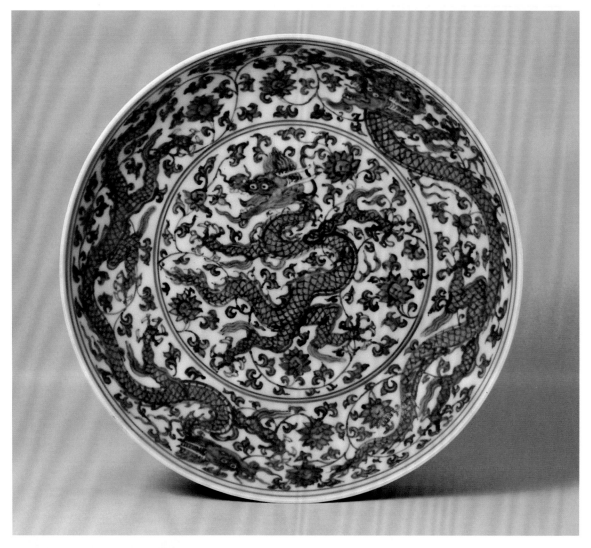

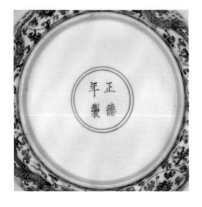

盤敞口，淺弧壁，圈足。通體滿飾青花紋，盤心及內外壁繪蛟龍穿行於
纏枝花卉紋之間，足牆飾如意雲頭紋。底青花雙圈內書“正德年製”楷
書款。

明代穿花龍始見於永樂官窰瓷，正德時期最為盛行，寓意“江山萬代，
延綿不斷”。

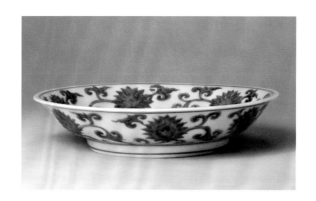

64

青花纏枝蓮紋盤
明正德
高3.3厘米　口徑16.6厘米　足徑9.5厘米
清宮舊藏

Blue and white plate with interlocking lotus design
Zhengde period, Ming Dynasty
Height: 3.3cm　Diameter of mouth: 16.6cm
Diameter of foot: 9.5cm
Qing court collection

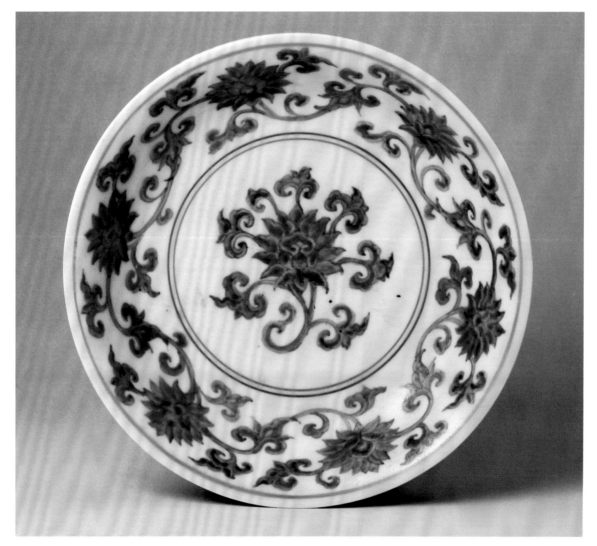

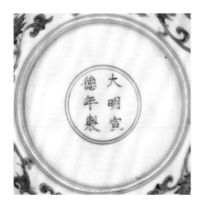

盤撇口，淺弧壁，圈足。青花紋飾，盤心雙圈內繪折枝蓮紋，裏外壁各飾纏枝蓮紋。底青花雙圈內偽託"大明宣德年製"楷書款，實為正德朝官窰仿品。

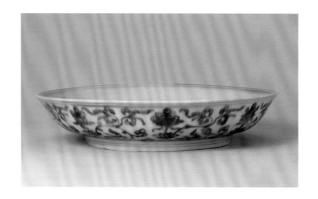

青花園景圖盤
明正德
高4厘米　口徑20厘米　足徑11.7厘米

Blue and white plate with design of garden landscape
Zhengde period, Ming Dynasty
Height: 4cm　Diameter of mouth: 20cm
Diameter of foot: 11.7cm

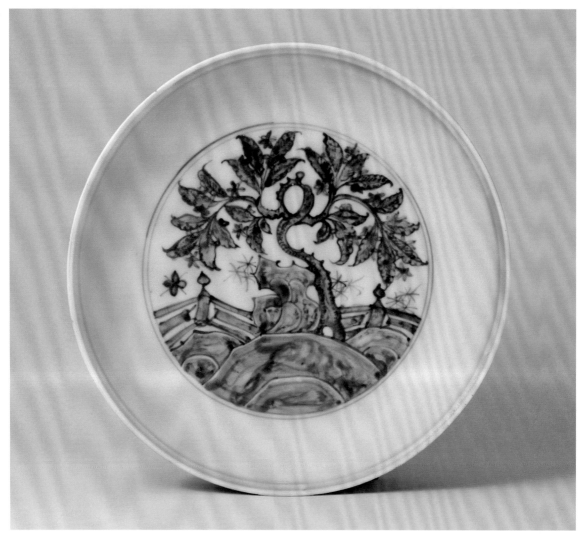

盤敞口，淺弧壁，圈足。青花紋飾，盤心飾回欄、山石、桂樹組成的園
景；外壁飾纏枝化扡八吉祥紋。

此盤畫意吉祥，典出自《漢書‧郤詵傳》，以桂林之一枝，崑山之片
玉，喻國家之棟才。

青花纏枝蓮阿拉伯文盤

明正德
高3.7厘米　口徑15.6厘米　足徑9厘米

**Blue and white plate with Arabic decorated with
interlocking lotus design**
Zhengde period, Ming Dynasty
Height: 3.7cm　Diameter of mouth: 15.6cm
Diameter of foot: 9cm

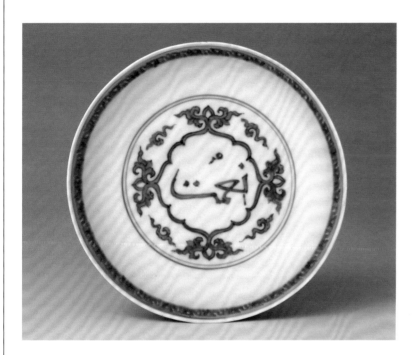

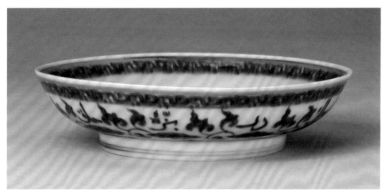

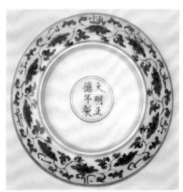

盤敞口，圈足。青花紋飾，裏外口沿飾曲帶紋，盤心菱形開光內書阿拉
伯文；外壁飾纏枝花托阿拉伯文。底青花雙圈內書"大明正德年製"楷
書款。

青花海水龍紋碗
明正德
高9.7厘米　口徑16.3厘米　足徑5.3厘米
清宮舊藏

Blue and white bowl with dragon and waves design
Zhengde period, Ming Dynasty
Height: 9.7cm　Diameter of mouth: 16.3cm
Diameter of foot: 5.3cm
Qing court collection

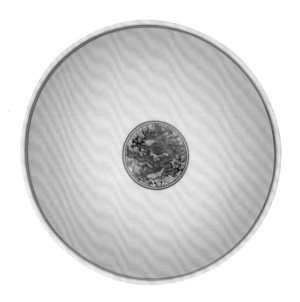

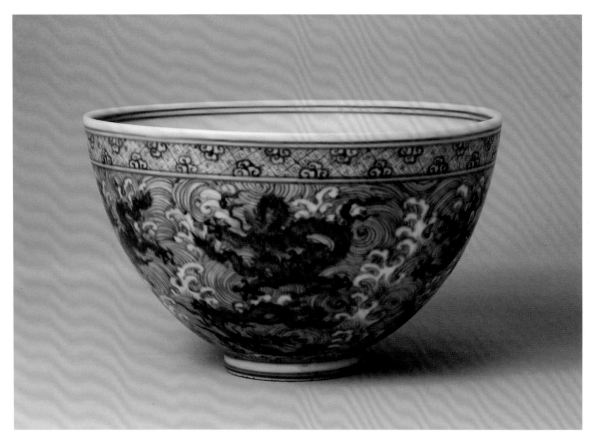

碗敞口，深弧壁，圈足。青花紋飾，碗心飾海水蛟龍紋，外壁飾九龍鬧海紋。

此器紋飾上承宣德朝青花瓷，唯邊飾有所不同。

青花穿花龍紋碗
明正德
高9.8厘米　口徑15.8厘米　足徑9.3厘米
清宮舊藏

Blue and white bowl with design of dragon flying through flowers
Zhengde period, Ming Dynasty
Height: 9.8cm　Diameter of mouth: 15.8cm
Diameter of foot: 9.3cm
Qing court collection

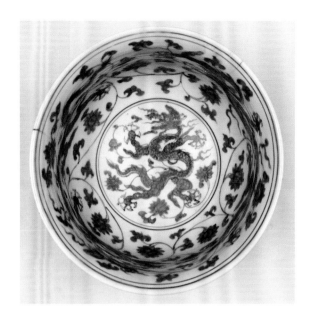

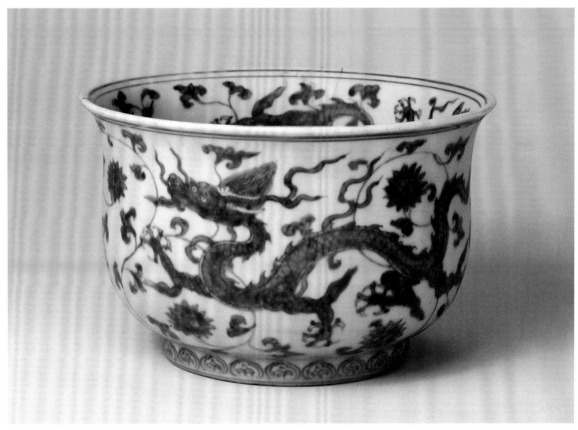

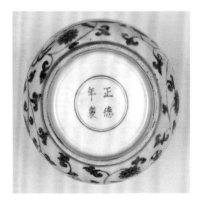

碗敦式，撇口，深弧壁，圈足。碗心及內外壁通體青花繪穿花龍紋。底青花雙圈內書“正德年製”楷書款。

此碗造型、紋飾源自宣德朝青花瓷，唯器壁稍淺，口沿撇度略有不同。

青花穿花龍紋碗

明正德
高7.2厘米　口徑18.7厘米　足徑7.6厘米
清宮舊藏

Blue and white bowl with design of dragon flying through flowers
Zhengde period, Ming Dynasty
Height: 7.2cm　Diameter of mouth: 18.7cm
Diameter of foot: 7.6cm
Qing court collection

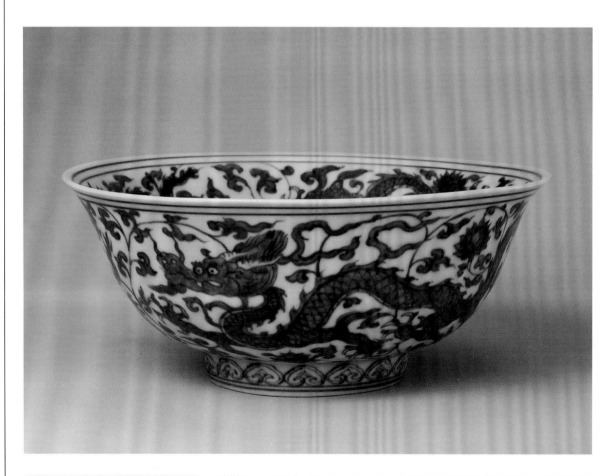

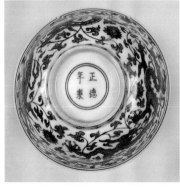

碗撇口，深弧壁，圈足。碗心及內外壁通體青花繪穿花龍紋。底青花雙圈內書"正德年製"楷書款。

此碗造型及紋飾也是正德官窯仿宣德青花之作，唯圈足一周如意雲頭紋頗有新意。

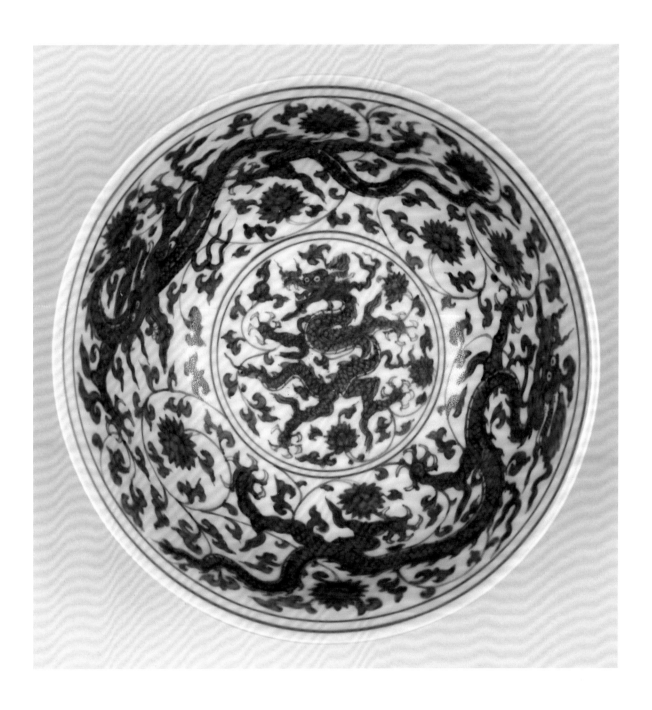

青花穿花龍紋碗
明正德
高10.3厘米　口徑23厘米　足徑9.3厘米

Blue and white bowl with design of dragon flying through flowers
Zhengde period, Ming Dynasty
Height: 10.3cm　Diameter of mouth: 23cm
Diameter of foot: 9.3cm

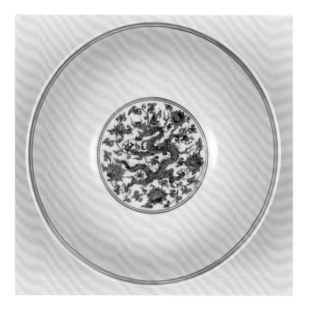

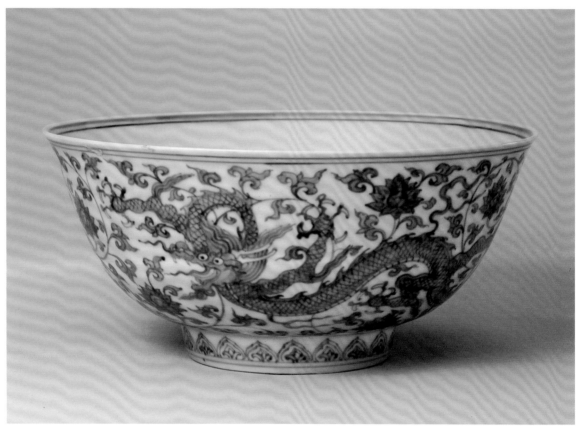

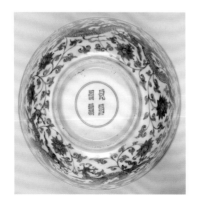

碗撇口，深弧壁，圈足。青花紋飾，碗心及外壁繪穿花龍紋，足牆飾如意雲頭紋一周。底青花雙圈內書八思巴文款，其譯文為"正德年製"。

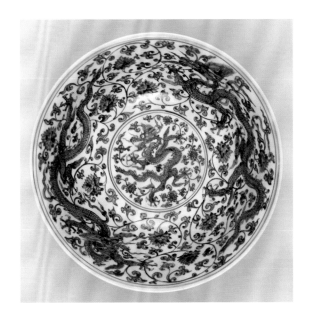

青花穿花龍紋碗

明正德
高9.1厘米　口徑23.2厘米　足徑9.3厘米
清宮舊藏

**Blue and white bowl with design of dragon flying
through flowers**
Zhengde period, Ming Dynasty
Height: 9.1cm　Diameter of mouth: 23.2cm
Diameter of foot: 9.3cm
Qing court collection

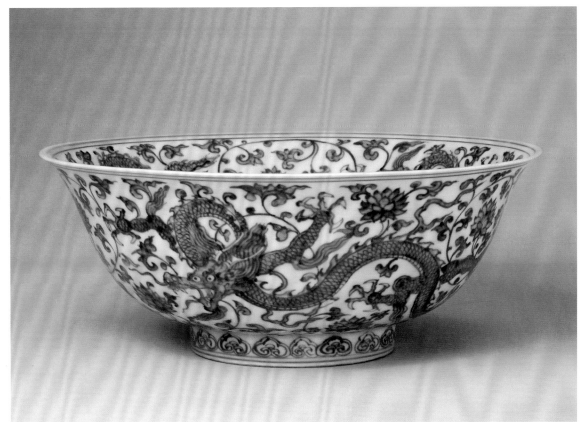

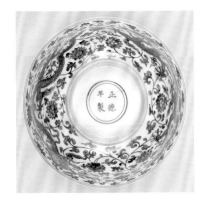

碗撇口，深弧壁，圈足，底心微塌。碗心及內外壁通體青花滿繪穿花龍
紋，足牆飾如意雲頭紋。底青花雙圈內書"正德年製"楷書款，同此還
多見八思巴文款，如前。

青花嬰戲圖碗
明正德
高13厘米　口徑22.1厘米　足徑7.5厘米
清宮舊藏

Blue and white bowl with design of playing children
Zhengde period, Ming Dynasty
Height: 13cm　Diameter of mouth: 22.1cm
Diameter of foot: 7.5cm
Qing court collection

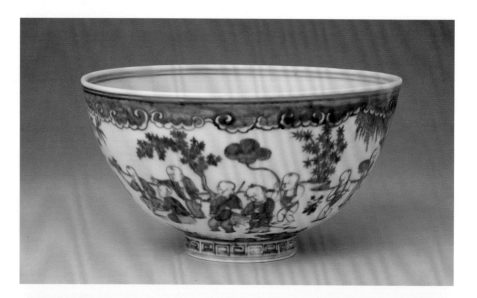

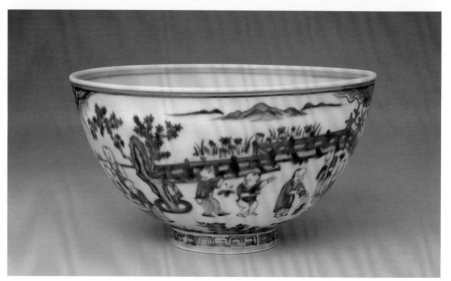

碗敞口，深弧壁，圈足。外壁青花通景繪庭園嬰戲圖，空間襯以山石、松竹、柳樹、回欄紋等。

圖中環境為庭院荷塘，遠山祥雲，兒童以荷葉、竹馬扮作貴人模樣，表演"狀元及第"，情節生動。此時青花色料呈淺淡的灰藍色，雖不濃重，但很穩定。

青花纏枝花紋碗
明正德
高12.5厘米　口徑26.1厘米　足徑14.8厘米

Blue and white bowl with interlocking floral design
Zhengde period, Ming Dynasty
Height: 12.5cm　Diameter of mouth: 26.1cm
Diameter of foot: 14.8cm

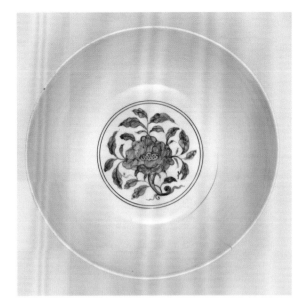

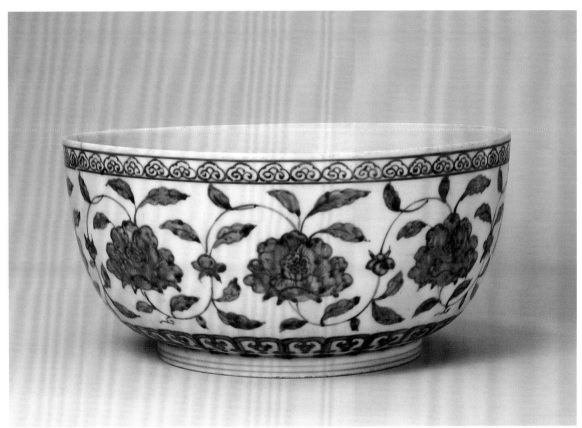

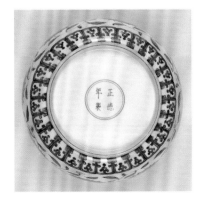

碗敞口，深弧壁，圈足。碗心繪折枝茶花紋，外壁繪纏枝茶花，近足處飾蓮瓣紋。底青花雙圈內書“正德年製”楷書款。

此器既追摹永、宣青花瓷又別具新意。

青花纏枝花紋碗
明正德

青花纏枝蓮紋碗
明正德
高7.5厘米　口徑15.8厘米　足徑5厘米

Blue and white bowl with interlocking lotus design
Zhengde period, Ming Dynasty
Height: 7.5cm　Diameter of mouth: 15.8cm
Diameter of foot: 5cm

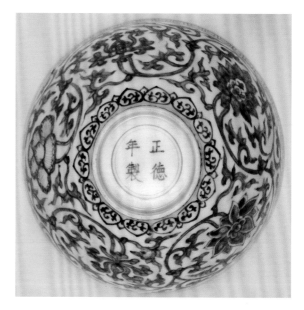

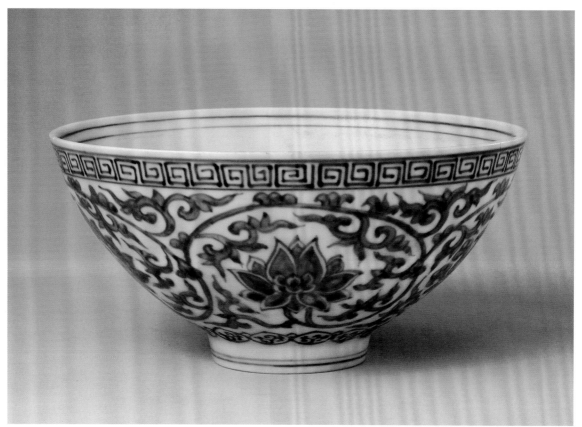

碗敞口，深弧壁，圈足。青花紋飾，口沿飾回紋，外壁主體紋飾繪五種
形象各異的纏枝蓮花紋，甚為別致。近足處飾變形如意雲頭紋。底青花
雙圈內書“正德年製”楷書款。

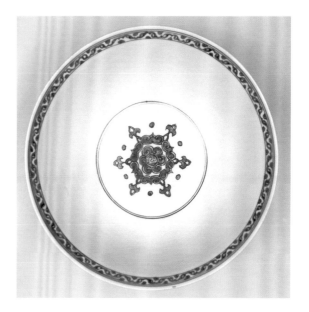

青花團花紋碗
明正德
高8.6厘米　口徑19.7厘米　足徑7.7厘米

Blue and white bowl with medallion design
Zhengde period, Ming Dynasty
Height: 8.6cm　Diameter of mouth: 19.7cm
Diameter of foot: 7.7cm

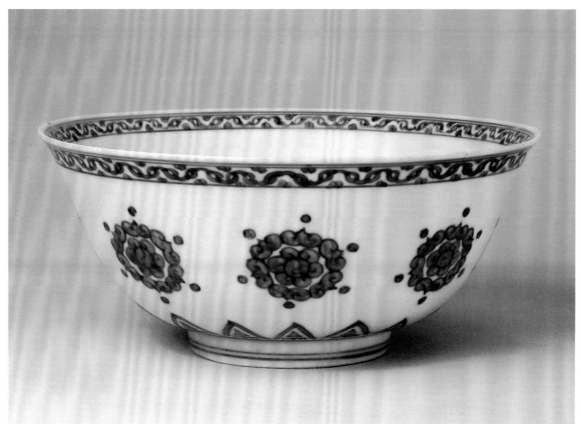

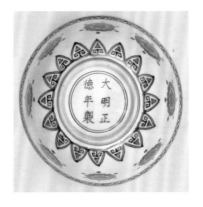

碗口微撇，深弧壁，圈足。青花紋飾，碗心雙圈內繪靈芝團花，裏外口沿飾花葉，外壁繪團花，並環飾如意雲頭紋，近足處飾仿古銅器蟬紋。底青花雙圈內書"大明正德年製"楷書款。

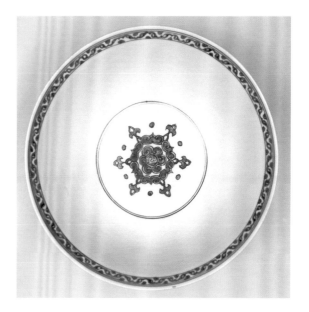

青花團花紋碗
明正德
高10.6厘米　口徑21.2厘米　足徑9厘米

Blue and white bowl with medallion design
Zhengde period, Ming Dynasty
Height: 10.6cm　Diameter of mouth: 21.2cm
Diameter of foot: 9cm

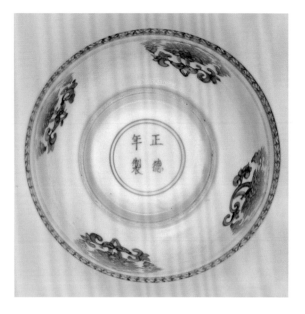

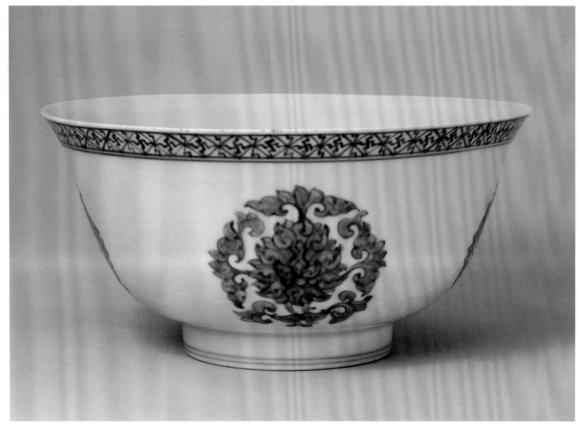

碗撇口，深弧壁，圈足。青花繪團蓮紋四組，邊飾菱形"卍"字錦紋。底青花雙圈內書"正德年製"楷書款。

"卍"字在梵文中稱"Srivatsa"，意思是"吉祥之所集"，為佛祖胸部顯現的瑞相，唐武則天於大周長壽二年（693年）將其定讀為"萬"。明代正德朝以後多用"卍"字錦紋裝飾，此碗以其環繞團蓮，寓意"萬德吉祥"。

青花阿拉伯文碗
明正德
高9.5厘米　口徑13.9厘米　足徑7.6厘米

Blue and white bowl with Arabic
Zhengde period, Ming Dynasty
Height: 9.5cm　Diameter of mouth: 13.9cm
Diameter of foot: 7.6cm

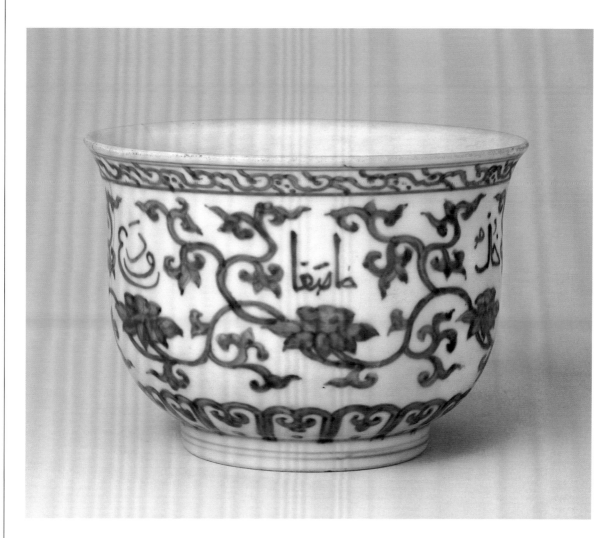

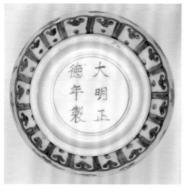

青花阿拉伯文碗
明正德

碗撇口，深直壁，底微收，圈足。青花紋飾，口沿飾雲紋，外壁飾纏枝花托阿拉伯文，近足處飾花瓣紋一周。底青花雙圈內書"大明正德年製"楷書款。

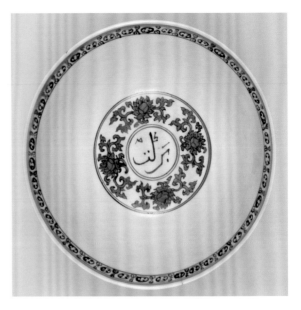

青花阿拉伯文碗

明正德
高8.5厘米　口徑19.7厘米　足徑7.5厘米

Blue and white bowl with Arabic
Zhengde period, Ming Dynasty
Height: 8.5cm　Diameter of mouth: 19.7cm
Diameter of foot: 7.5cm

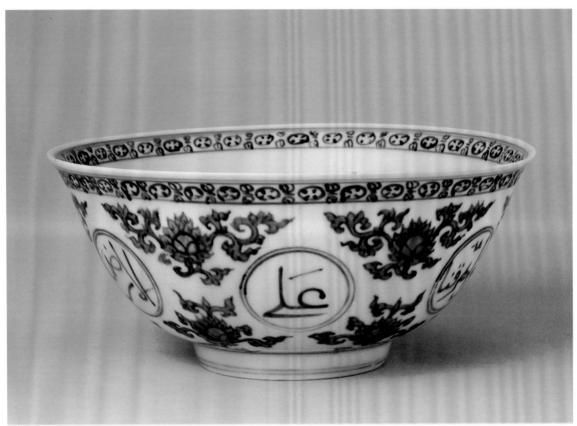

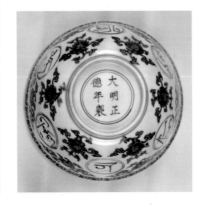

碗撇口，深弧壁，底心微塌，圈足。青花以阿拉伯文裝飾，碗心譯文為
"感謝他（真主）的恩惠"。外壁開光內書波斯文字，按順序直譯為
"政權"、"君王"、"永恒"、"每日"、"增加"、"興盛"，意
譯為"政權君王永恒，興盛與日俱增"。每組開光間飾折枝蓮花紋。底
青花雙圈內書"大明正德年製"楷書款。

瓷器上以阿拉伯文、波斯文作裝飾，是正德瓷器的裝飾特點，但在書寫
時為了美化，常省略某些筆劃。

79

青花阿拉伯文碗
明正德
高12.3厘米　口徑28.1厘米　足徑11厘米

Blue and white bowl with Arabic
Zhengde period, Ming Dynasty
Height: 12.3cm　Diameter of mouth: 28.1cm
Diameter of foot: 11cm

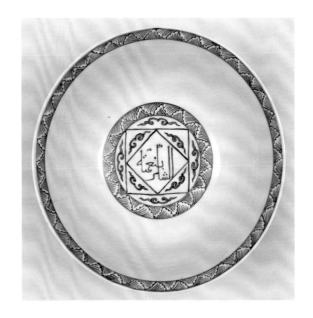

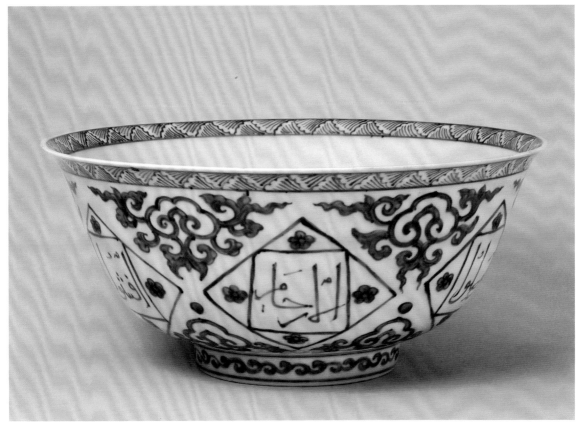

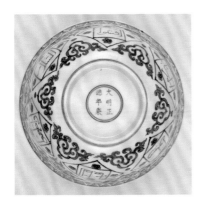

碗撇口，深弧壁，圈足。通體青花紋飾，菱形開光內書阿拉伯文《可蘭經》箴言，周圍分飾梅花紋與如意雲頭紋。底青花雙圈內書「大明正德年製」楷書款。

青花淨水碗托
明正德
高14.1厘米　口徑7.2厘米　足徑12.5厘米
清宮舊藏

Blue and white saucer of a holy-water bowl
Zhengde period, Ming Dynasty
Height: 14.1cm　Diameter of mouth: 7.2cm
Diameter of foot: 12.5cm
Qing court collection

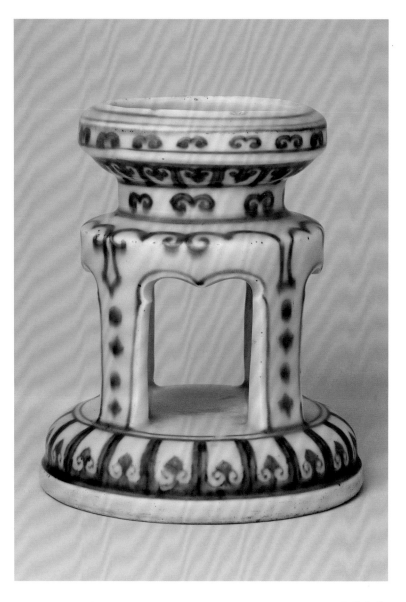

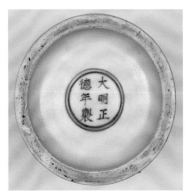

器圓口內收，束腰中空，下承以四如意形足，唧接覆盤式底。青花紋飾
分別為朵花、方點、圓點、仰蓮瓣紋。底青花雙圈內書“大明正德年
製”楷書款。

此器造型奇特，為淨水碗之托，用於佛前供奉。

青花雲龍紋蒜頭瓶

明嘉靖
高19.4厘米　口徑2厘米　足徑7.5厘米
清宮舊藏

Blue and white vase with dragon and clouds design
Jiajing period, Ming Dynasty
Height: 19.4cm　Diameter of mouth: 2cm
Diameter of foot: 7.5cm
Qing court collection

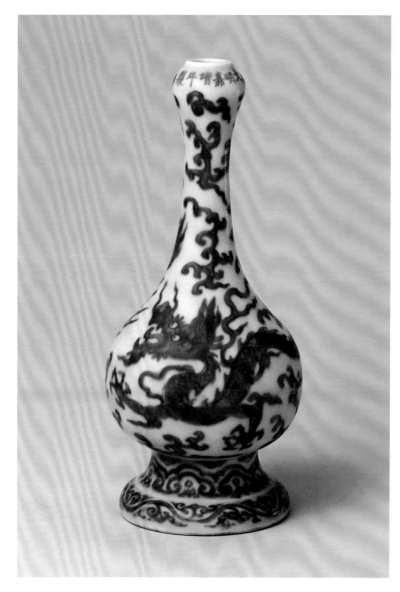

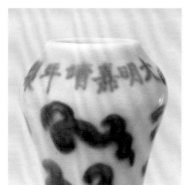

瓶蒜頭形口，細長頸，垂腹，束脛，足外撇，平底。器身通景青花飾趕
珠龍紋，襯以濤濤海浪。足牆飾如意雲頭和忍冬紋。口沿下青花橫書
"大明嘉靖年製"楷書款。

蒜頭瓶為當時所流行，此瓶足部略有變化。

青花花鳥圖梅瓶

明嘉靖
高44厘米　口徑6.5厘米　足徑13.8厘米
清宮舊藏

Blue and white prunus vase with bird and flower design
Jiajiod period, Ming Dynasty
Height: 44cm　Diameter of mouth: 6.5cm
Diameter of foot: 13.8cm
Qing court collection

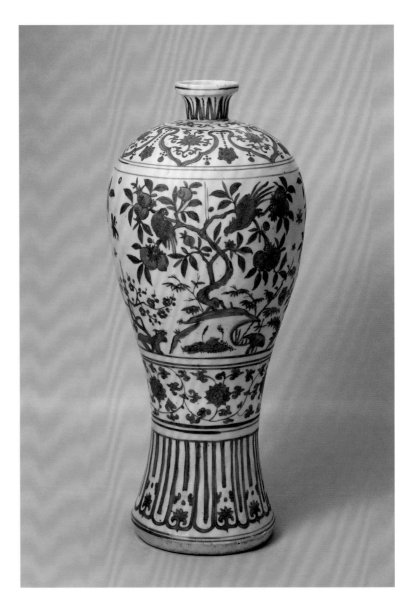

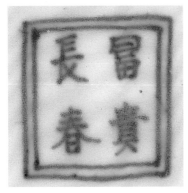

瓶小口，短頸，豐肩，斂腹，圈足外撇。口沿至底邊飾六層青花紋飾，分別為蕉葉、下垂如意雲頭與瓔珞紋，瓶腹圖為瑞果、梅花、祥禽，腹下飾纏枝蓮紋，近足處飾倒垂蓮瓣紋。底青花雙方框內書"富貴長春"吉祥語款，點出了畫意主題。

此時梅瓶造型有明顯變化，小口外撇，器身修長，具有時代特色。

青花纏枝花紋玉壺春瓶
明嘉靖
高32厘米　口徑8.3厘米　足徑11厘米
清宮舊藏

Blue and white pear-shaped vase decorated with interlocking sprays
Jiajing period, Ming Dynasty
Height: 32cm　Diameter of mouth: 8.3cm
Diameter of foot: 11cm
Qing court collection

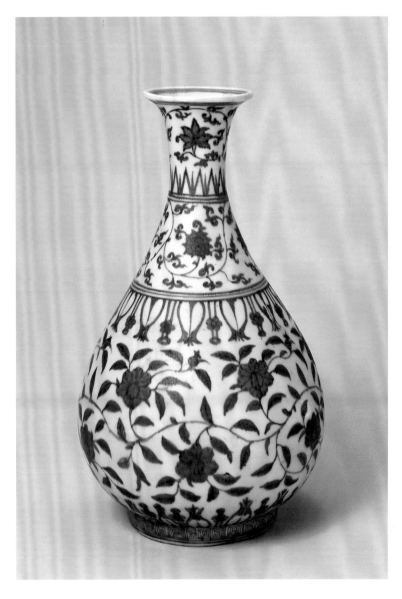

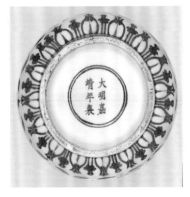

瓶撇口，束頸，垂腹，圈足。青花主體紋飾為纏枝花，輔以蕉葉、海石榴紋等邊飾。底青花雙圈內書“大明嘉靖年製”楷書款。

玉壺春瓶為傳統器型，此時略有變化，其腹若懸膽，與眾不同。

青花雲龍紋葫蘆瓶
明嘉靖
高10.6厘米　口徑3厘米　足徑4厘米
清宮舊藏

**Blue and white double-gourd-shaped vase with design of
dragon among clouds**
Jiajing period, Ming Dynasty
Height: 10.6cm　Diameter of mouth: 3cm
Diameter of foot: 4cm
Qing court collection

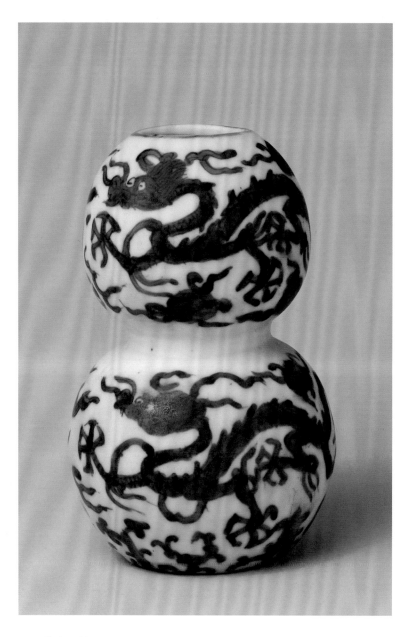

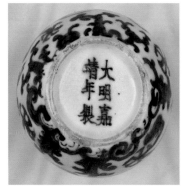

瓶葫蘆式，斂口，上下雙圓腹，束腰，底內凹。器身青花繪戲珠龍穿行
於如意雲間。底青花書"大明嘉靖年製"楷書款。

85

青花雲鶴八仙圖葫蘆瓶
明嘉靖
高55厘米　口徑5.7厘米　足徑17×17厘米
清宮舊藏

**Blue and white double-gourd-shaped vase with design of
Eight Immortals and crane among clouds**
Jiajing period, Ming Dynasty
Height: 55cm　Diameter of mouth: 5.7cm
Diameter of foot: 17 x 17cm
Qing court collection

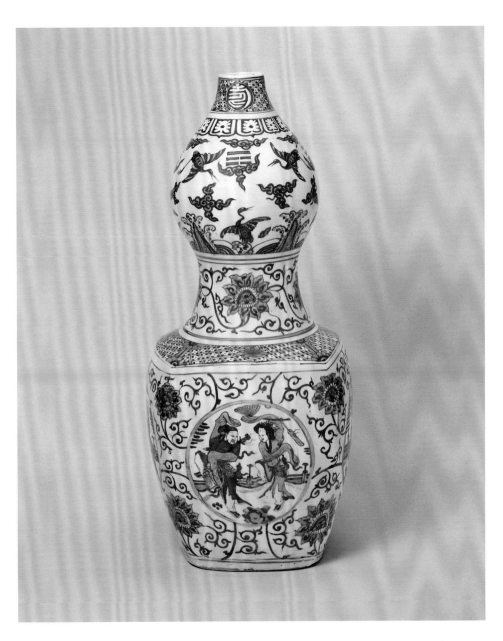

瓶葫蘆式，直口，腹上圓下方，束腰，方圈足。頸飾青花錦地留白
"壽"字，上腹繪八卦雲鶴紋和海水江崖紋，下腹飾纏枝蓮紋，圓形開
光內繪《八仙圖》，仙人手舞足蹈，瀟灑風流。

嘉靖皇帝尊崇道教，迷戀丹術，故用以盛裝仙丹的葫蘆瓶風行一時。此
件葫蘆瓶所繪圖案正是嘉靖皇帝祈求長生的寫照。

青花纏枝蓮紋葫蘆瓶
明嘉靖
高19.5厘米　口徑3.5厘米　足徑7.5厘米
清宮舊藏

**Blue and white double-gourd-shaped vase with
interlocking lotus design**
Jiajing period, Ming Dynasty
Height: 19.5cm　Diameter of mouth: 3.5cm
Diameter of foot: 7.5cm
Qing court collection

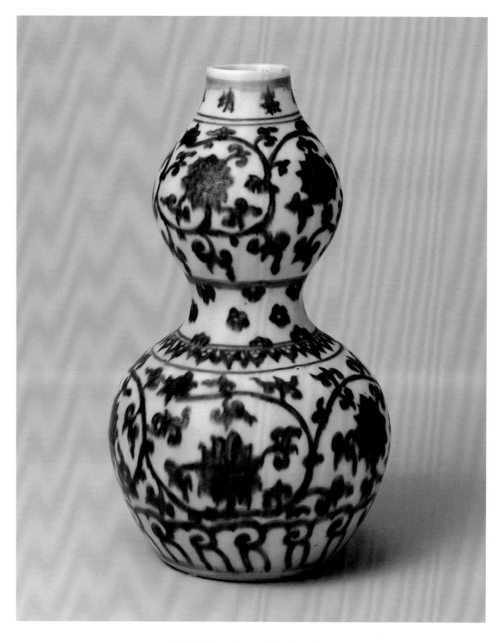

瓶葫蘆式，直口，雙圓腹，束腰，假圈足。青花主體紋飾為纏枝蓮紋，
束腰處以朵梅裝飾，近足處飾變形蓮瓣紋。口沿下環周青花書"大明嘉
靖年製"楷書款。

葫蘆諧音"福祿"，纏枝蓮含延綿不斷的壽意，此造型與紋飾合之蘊含
福、祿、壽之美好祝願。

青花雲龍紋雙耳瓶
明嘉靖
高36.5厘米　口徑12.2厘米　足徑13.4厘米
清宮舊藏

Blue and white two handled vase with design of dragon among clouds
Jiajing period, Ming Dynasty
Height: 36.5cm　Diameter of mouth: 12.2cm
Diameter of foot: 13.4cm
Qing court collection

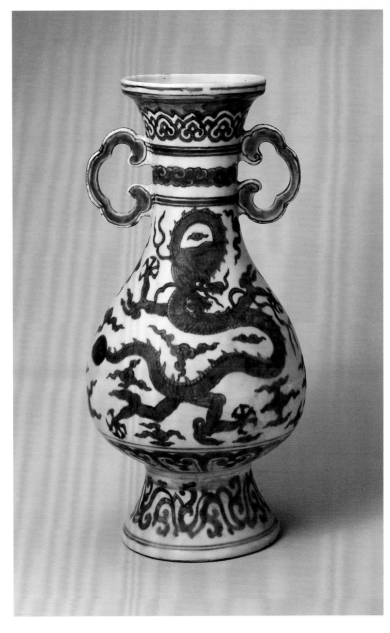

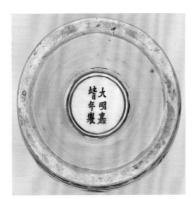

瓶盤口，束頸，垂腹，高圈足外撇，頸兩側分飾如意雲耳。青花主體紋飾繪雲龍紋，輔以如意雲頭、捲雲、仰蓮瓣、變形忍冬紋等邊飾。底青花雙圈內書「大明嘉靖年製」楷書款。

此瓶為嘉靖朝官窰新創之造型，尤以如意形耳最為別致。

青花五靈圖活環耳瓶
明嘉靖
高18.5厘米　口徑4.6厘米　足徑8.4厘米
清宮舊藏

**Blue and white vase with ears holding movable ring
decorated with design of unicorn, tortoise, phoenix,
dragon and white tiger**
Jiajing period, Ming Dynasty
Height: 18.5cm　Diameter of mouth: 4.6cm
Diameter of foot: 8.4cm
Qing court collection

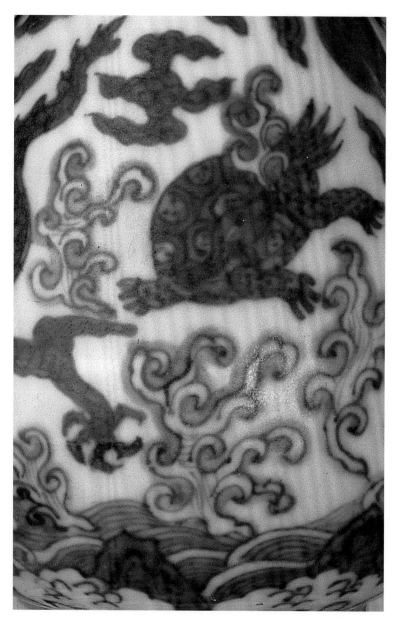

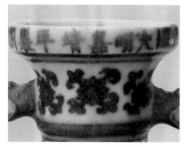

瓶盤口，束頸，垂腹，頸兩側各飾一獸耳啣環，覆盤式足。器身通體青花繪《五靈圖》，輔以朵花、"卍"字、如意雲頭、變形蓮瓣紋等邊飾。外口沿青花橫書"大明嘉靖年製"楷書款。

五靈，謂麟、鳳、龜、龍、白虎。《杜預春秋左氏傳序》云："麟鳳五靈，王者之嘉瑞也。"《五靈圖》是此時青花瓷上新出現的紋飾。

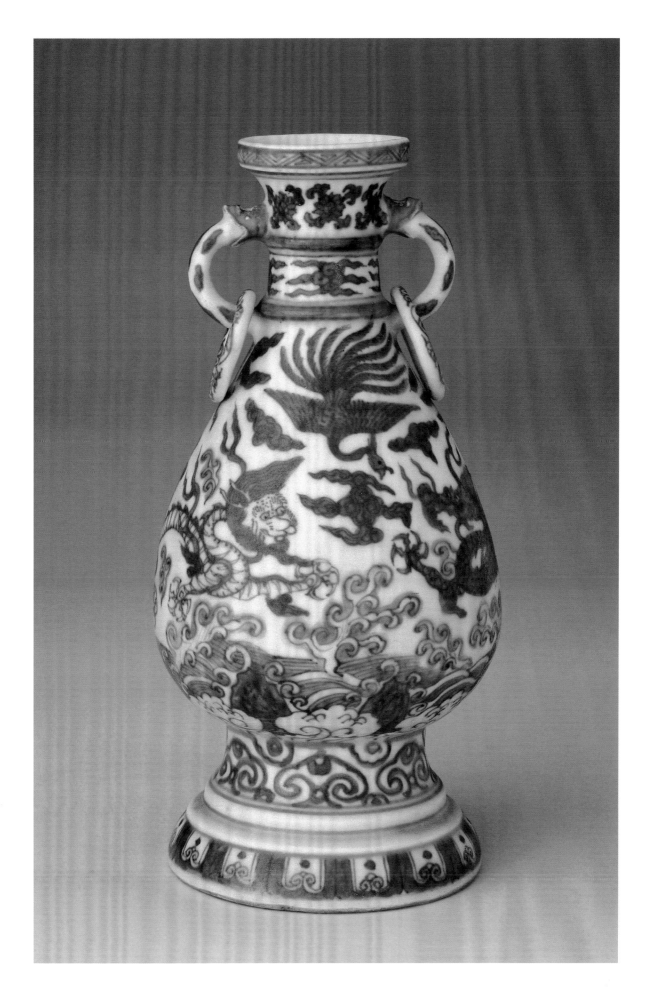

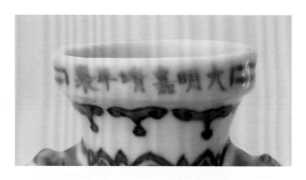

青花雲鳳紋活環耳瓶
明嘉靖
高16.5厘米　口徑4.3厘米　足徑7.9厘米
清宮舊藏

**Blue and white vase with ears holding movable ring
decorated with design of phoenix and clouds**
Jiajing period, Ming Dynasty
Height: 16.5cm　Diameter of mouth: 4.3cm
Diameter of foot: 7.9cm
Qing court collection

89

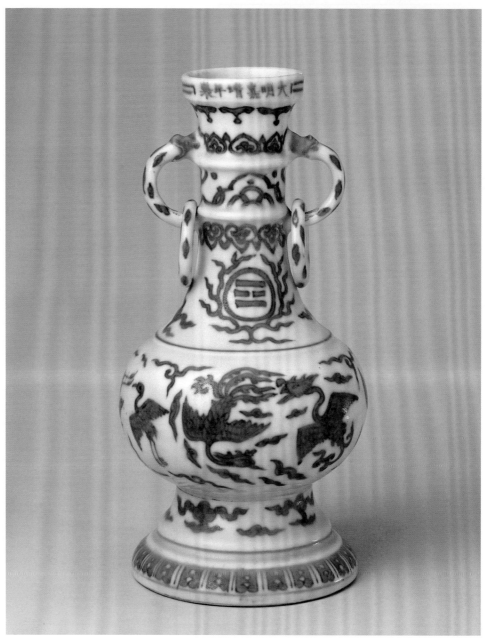

瓶盤口，長頸凸起弦紋，兩側有對稱獸耳啣環，圓鼓腹，覆盤式平底。
外口沿青花橫書"大明嘉靖年製"楷書款。器身以明艷的青花繪鸞鳳同
飛，相和而鳴，間以雲鶴；其上方以火珠開光書八卦六十四卦之一的
"離"，象徵日；寓意"吉日高照，鸞鳳和鳴"。

青花仙人渡海圖雙耳瓶
明嘉靖
高40.5厘米　口徑12.6厘米　足徑12.4厘米

Blue and white vase with two handles decorated with
design of immortals crossing the sea
Jiajing period, Ming Dynasty
Height: 40.5cm　Diameter of mouth: 12.6cm
Diameter of foot: 12.4cm

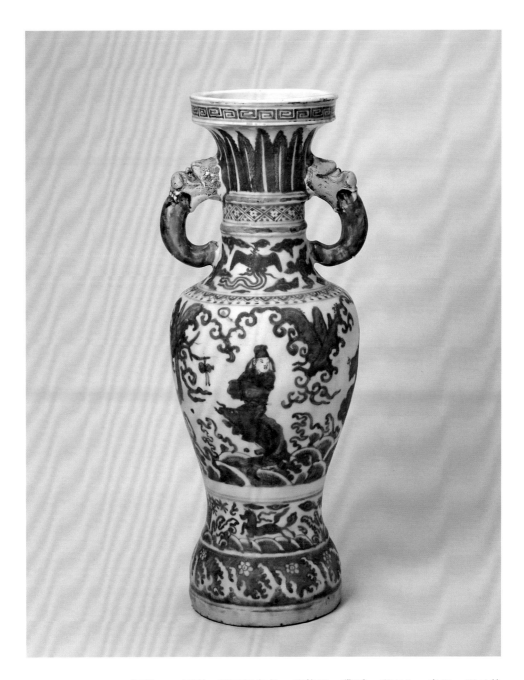

瓶盤口，長頸，頸兩側各飾一蛟龍耳，豐肩，腹下收，束脛，圈足外撇。青花紋飾，通景繪《仙人渡海圖》，輔以海水異獸及蕉葉紋。

此瓶獨特之處在於兩耳的龍首未施釉彩，顯露胎體本色，從而與器身的青花形成自然的反差，可謂匠心獨具，別出心裁。

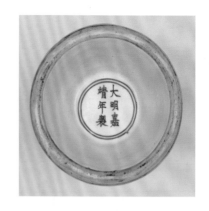

91

青花雲龍牡丹紋出戟尊
明嘉靖
高22厘米　口徑15厘米　足徑11.5厘米
清宮舊藏

Blue and white Zun with vertical flanges decorated with design of dragon, clouds, and peony
Jiajing period, Ming Dynasty
Height: 22cm　Diameter of mouth: 15cm
Diameter of foot: 11.5cm
Qing court collection

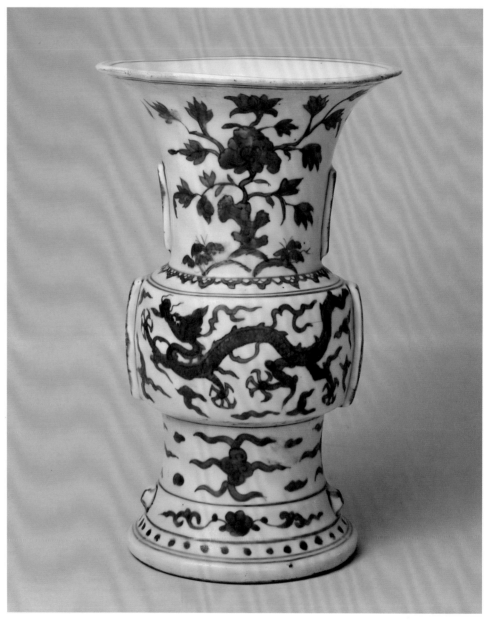

尊撇口，粗長頸，鼓腹，高圈足外撇。兩側各出三戟。以青花綫相隔成
六層紋飾，分別為牡丹、壽石、雲龍、"壬"字形祥雲、忍冬與點紋。
底青花雙圈內書"大明嘉靖年製"楷書款。

青花魚藻紋出戟尊
明嘉靖
高23.9厘米　口徑15.3厘米　足徑10.7厘米
清宮舊藏

**Blue and white Zun with vertical flanges decorated with
design of fish and water-weeds**
Jiajing period, Ming Dynasty
Height: 23.9cm　Diameter of mouth: 15.3cm
Diameter of foot: 10.7cm
Qing court collection

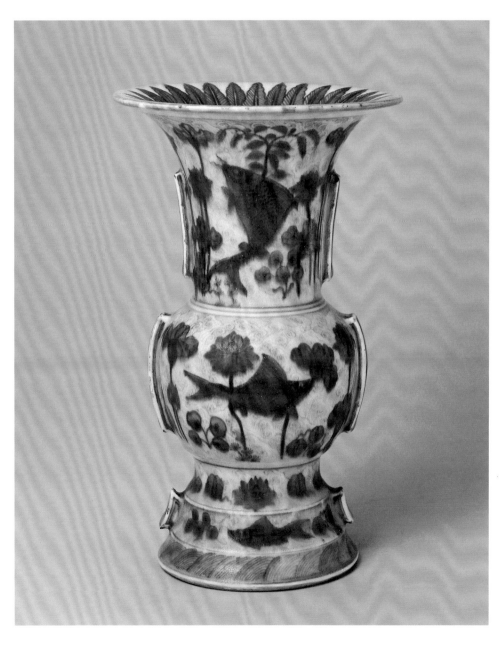

尊撇口，粗長頸，鼓腹，覆盤式圈足。頸、腹、足兩側出戟。青花通景
繪蓮塘魚藻紋。內口沿飾蕉葉紋。

此尊以淡色青花繪水波，以重色繪游魚、蓮花，含仿宣德青花之意，但
上下通景青花蓮塘魚藻紋，卻為當時御窰的創新。

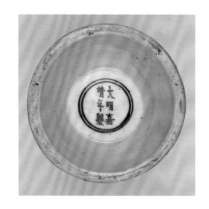

青花花卉紋出戟尊
明嘉靖
高23.2厘米　口徑14.5厘米　足徑11.5厘米
清宮舊藏

Blue and white Zun with vertical flanges decorated with floral design
Jiajing period, Ming Dynasty
Height: 23.2cm　Diameter of mouth: 14.5cm
Diameter of foot: 11.5cm
Qing court collection

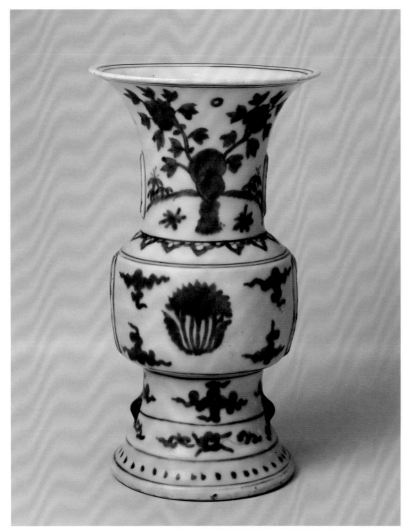

尊撇口，粗長頸，鼓腹，高圈足外撇。尊兩側各出三戟。青花紋飾六層，頸飾壽石牡丹，寓意"福貴長壽"；腹繪蓮花，喻"事業興盛"。高足分別以祥雲、朵蓮、點紋為飾。底青花雙圈內書"大明嘉靖年製"楷書款。

嘉靖朝青花畫風與前朝迥然不同，用筆多纖細、稚拙，唯以艷麗的青花色取勝。

青花雙龍戲珠紋罐
明嘉靖
高16厘米　口徑8.2厘米　足徑10.5厘米

**Blue and white jar with design of two dragons playing
with a pearl**
Jiajing period, Ming Dynasty
Height: 16cm　Diameter of mouth: 8.2cm
Diameter of foot: 10.5cm

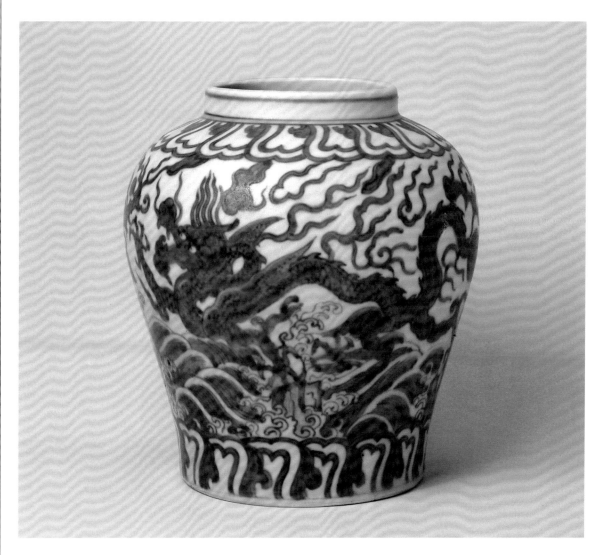

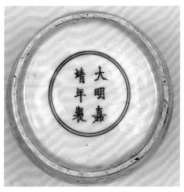

罐直口，短頸，豐肩，垂腹下收，圈足。青花紋飾，肩部飾垂蓮瓣一周；腹飾雙龍戲珠，下襯以海水江崖；近足處環以仰蓮瓣紋。底青花雙圈內書“大明嘉靖年製”楷書款。

此器造型、紋飾追摹成化朝天字罐效果，唯青花用回青料，呈色藍中泛紫。

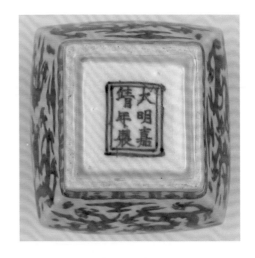

95

青花雲龍紋方蓋罐

明嘉靖

通高15.5厘米　口徑4.8厘米　足徑5.4厘米

Blue and white square jar with design of dragon among clouds

Jiajing period, Ming Dynasty

Overall height: 15.5cm　Diameter of mouth: 4.8cm
Diameter of foot: 5.4cm

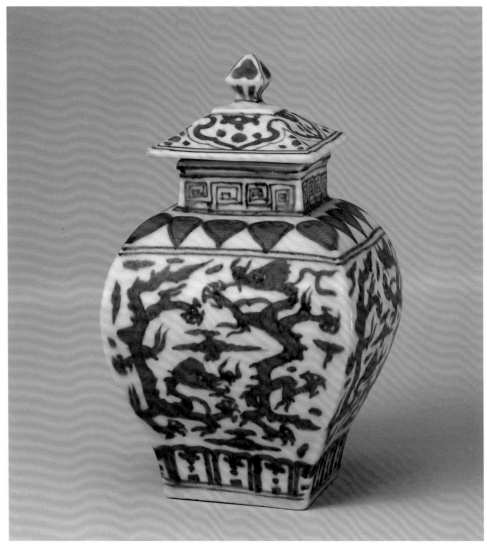

罐方唇口，豐肩，鼓腹，方圈足。蓋方形，中部隆起，棱形鈕。器身主體青花紋飾繪雙龍騰雲於廣宇之中，上下輔以回紋、變形如意雲頭與變形蓮瓣紋等邊飾。底青花雙方框內書"大明嘉靖年製"楷書款。

此種方罐流行於嘉靖、隆慶、萬曆三朝，除青花外也見彩器。

青花雲龍紋壽字蓋罐
明嘉靖
通高54.2厘米　口徑25.2厘米　足徑30厘米
清宮舊藏

**Blue and white jar with character "Shou" (longevity)
decorated with dragon and clouds design**
Jiajing period, Ming Dynasty
Overall height: 54.2cm　Diameter of mouth: 25.2cm
Diameter of foot: 30cm
Qing court collection

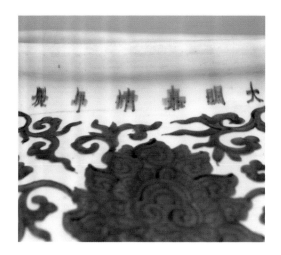

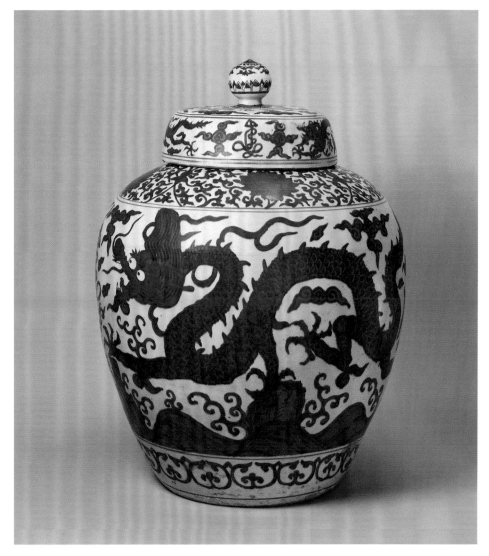

罐方唇口，垂肩，鼓腹，平底。蓋呈天蓋地式，平頂，寶珠鈕。蓋及腹
均以青花繪行龍趕珠紋，間飾靈芝托盤"壽"字及海水江崖、朵雲紋
等。外口沿下青花橫書"大明嘉靖年製"楷書款。

此罐造型新穎，青花色澤濃艷，其形體碩壯的行龍與邊飾相輔相成，寓
意"江山萬代"。

青花八仙祝壽圖罐

明嘉靖
高41.2厘米　口徑22.9厘米　足徑24.2厘米
清宮舊藏

Blue and white jar with design of Eight Immortals congratulating birthday
Jiajing period, Ming Dynasty
Height: 41.2cm　Diameter of mouth: 22.9cm
Diameter of foot: 24.2cm
Qing court collection

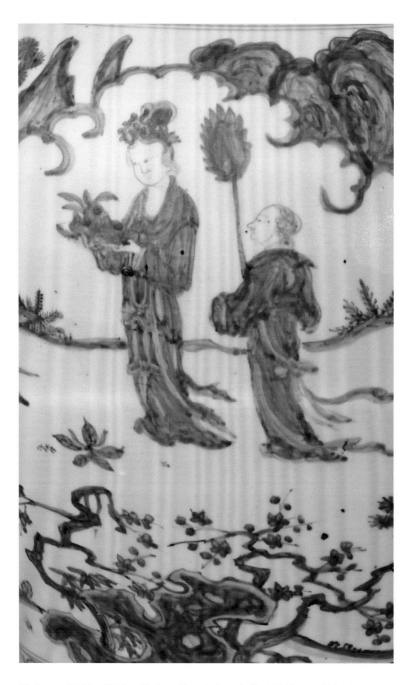

罐直口，短頸，豐肩，鼓腹下斂，平底。青花通景繪《八仙祝壽圖》，
圖中以鶴髮闊耳、頭頂隆突的南極仙翁為中心，各方神仙持賀禮依次朝
拜，組成羣仙祝壽的吉祥畫面。輔以忍冬、如意雲頭、蓮瓣紋等邊飾。

此器畫意生動，青花色澤明亮，為嘉靖朝青花瓷中的精品。

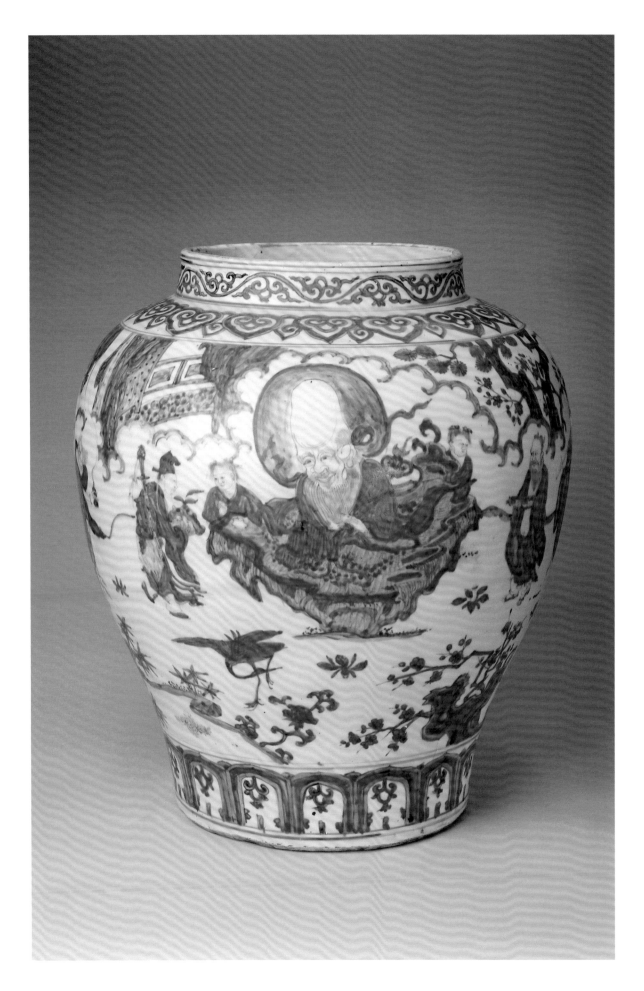

青花鸞鶴紋罐
明嘉靖
高9.2厘米　口徑7厘米　足徑9厘米
清宮舊藏

Blue and white jar with phoenix and crane design
Jiajing period, Ming Dynasty
Height: 9.2cm　Diameter of mouth: 7cm
Diameter of foot: 9cm
Qing court collection

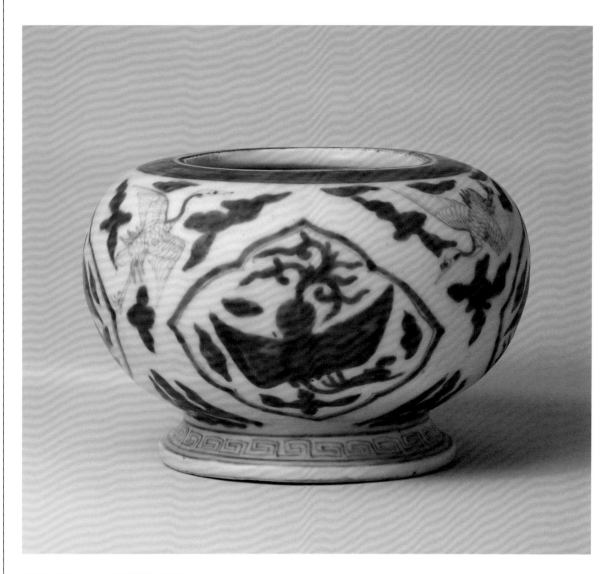

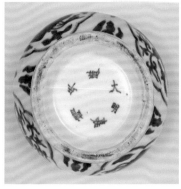

罐斂口，圓鼓腹，束脛，圈足外撇。青花繪四面菱形開光，內飾青鸞，開光上角各飾白描仙鶴及祥雲，足牆飾回紋。底青花環書"大明嘉靖年造"楷書款。

罐的裝飾，以青花重色染青鸞，以白描繪仙鶴，青白對比，形成色差，富有變化，暗含"鶴壽延年"的寓意，可謂匠心獨運。

青花仙人壽字罐
明嘉靖
高10厘米　口徑7厘米　足徑7.5厘米

**Blue and white jar with design of immortals and
character "Shou" (longevity)**
Jiajing period, Ming Dynasty
Height: 10cm　Diameter of mouth: 7cm
Diameter of foot: 7.5cm

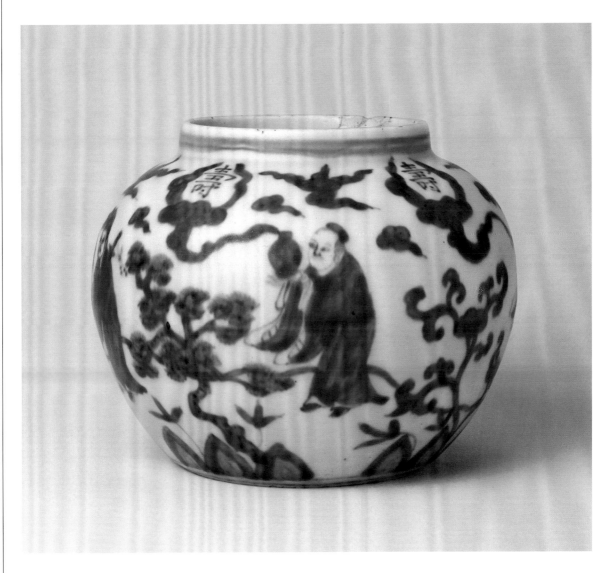

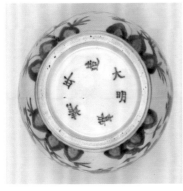

罐直口，短頸，鼓腹，圈足。青花紋飾，外腹繪四仙人手托寶瓶，瓶口飄出靈芝形雲氣顯現"壽"字；周圍襯以松、竹、梅與靈芝等瑞草，以及"山"字形壽石，組成"芝仙拱壽"的吉祥畫面。底青花環書"大明嘉靖年造"楷書款。

嘉靖官窯瓷款習慣書"製"字，此器落款"造"字，甚為鮮見。

100

青花四愛圖罐
明嘉靖
高33.9厘米　口徑21厘米　足徑24厘米

Blue and white jar with design of four literati with their
respective favourites
Jiajing period, Ming Dynasty
Height: 33.9cm　Diameter of mouth: 21cm
Diameter of foot: 24cm

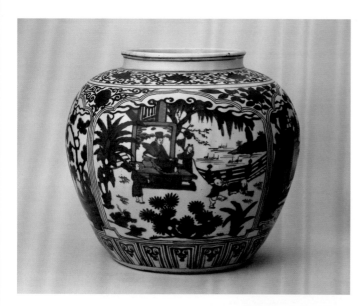

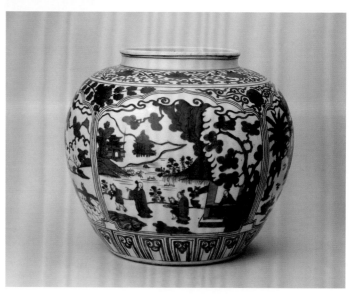

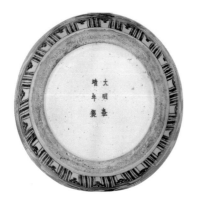

罐捲唇口，短頸，豐肩，鼓腹，圈足。青花紋飾，腹四面開光，內繪《四愛圖》，即"羲之愛鵝"、"陶潛愛菊"、"浩然愛梅"、"茂叔愛蓮"。底青花書"大明嘉靖年製"楷書款。

瓷器上的《四愛圖》最早見於元青花，後成為傳統題材，表現了古代名士不慕仕途，隱居山林，悠然自得的情景。此罐青花色澤明艷，畫風細膩，堪稱青花精品。

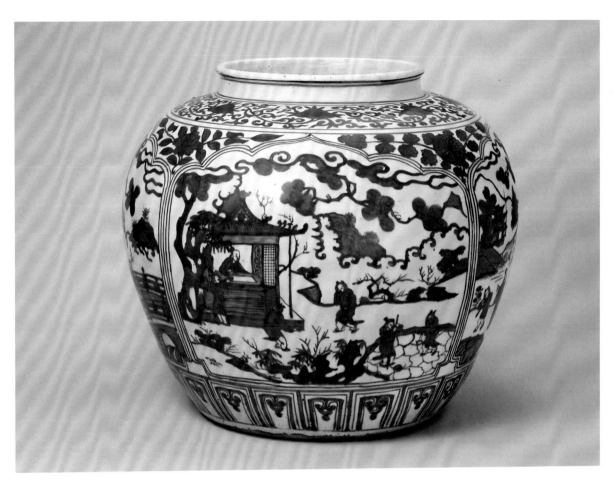

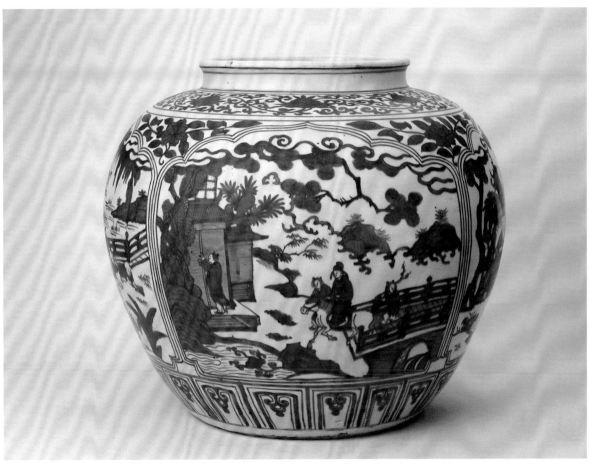

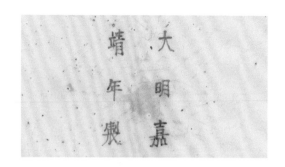

青花嬰戲圖蓋罐

明嘉靖

通高44.5厘米　口徑23.3厘米　足徑25.5厘米

清宮舊藏

Blue and white jar with design of playing children

Jiajing period, Ming Dynasty

Overall height: 44.5cm　Diameter of mouth: 23.3cm

Diameter of foot: 25.5cm

Qing court collection

101

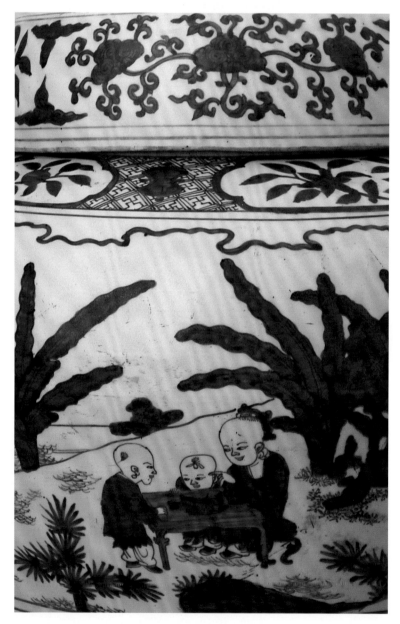

罐直口，短頸，豐肩，鼓腹，圈足。蓋弧壁，平頂，寶珠鈕。青花紋飾，器身通景繪《十六子戲春圖》，有的拜先生，有的鬥蟋蟀，有的騎竹馬，有的拖車，有的結花燈……個個形態活潑、生動。底青花書"大明嘉靖年製"楷書款。

嘉靖時期，青花以回青為原料，色調艷麗，構成鮮明的時代特徵。"十六子"典出《左傳》，後用為稱頌皇帝的輔佐大臣。

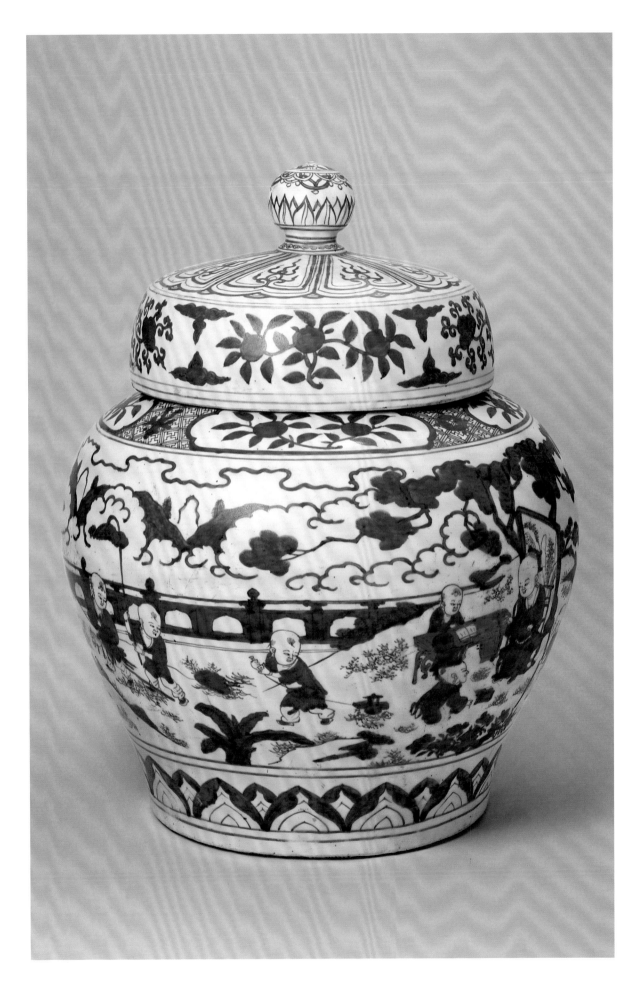

青花瓔珞海馬紋罐
明嘉靖
高25.3厘米　口徑5.3厘米　足徑11.7厘米

**Blue and white jar with design of ornamental tassel and
sea horse**
Jiajing period, Ming Dynasty
Height: 25.3cm　Diameter of mouth: 5.3cm
Diameter of foot: 11.7cm

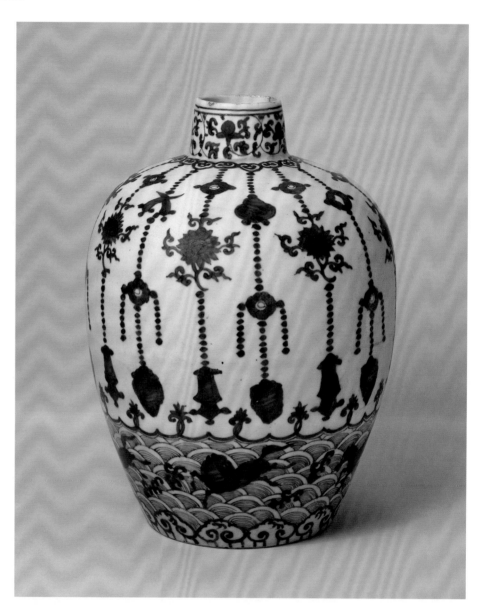

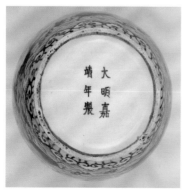

罐小圓口，短直頸，長弧腹，圈足。青花紋飾，頸飾纏枝花，肩環如意
雲頭紋，瓔珞自肩垂於下腹，下腹繪穿行在海水浪花中的海馬。底青花
書“大明嘉靖年製”楷書款。

此器造型清秀，因上部與同期梅瓶相似，又稱“梅瓶式罐”。器腹所繪
瓔珞紋為佛教尊像之飾，將其繪於瓷器上明代最早見於宣德青花，嘉靖
朝最為流行。

青花魚蓮紋罐
明嘉靖
高12.8厘米　口徑6.8厘米　足徑8.2厘米

Blue and white jar with fish and lotus design
Jiajing period, Ming Dynasty
Height: 12.8cm　Diameter of mouth: 6.8cm
Diameter of foot: 8.2cm

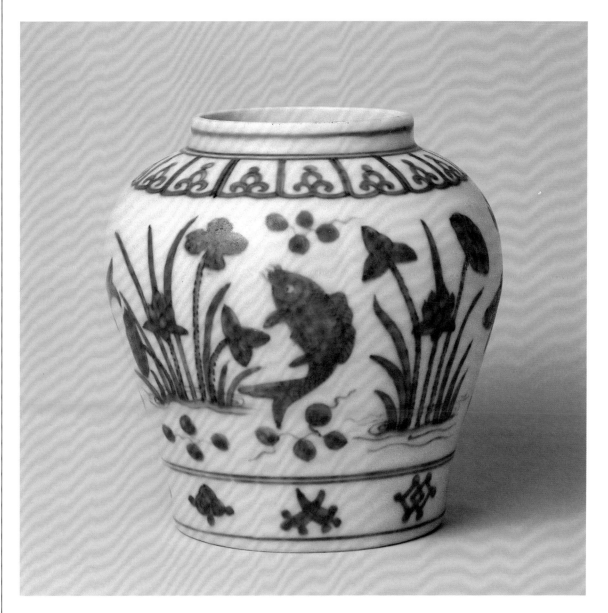

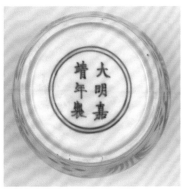

罐圓口，短直頸，長弧腹下斂，假圈足。腹部青花繪池塘魚蓮紋，近足處環雜寶紋。底青花雙圈內書“大明嘉靖年製”楷書款。

此器乃摹成化朝青花瓷之作，故畫風細柔平和，青花用色淺淡。

青花花鳥圖瓜棱罐
明嘉靖
高25.2厘米　口徑12.3厘米　足徑11.4厘米

Blue and white melon- shaped jar with bird and flower design
Jiajing period, Ming Dynasty
Height: 25.2cm　Diameter of mouth: 12.3cm
Diameter of foot: 11.4cm

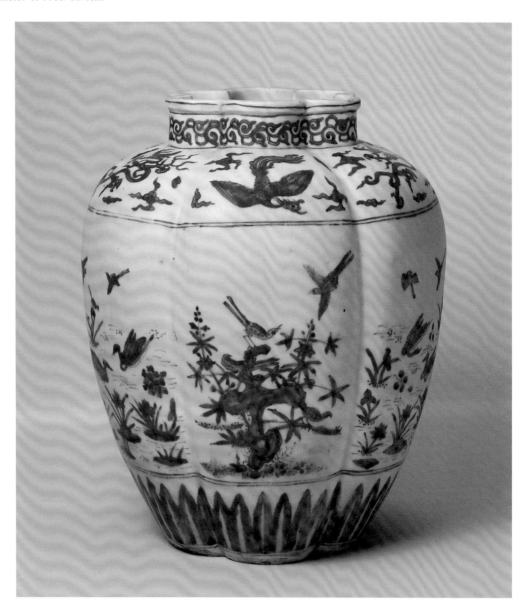

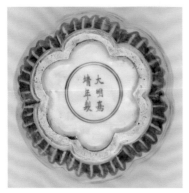

罐六瓣瓜棱形，唇口直頸，梅花式圈足。肩飾螭龍雲鳳紋，外腹六面，以池塘、湖石、坡地間隔成六幅不同的花鳥圖，有鴛鴦雙雙戲水，綬帶鳥鳴叫呼應，一派生機盎然景象。底青花雙圈內書"大明嘉靖年製"楷書款。

此罐造型別致，燒成有相當難度。

青花纏枝蓮紋百壽字蓋罐

105

明嘉靖
通高58厘米　口徑24.4厘米　足徑25.5厘米
清宮舊藏

Blue and white jar with design of interlocking lotus and hundred characters "Shou" (longevity)
Jiajing period, Ming Dynasty
Overall hight: 58cm　Diameter of mouth: 24.4cm
Diameter of foot: 25.5cm
Qing court collection

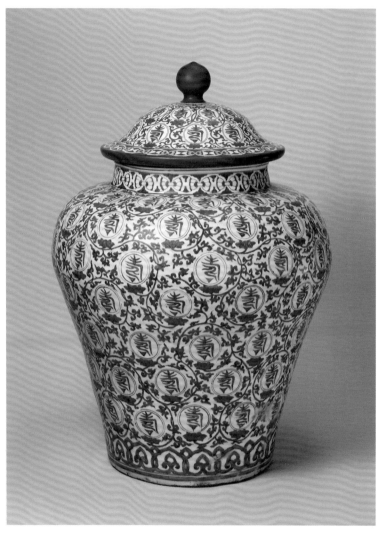

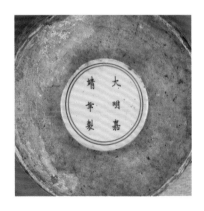

罐直口，短頸豐肩，垂腹下斂，平砂底。蓋隆起，寶珠鈕。通體青花繪纏枝蓮托"壽"字，近足處飾如意雲頭紋。底中心臍形內凹，白釉，底青花雙圈內書"大明嘉靖年製"楷書款。

此器是迎合嘉靖皇帝增壽的意願而燒造的大器，纏枝蓮托"壽"字組成"百壽圖"。其蓋以青花重色作藍彩，塗染邊沿與頂鈕，甚為別致。

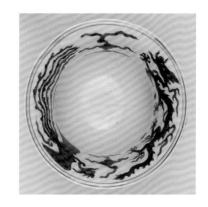

106

青花龍鳳紋尊
明嘉靖
高11.3厘米　口徑14.9厘米　足徑8厘米
清宮舊藏

Blue and white jar with dragon and phoenix design
Jiajing period, Ming Dynasty
Height: 11.3cm　Diameter of mouth: 14.9cm
Diameter of foot: 8cm
Qing court collection

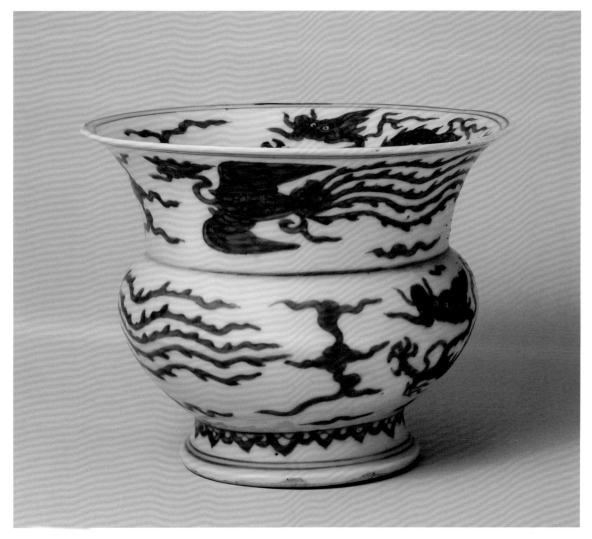

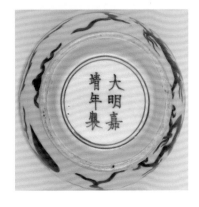

尊撇口，圓腹下斂，圈足外撇。通體青花繪龍鳳呈祥紋。底青花雙圈內書"大明嘉靖年製"楷書款。

此尊為傳統造型，奇特之處在於器裏外同一紋飾，將代表皇權的龍鳳紋繪於琢器裏部，可謂鳳毛麟角，屈指可數。

青花雲龍紋梨式壺
明嘉靖
通高16厘米　口徑4.2厘米　足徑6.1厘米

Blue and white pear-shaped ewer with design of dragon and clouds
Jiajing period, Ming Dynasty
Overall height: 16cm　Diameter of mouth: 4.2cm
Diameter of foot: 6.1cm

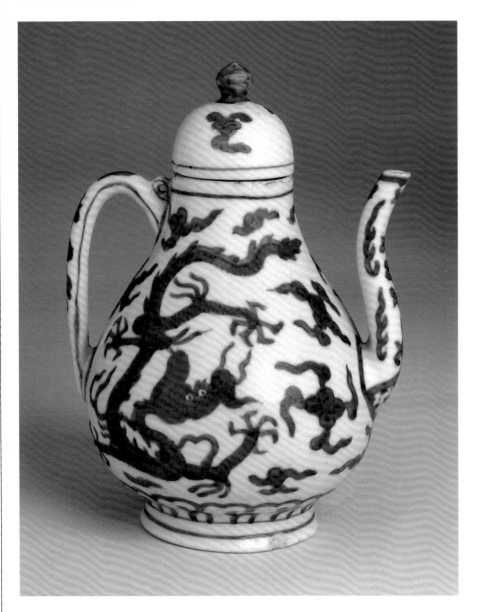

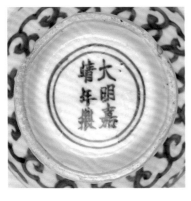

壺呈梨形，垂腹，圈足。長流，曲柄，柄端圓繫用於連蓋。蓋呈插入式，半圓形隆起，寶珠鈕。青花繪雲龍紋；蓋面飾如意雲紋。底青花雙圈內書“大明嘉靖年製”楷書款。

梨壺為元代以來的傳統造型，嘉靖朝梨壺分大小兩種，小者身矮粗，蓋平扁；大者身高修長，蓋呈豐圓高凸。此器屬後者。

青花雲鳳紋印盒
明嘉靖
高9厘米　口徑13.9厘米　足徑9.2厘米
清宮舊藏

Blue and white seal box with design of phoenix and clouds
Jiajing period, Ming Dynasty
Height: 9cm　Diameter of mouth: 13.9cm
Diameter of foot: 9.2cm
Qing court collection

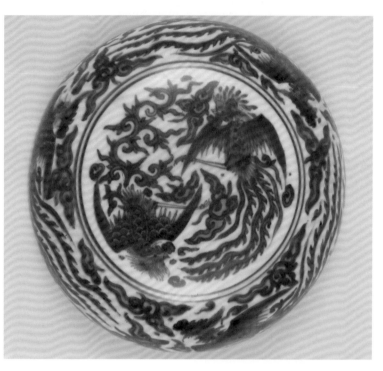

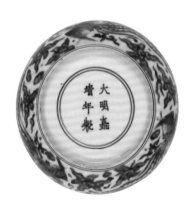

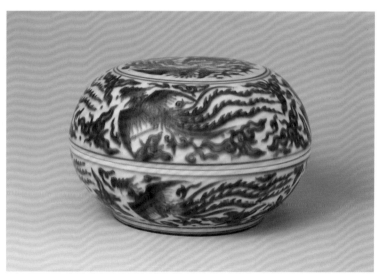

盒平頂，鼓形腹，圈足。蓋面青花紋飾為"鸞鳳和鳴"，外壁飾雲鳳紋。底青花雙圈內書"大明嘉靖年製"楷書款。

此印盒屬文房用具，後世清代康熙、雍正官窰有仿，署款兩種，或落"嘉靖"，或為本朝。

109

青花靈芝桃鶴紋圓盒
明嘉靖
高15厘米　口徑26.2厘米　足徑20.3厘米

Blue and white box with design of magic fungus, peach and crane
Jiajing period, Ming Dynasty
Height: 15cm　Diameter of mouth: 26.2cm
Diameter of foot: 20.3cm

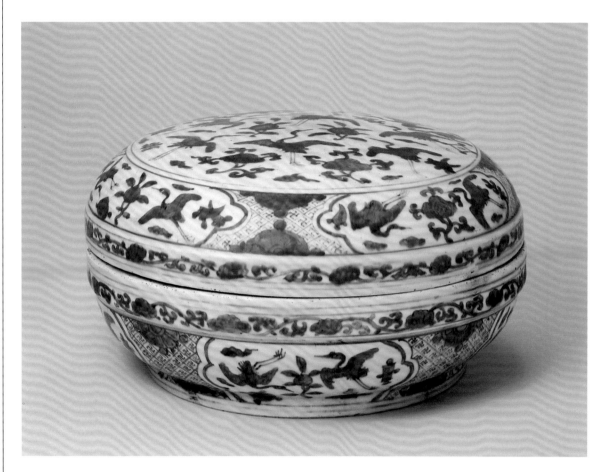

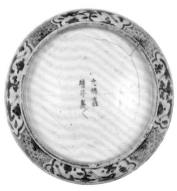

盒隆頂，鼓腹，圈足。蓋呈天蓋地式子口。通體青花紋飾，"卍"字錦地花形開光，內繪雙鶴壽桃、雙鶴靈芝，喻"鶴壽延年"。底青花書"大明嘉靖年製"楷書款。

鶴為長壽的仙禽，有詩讚曰："桃花百葉不成春，鶴壽千年也未神。"嘉靖皇帝祈求長生，故此時以仙鶴為飾的瓷器，比比皆是。

青花雲龍紋雙耳爐

明嘉靖
高10厘米　口徑13.8厘米　足徑12.5厘米
清宮舊藏

**Blue and white two handled censer with design of
dragon among clouds**
Jiajing period, Ming Dynasty
Height: 10cm　Diameter of mouth: 13.8cm
Diameter of foot: 12.5cm
Qing court collection

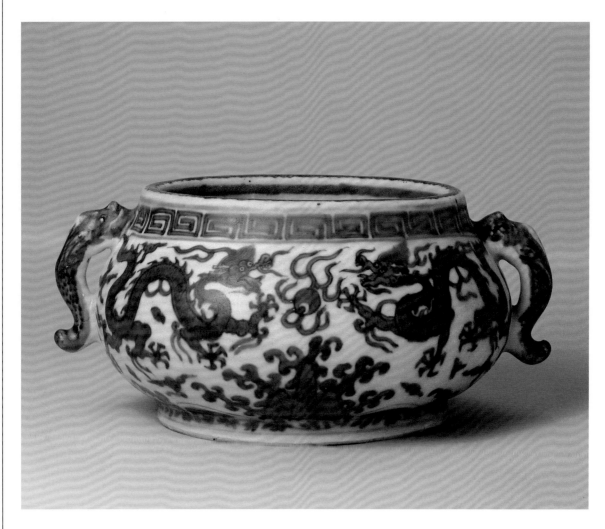

爐圓口，鼓腹，摩羯形耳，圈足。青花紋飾，口沿飾回紋，腹繪雙龍戲
珠，襯以海水江崖；足牆飾忍冬紋。

明代香爐耳形變化多端，但以摩羯為耳者極為少見。摩羯龍首而魚身。

青花琴棋書畫人物圖筒爐
明嘉靖
高19.5厘米　口徑27.2厘米　足徑23.5厘米

Blue and white cylindrical censer with design of scholars with lute-playing, chess, calligraphy and painting
Jiajing period, Ming Dynasty
Height: 19.5cm　Diameter of mouth: 27.2cm
Diameter of foot: 23.5cm

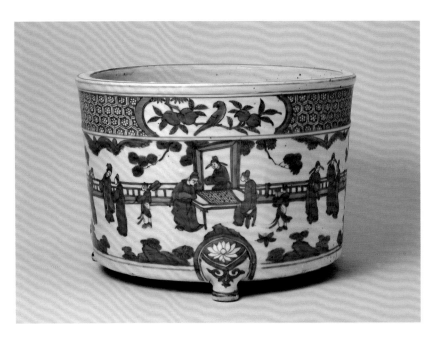

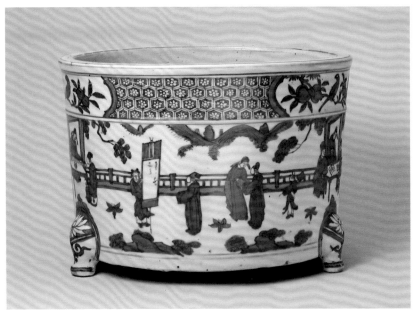

爐呈樽式，唇口，直腹，平底承三蹄足。青花紋飾，通景青花繪十八學士於庭園中賞畫、下棋等，口沿寬帶形邊飾為龜背錦地開光，內畫鸚鵡仙桃紋。三足以青花地留白蓮花紋裝飾。

十八學士典見於唐代太宗時建文學館，招聘賢才，以杜如晦、房玄齡、于志寧等十八人並為學士，時人傾慕，謂之"十八學士登瀛洲"。

青花穿花龍紋花盆
明嘉靖
高13.4厘米　口徑16.5厘米　足徑8.4厘米
清宮舊藏

**Blue and white flowerpot with design of dragon flying
through flowers**
Jiajing period, Ming Dynasty
Height: 13.4cm　Diameter of mouth: 16.5cm
Diameter of foot: 8.4cm
Qing court collection

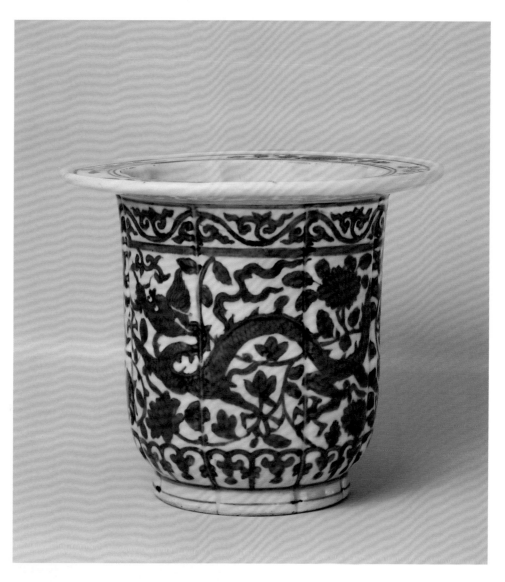

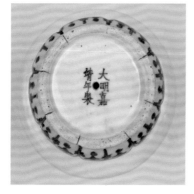

花盆板沿，通體花瓣形，直腹，圈足。青花繪穿花龍，上下輔以忍冬與蓮瓣紋。底中心有孔，兩側青花書"大明嘉靖年製"六字楷書款。

此盆造型特殊，盆壁高直，折沿平寬，為此時新創的花盆造型。

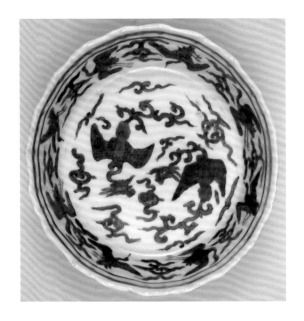

113

青花鸞鶴龍紋花口洗
明嘉靖
高3.2厘米　口徑13.5厘米　足徑10.1厘米

Blue and white petal-shaped washer with design of phoenix, crane and dragon
Jiajing period, Ming Dynasty
Height: 3.2cm　Diameter of mouth: 13.5cm
Diameter of foot: 10.1cm

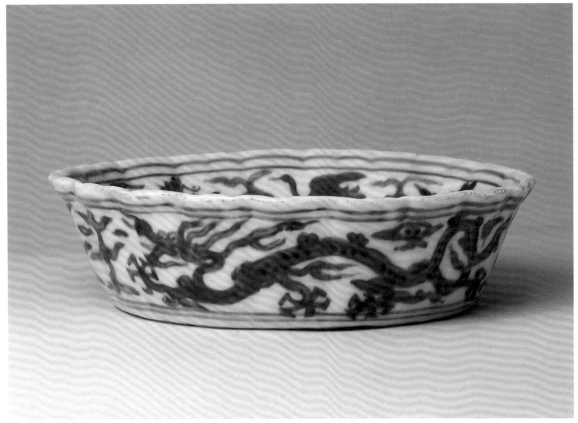

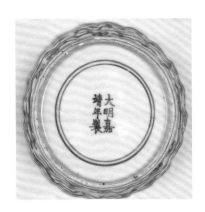

青花鸞鶴龍紋花口洗
明嘉靖

洗花瓣形，斜壁，圈足。青花紋飾，裏心飾青鸞雙飛，裏壁繪仙鶴祥雲；外壁飾雲龍趕珠。底青花雙圈內書"大明嘉靖年製"六字楷書款。

嘉靖朝官窯多製花形器皿，此為其中之一。

青花魚藻紋五孔水盂
明嘉靖
高9.6厘米　面直徑13.2厘米　中心口徑2厘米
底徑13.2厘米

Blue and white water-jar with five holes at the top decorated with fish and water-weed design
Jiajing period, Ming Dynasty
Height: 9.6cm　Diameter of surface: 13.2cm
Diameter of central mouth: 2cm
Diameter of bottom: 13.2cm

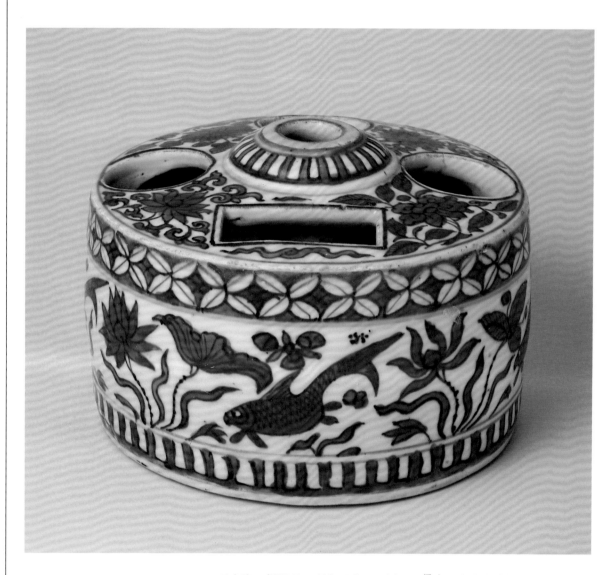

盂直腹,假圈足。頂有五孔,四圓,·長方,中心扎隆起,內有一柱與底相接,其餘四孔腹內相通。青花紋飾,頂面飾折枝花卉紋,腹壁繪池塘蓮花魚藻紋,輔以錢紋錦與變體蓮瓣紋邊飾。

此種水盂自正德朝始,嘉靖時於孔形等方面略有變化,其中心孔多用於插筆,為文房用具之一。

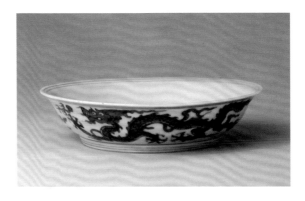

115

青花正面龍紋盤
明嘉靖
高3.4厘米　口徑14.6厘米　足徑9.4厘米

Blue and white plate with dragon design
Jiajing period, Ming Dynasty
Height: 3.4cm　Diameter of mouth: 14.6cm
Diameter of foot: 9.4cm

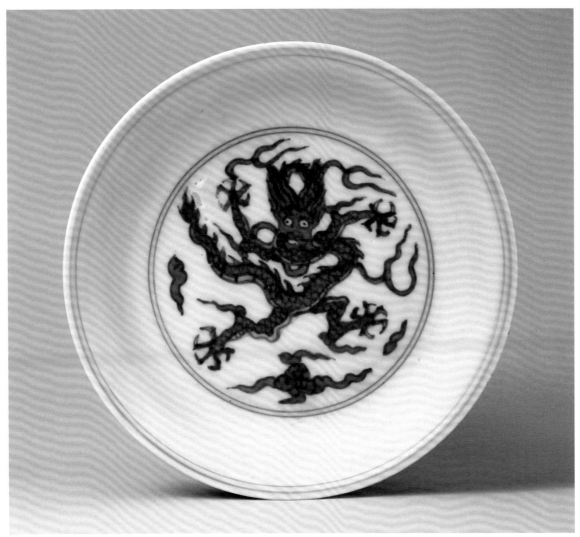

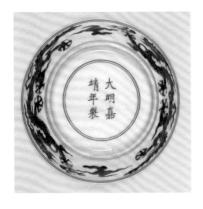

盤敞口，淺弧壁，圈足。青花紋飾，盤心為正面龍紋，外壁為趕珠龍紋。底青花雙圈內書"大明嘉靖年製"楷書款。

瓷器上的正面龍迄今所見最早為明代嘉靖朝；因龍首居中，左右對稱，似一龍正襟危坐，故又稱"坐龍"，是龍紋中最顯尊貴的一種。

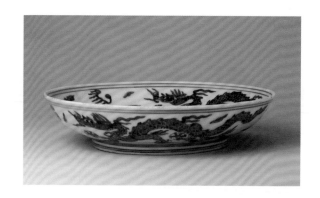

青花雲龍紋盤
明嘉靖
高4.2厘米　口徑18.1厘米　足徑10.6厘米

Blue and white plate with dragon and cloud design
Jiajing period, Ming Dynasty
Height: 4.2cm　Diameter of mouth: 18.1cm
Diameter of foot: 10.6cm

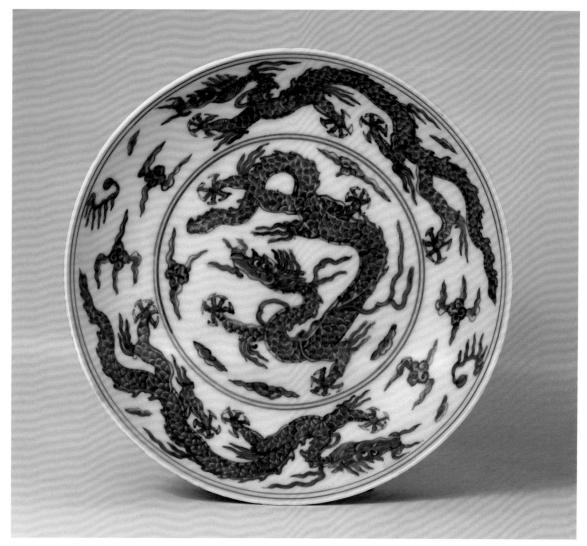

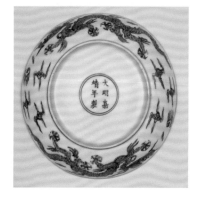

盤敞口，淺弧壁，圈足。青花紋飾，盤心及裏外壁均繪雲龍紋。底青花雙圈內書"大明嘉靖年製"楷書款。

此盤為嘉靖官窰刻意仿宣德青花之作，但雲龍卻不及前朝的氣宇軒昂，尤其是寶珠噴吐的火焰，排列整齊，無烈焰熊熊燃燒之氣勢。

青花穿花龍紋盤
明嘉靖
高2.1厘米　口徑13.9厘米　足徑9.7厘米

Blue and white plate with design of dragon flying through flowers
Jiajing period, Ming Dynasty
Height: 2.1cm　Diameter of mouth: 13.9cm
Diameter of foot: 9.7cm

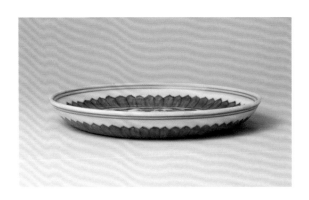

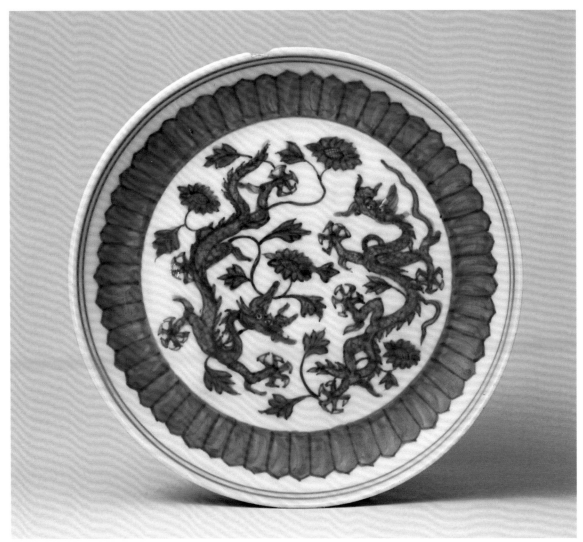

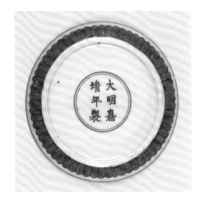

盤敞口，淺弧壁，圈足內凹。青花紋飾，盤心為雙龍穿纏枝菊花，裏外壁環飾蓮瓣紋。底青花雙圈內書"大明嘉靖年製"楷書款。

此盤胎輕體薄，器壁矮淺，圈足徑寬，為嘉靖朝圓器中的新造型。

青花穿花龍紋盤
明嘉靖
高6.4厘米　口徑38.5厘米　足徑25.9厘米
清宮舊藏

Blue and white plate with design of dragon flying through flowers
Jiajing period, Ming Dynasty
Height: 6.4cm　Diameter of mouth: 38.5cm
Diameter of foot: 25.9cm
Qing court collection

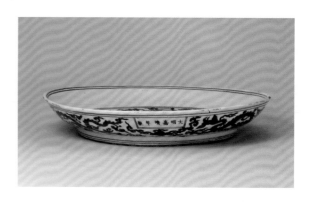

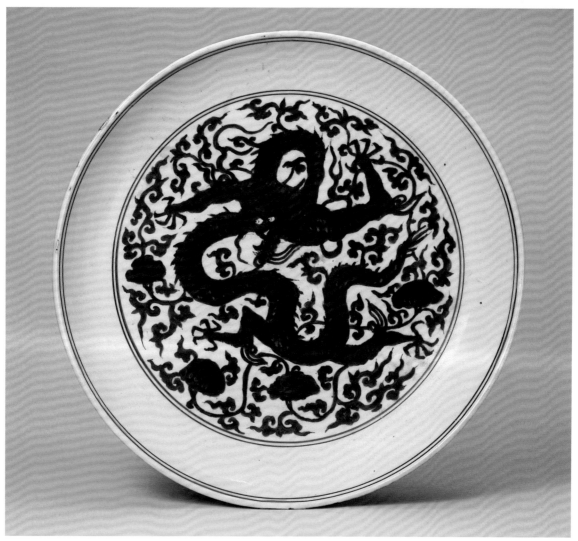

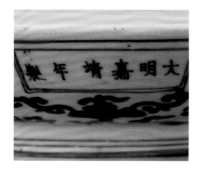

盤敞口，淺弧壁，圈足。青花繪龍穿纏枝花。外口沿長方框內青花橫書
"大明嘉靖年製"楷書款。

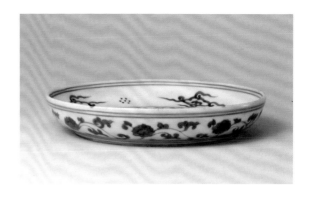

青花穿花龍紋盤

119

明嘉靖
高2.5厘米　口徑14.4厘米　足徑10.8厘米

Blue and white plate with design of dragon flying through flowers
Jiajing period, Ming Dynasty
Height: 2.5cm　Diameter of mouth: 14.4cm
Diameter of foot: 10.8cm

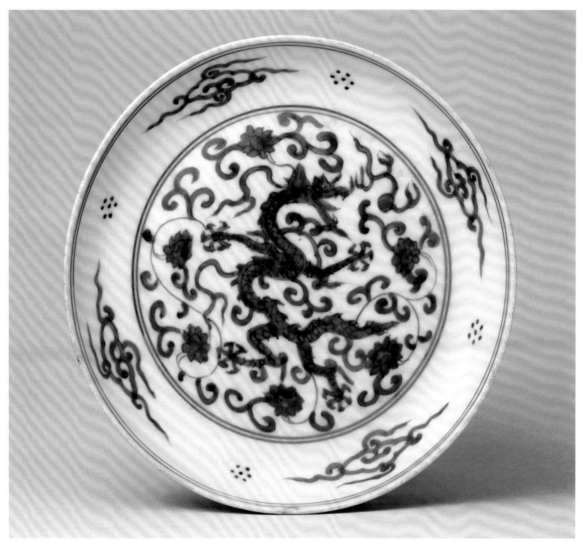

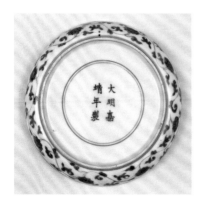

盤敞口，淺弧壁，圈足。青花紋飾，盤內龍穿花居中，環以祥雲及梅花；外壁為纏枝蓮。底青花雙圈內書"大明嘉靖年製"楷書款。

此盤紋飾用筆纖細，尤以內壁所繪靈芝形祥雲間隔梅花點裝飾，頗具新意。

青花穿花龍紋盤
明嘉靖
高10.7厘米　口徑76.8厘米　足徑55厘米
清宮舊藏

Blue and white plate with design of dragon and flowers
Jiajing period, Ming Dynasty
Height: 10.7cm　Diameter of mouth: 76.8cm
Diameter of foot: 55cm
Qing court collection

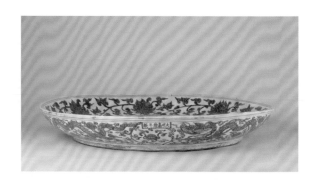

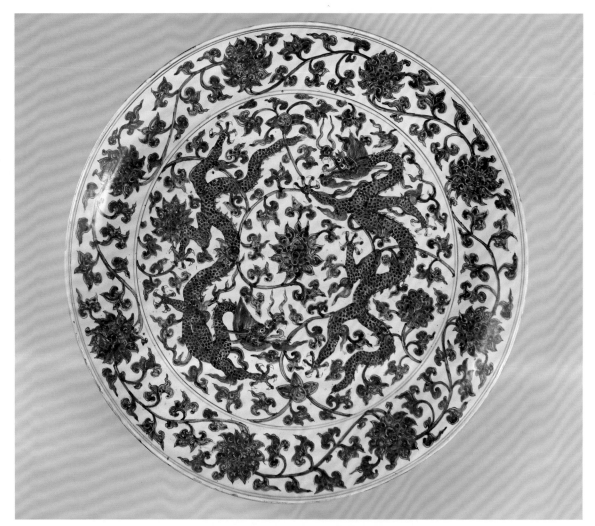

盤敞口，弧壁，圈足。通體青花飾龍穿纏枝花紋。外口沿下長方形雙框
內青花橫書＂大明嘉靖年製＂楷書款。

此盤碩大，堪稱巨型盤；其功能或為夏日盛冰，或用於皇室祭祀。

青花飛鶴符籙紋盤
明嘉靖
高8.1厘米　口徑57.5厘米　足徑41.7厘米
清宮舊藏

**Blue and white plate with design of flying crane and
Taoist secret talismanic writing**
Jiajing period, Ming Dynasty
Height: 8.1cm　Diameter of mouth: 57.5cm
Diameter of foot: 41.7cm
Qing court collection

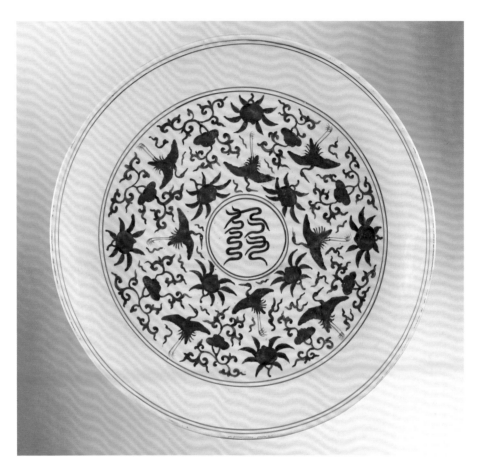

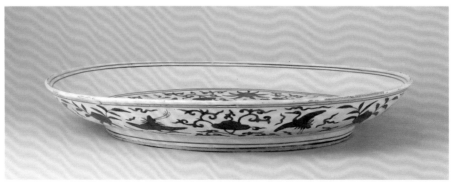

盤敞口，淺弧壁，圈足。青花紋飾繪仙鶴、蟠桃與靈芝紋，中心開光內
書一符籙。外口沿下有青花橫書"大明嘉靖年製"楷書款。

此件以道教符籙為中心展開吉祥紋飾，八隻仙鶴環繞，若烘雲托月，別
致而新穎。

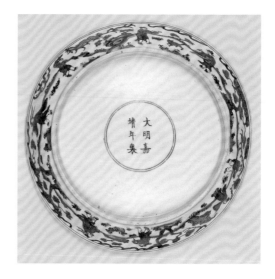

122

青花雲鶴人物圖盤
明嘉靖
高5.6厘米　口徑32.7厘米　足徑23厘米

Blue and white plate with design of cloud, crane and figures
Jiajing period, Ming Dynasty
Height: 5.6cm　Diameter of mouth: 32.7cm
Diameter of foot: 23cm

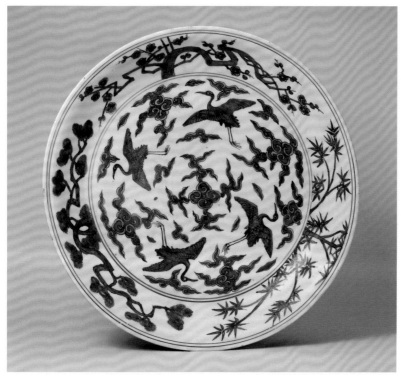

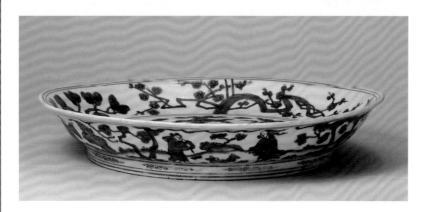

盤敞口，淺弧壁，圈足。青花紋飾，盤心繪雲鶴，裏壁環飾松、竹、梅。外壁繪三組《求仙圖》。底青花雙圈內書"大明嘉靖年製"楷書款。

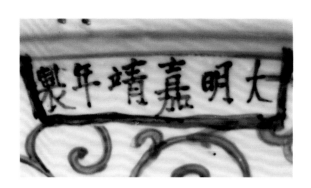

123

青花花鳥紋盤
明嘉靖
高10.7厘米　口徑51.8厘米　足徑28厘米
清宮舊藏

Blue and white plate with bird and flower design
Jiajing period, Ming Dynasty
Height: 10.7cm　Diameter of mouth: 51.8cm
Diameter of foot: 28cm
Qing court collection

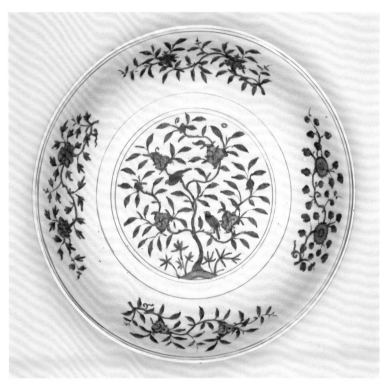

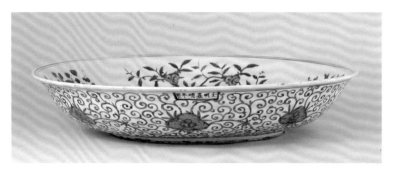

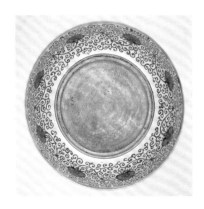

盤敞口，弧壁，圈足。青花紋飾，盤心繪一棲有雙雀的桃樹，裏壁繪折枝牡丹、菊花、石榴、桃，外壁繪纏枝靈芝；寓意"福貴長命，靈仙祝壽"。外口沿下方框內青花橫書"大明嘉靖年製"楷書款。

青花雲鶴紋盤
明嘉靖
高3.1厘米　口徑15.1厘米　足徑9.7厘米

Blue and white plate with cloud and crane design
Jiajing period, Ming Dynasty
Height: 3.1cm　Diameter of mouth: 15.1cm
Diameter of foot: 9.7cm

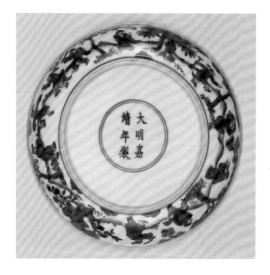

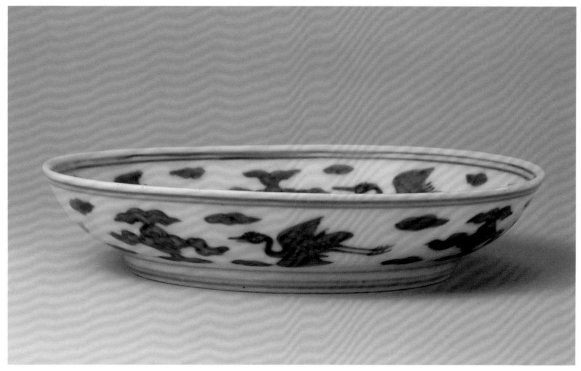

盤敞口，淺弧壁，圈足。通體青花飾雲鶴紋，鶴身與雲均塗以青色。底青花雙圈內書“大明嘉靖年製”楷書款。

青色又稱為玄色，為道家所喜用，老子曰：“玄之又玄，眾妙之門。”而古代傳說鶴千年化為蒼，又千年變為黑，謂之玄鶴。此盤以玄鶴為飾，含祈壽之意。

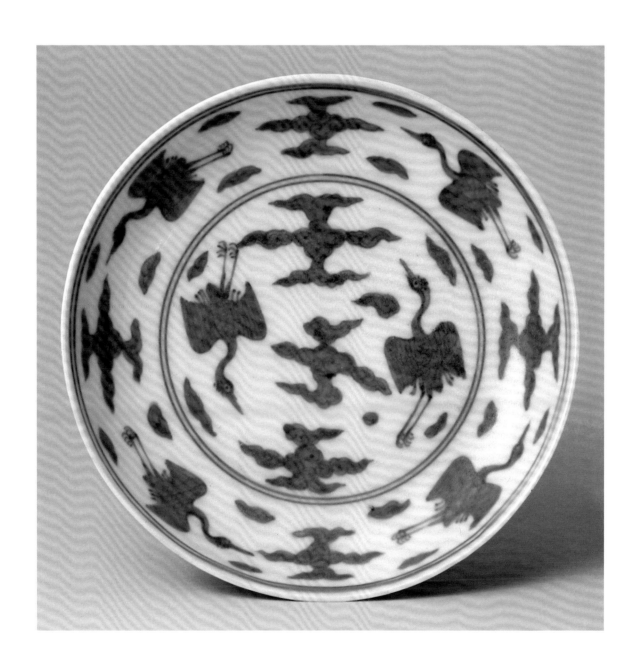

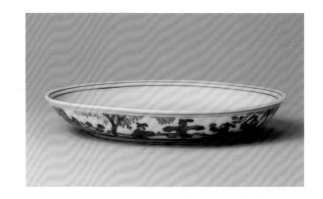

125

青花舞蹈人物圖盤
明嘉靖
高2.4厘米　口徑14.5厘米　足徑9.3厘米

Blue and white plate with design of dancing figures
Jiajing period, Ming Dynasty
Height: 2.4cm　Diameter of mouth: 14.5cm
Diameter of foot: 9.3cm

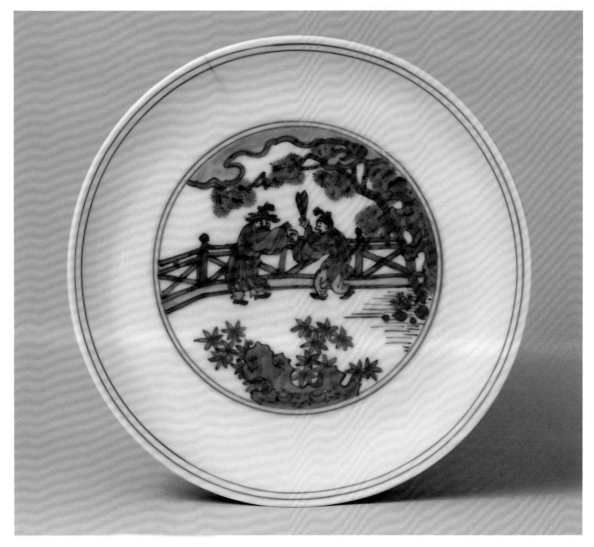

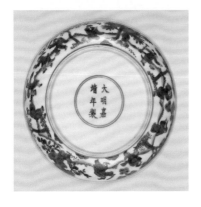

盤敞口，淺弧壁，圈足。青花紋飾，盤心繪雜戲俳優嬉戲庭院之間，外壁繪十人在山林間舞蹈。底青花雙圈內書“大明嘉靖年製”楷書款。

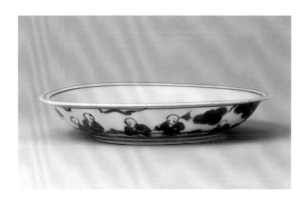

126

青花嬰戲圖盤
明嘉靖
高2.5厘米　口徑15.2厘米　足徑8.5厘米

Blue and white plate with design of children at play
Jiajing period, Ming Dynasty
Height: 2.5cm　Diameter of mouth: 15.2cm
Diameter of foot: 8.5cm

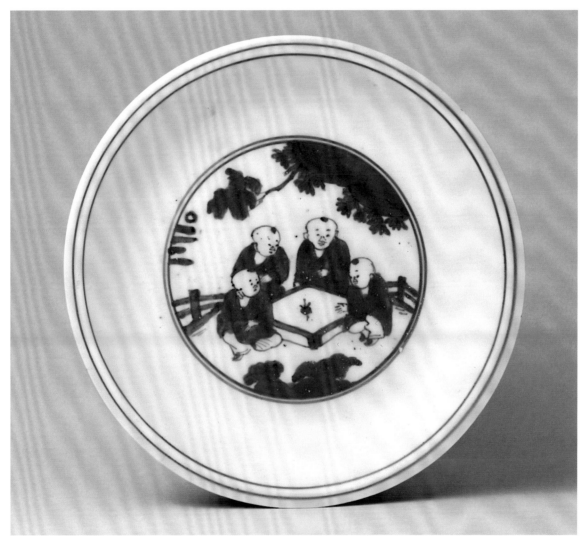

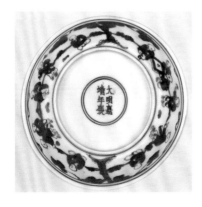

盤敞口，淺弧壁，圈足。青花紋飾，盤心及外壁均繪嬰戲圖。底青花雙圈內書"大明嘉靖年製"楷書款。

盤心繪四童轉陀螺，十分罕見，明代劉侗、于奕正撰《帝京景物略》中對此有生動描述："陀螺者，木製，如小空鐘，中實而無柄。繞以鞭之繩，卓於地，急掣其鞭。一掣，陀螺則轉，無聲也。"

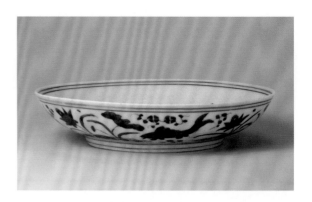

青花魚藻紋盤

127

明嘉靖
高4厘米　口徑19厘米　足徑10.6厘米
清宮舊藏

Blue and white plate with fish and seaweed design
Jiajing period, Ming Dynasty
Height: 4cm　Diameter of mouth: 19cm
Diameter of foot: 10.6cm
Qing court collection

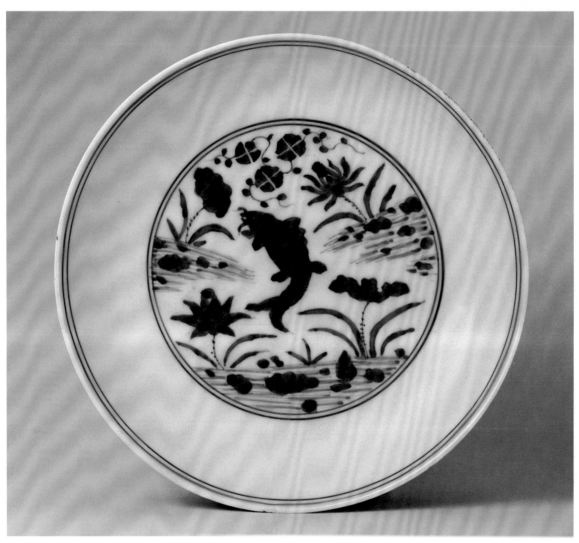

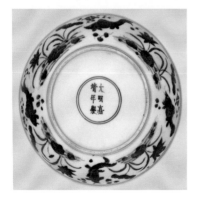

盤敞口，淺弧壁，圈足。盤心及外壁均青花飾蓮塘魚藻紋。底青花雙圈內書"大明嘉靖年製"楷書款。

此盤外壁魚藻紋樣仍承明初，繪游魚四尾，即鯖、鮊、鱸、鱖，寓意"清白廉潔"，盤心紋飾與前朝大不相同，蓮塘之中，一鯉躍出水面，含"鯉魚躍龍門"之意。

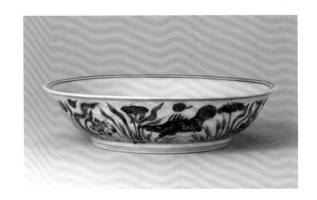

青花魚藻紋盤
明嘉靖
高3.9厘米　口徑15.2厘米　足徑9厘米

Blue and white plate with fish and seaweed design
Jiajing period, Ming Dynasty
Height: 3.9cm　Diameter of mouth: 15.2cm
Diameter of foot: 9cm

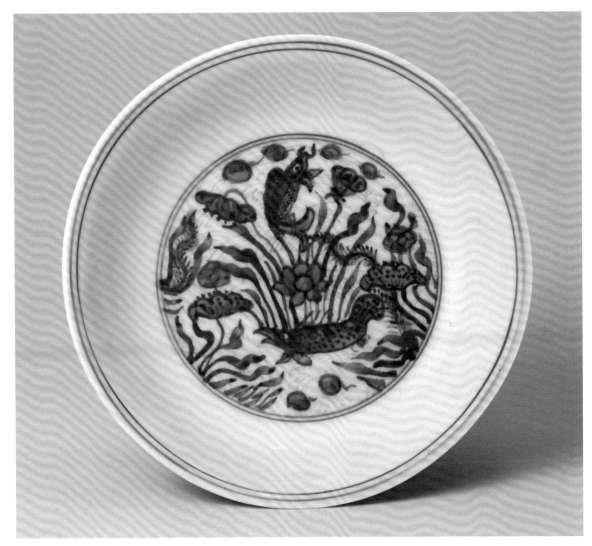

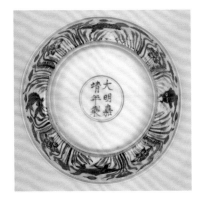

盤敞口，淺弧壁，圈足。盤心及外壁均青花飾蓮塘魚藻紋。底青花雙圈內書"大明嘉靖年製"楷書款。

此盤為嘉靖前期的作品，以蓮花鱖魚諧"連貴"之音。其突出特點在於青花色深、淺分明，黑藍色的荷蓮魚藻以淺淡的水波紋襯托。這種獨特的裝飾效果源於宣德，並在此時得以弘揚。

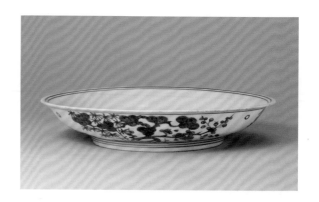

青花松竹梅紋盤

明嘉靖

高4.9厘米　口徑24.6厘米　足徑13.4厘米

Blue and white plate with pine-bamboo-plum design
Jiajing period, Ming Dynasty
Height: 4.9cm　Diameter of mouth: 24.6cm
Diameter of foot: 13.4cm

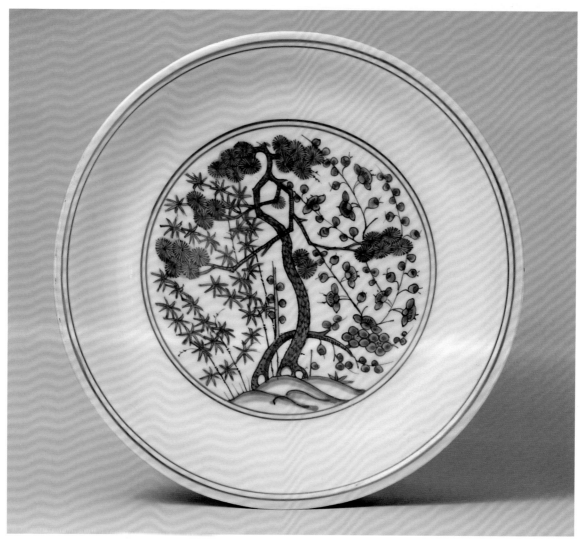

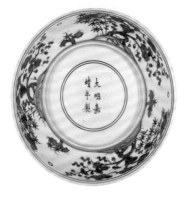

盤撇口，淺弧壁，圈足。盤心繪松竹梅紋，外壁飾月映松竹梅。底青花雙圈內書"大明嘉靖年製"楷書款。

此器圖案造型優美，結構嚴密。月映松竹梅又稱《光風霽月圖》，以月朗風清喻人情操清白高潔。如宋代黃庭堅《濂溪詩序》中有："舂陵周茂叔，人品甚高，胸懷灑落，如光風霽月。"

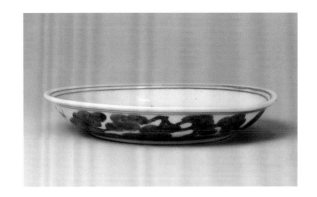

130

青花松竹梅紋盤
明嘉靖
高2.8厘米　口徑14.6厘米　足徑9厘米

Blue and white plate with pine-bamboo-plum design
Jiajing period, Ming Dynasty
Height: 2.8cm　Diameter of mouth: 14.6cm
Diameter of foot: 9cm

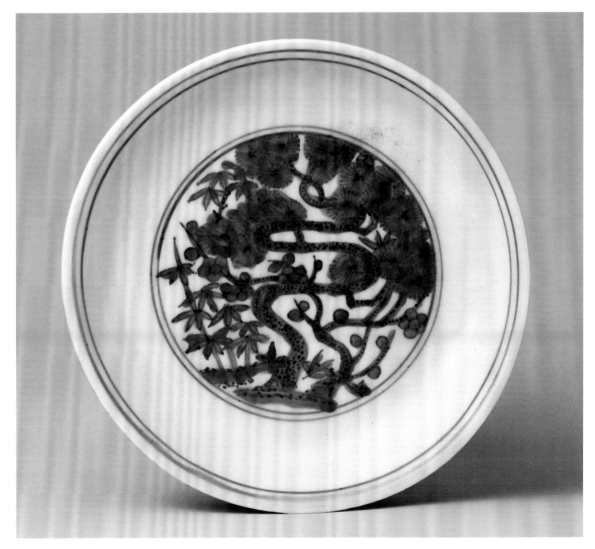

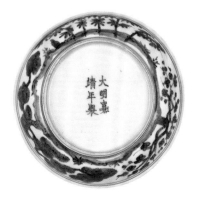

盤敞口，淺弧壁，圈足。盤心及外壁青花繪松竹梅紋。底青花書"大明嘉靖年製"楷書款。

此盤青花紋飾題材同於前件，畫法卻顯粗獷，古松盤屈，針葉團簇，並以艷麗的青色渲染，寓意"竹苞松茂，明悠長"。

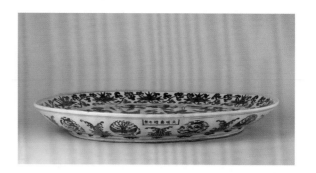

青花雲鶴紋盤

131

明嘉靖
高8.2厘米　口徑66.2厘米　足徑47厘米
清宮舊藏

Blue and white plate with cloud and crane design
Jiajing period, Ming Dynasty
Height: 8.2cm　Diameter of mouth: 66.2cm
Diameter of foot: 47cm
Qing court collection

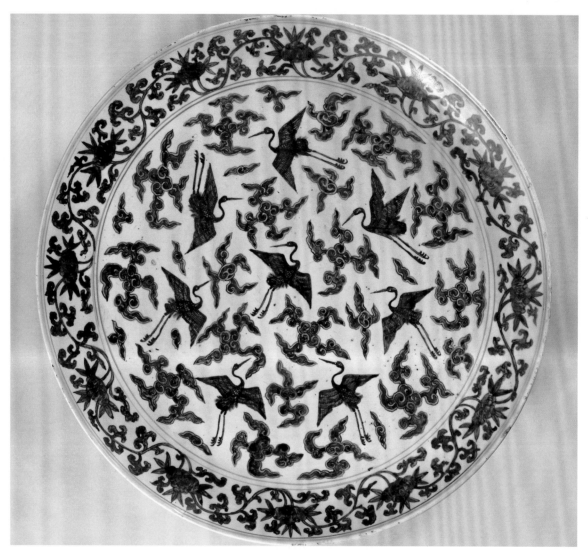

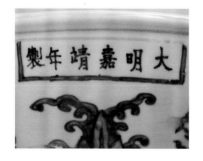

盤淺壁，塌底，圈足。通體青花紋飾，盤心為雲鶴紋，環以纏枝花；外壁為團龍、團鳳、海水江崖。外口沿下長方框內青花橫書"大明嘉靖年製"楷書款。

此盤新穎之處在於外壁的紋飾，團龍與團鳳間繪海水江崖。以器裏玄鶴喻"長壽"，以器外圖案喻"江山"，合之祝頌"江山萬代"。

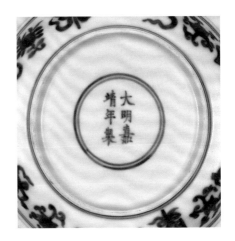

132

青花雜寶紋盤
明嘉靖
高2.1厘米　口徑12.5厘米　足徑7.8厘米

Blue and white plate with design of Taoist emblems
Jiajing period, Ming Dynasty
Height: 2.1cm　Diameter of mouth: 12.5cm
Diameter of foot: 7.8cm

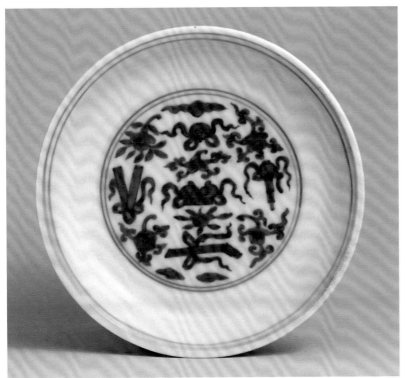

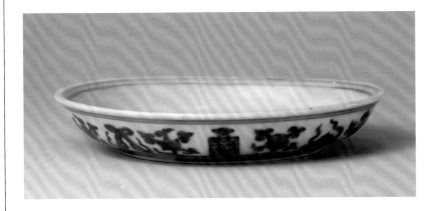

盤敞口，淺弧壁，平底，圈足。青花紋飾以竽、笛、瑟、拍板等道教樂器為主，間以吉祥花果，頗為新穎。底青花雙圈內書"大明嘉靖年製"楷書款。

此器釉面光潔，青花藍中泛紫。

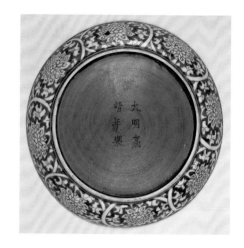

青花回青地白蓮花紋壽字盤
明嘉靖
高3.3厘米　口徑21.1厘米　足徑14.3厘米

133

Blue and white plate with character "Shou" (longevity)
and white lotus design over a Mohammedan blue
ground
Jiajing period, Ming Dynasty
Height: 3.3cm　Diameter of mouth: 21.1cm
Diameter of foot: 14.3cm

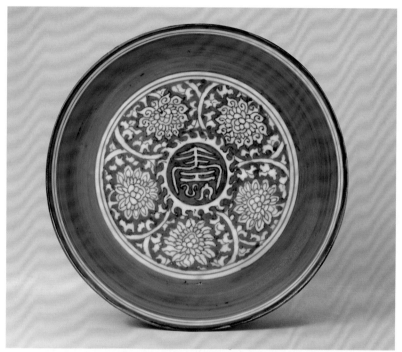

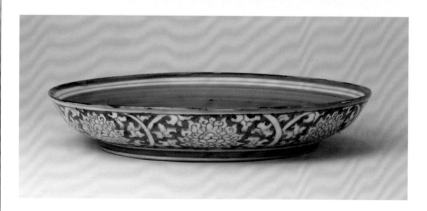

盤敞口，圈足，底心下塌。盤心以五朵纏枝白蓮環飾火珠內的團"壽"字；外壁飾回青地纏枝白蓮花紋。底回青地青花書"大明嘉靖年製"楷書款。

青地白花是元代景德鎮窰創新的工藝，歷經明初至此時又有改進。無紋的盤內壁與足底以回青刷色而非渲染，並使青花款由藍變為黑褐色。

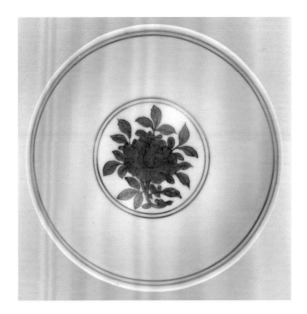

134

青花五穀豐燈雲龍紋碗
明嘉靖
高5.7厘米　口徑10.7厘米　足徑4.1厘米
清宮舊藏

**Blue and white bowl with design of dragons and clouds,
and characters "Wu Gu Feng Deng" (bumper harvest of
all grains)**
Jiajing period, Ming Dynasty
Height: 5.7cm　Diameter of mouth: 10.7cm
Diameter of foot: 4.1cm
Qing court collection

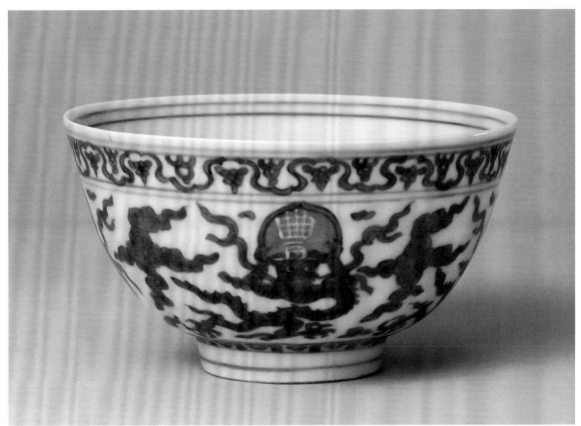

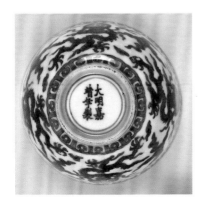

青花五穀豐燈雲龍紋碗
明嘉靖
高5.7厘米　口徑10.7厘米　足徑4.1厘米
清宮舊藏

碗敞口，深弧壁，圈足。青花紋飾，碗心繪折枝牡丹，外壁繪正面龍四組，分別高托壽桃，內青地留白書"五穀豐燈"四字，祈盼豐收年景。底青花雙圈內書"大明嘉靖年製"楷書款。

此碗文字採用釉下堆粉的裝飾手法，字體凸出，富有立體感。

青花雲鶴紋碗
明嘉靖
高16厘米　口徑37.5厘米　足徑20厘米
清宮舊藏

Blue and white bowl with cloud and crane design
Jiajing period, Ming Dynasty
Height: 16cm　Diameter of mouth: 37.5cm
Diameter of foot: 20cm
Qing court collection

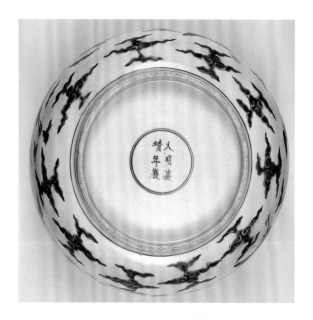

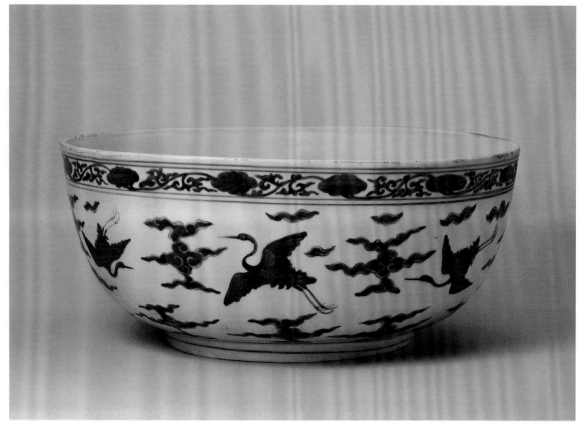

碗直口，弧腹，寬圈足。青花紋飾，口沿下繪纏枝靈芝，壁繪翔鶴，間隙處飾"壬"字雲十八朵。底青花雙圈內書"大明嘉靖年製"楷書款。

此器形體碩大豐滿，較為規整，造型源於明初官窯。

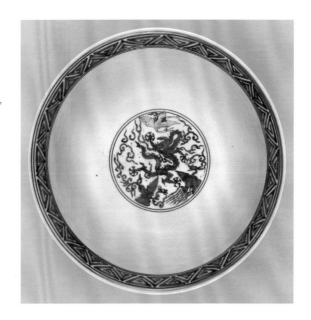

青花龍鳳雲鶴紋碗
明嘉靖
高11.5厘米　口徑28.3厘米　足徑13.8厘米
清宮舊藏

Blue and white bowl with design of dragons, phoenixes, cranes and clouds
Jiajing period, Ming Dynasty
Height: 11.5cm　Diameter of mouth: 28.3cm
Diameter of foot: 13.8cm
Qing court collection

136

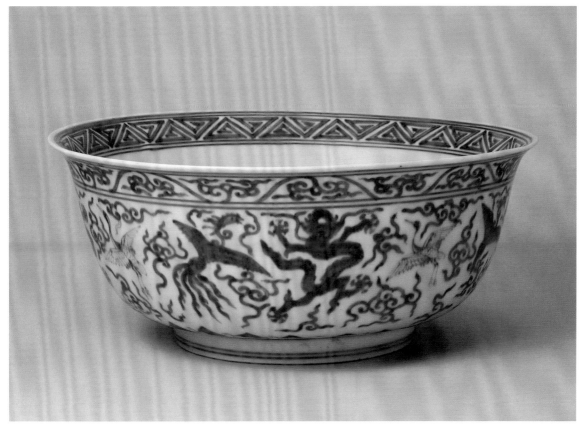

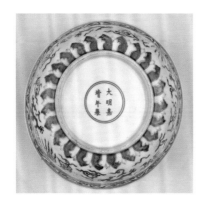

碗撇口，平底，圈足。青花紋飾，碗心飾雲龍，外壁繪鸞鳳、白鶴伴雲龍騰飛。其中鸞鳳染以青花，仙鶴採用白描手法表現，其畫意吉祥，構圖別有新意。底青花雙圈內書"大明嘉靖年製"楷書款。

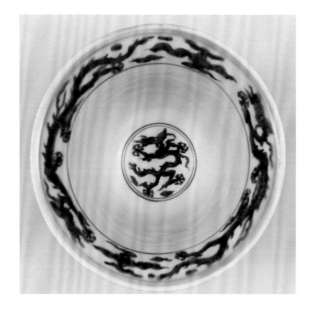

137

青花人物圖杯
明嘉靖
高10.5厘米　口徑16.2厘米　足徑5.5厘米
清宮舊藏

Blue and white cup with figure design
Jiajing period, Ming Dynasty
Height: 10.5cm　Diameter of mouth: 16.2cm
Diameter of foot: 5.5cm
Qing court collection

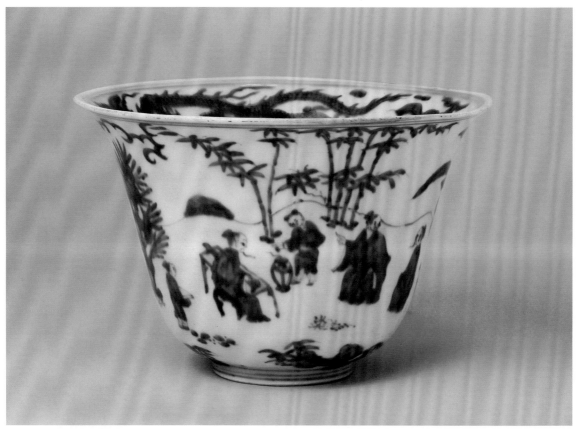

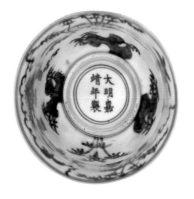

杯撇口，深壁，淺圈足。青花紋飾，杯心及裏口繪雲龍紋，外壁繪《竹林七賢圖》。底青花雙圈內書"大明嘉靖年製"楷書款。

竹林七賢又稱竹中七子，魏晉間，文人名士嵇康、阮籍、山濤等七人，相與友善，閒聚竹林，撫琴醉飲，賦詩詠懷。此為當時青花瓷中新出現的畫面。喻高士相聚，情投意合，畫風受同期書畫的影響。

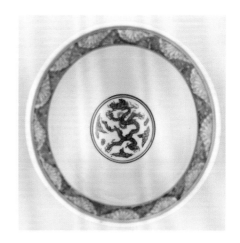

青花海水雲龍紋杯

明嘉靖
高11.5厘米　口徑11.9厘米　足徑5.5厘米
清宮舊藏

Blue and white cup with design of dragons, clouds and waves
Jiajing period, Ming Dynasty
Height: 11.5cm　Diameter of mouth: 11.9cm
Diameter of foot: 5.5cm
Qing court collection

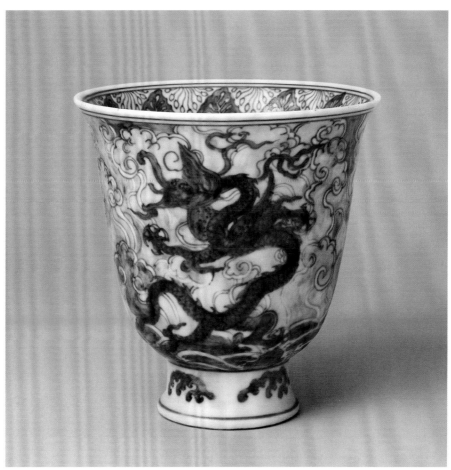

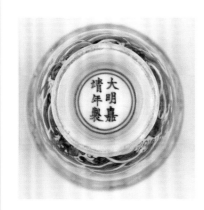

杯撇口，深壁，圈足外撇。青花紋飾，杯心繪雲龍，口沿環繪花蕊，外壁繪展翼應龍在雲海中翻騰，近足處繪海水江崖，足牆繪浪花。底青花雙圈內書"大明嘉靖年製"楷書款。

此杯造型因若鈴鐺又稱"鈴鐺杯"，為本朝創新之作，影響深遠，清康熙時成為最多見的器型。

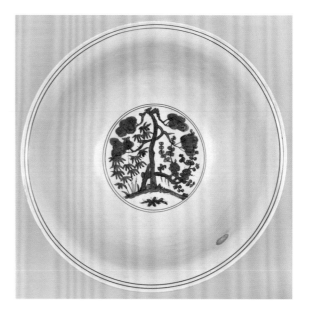

青花四愛圖碗

明嘉靖
高16.5厘米　口徑36.2厘米　足徑14.9厘米

Blue and white bowl with design of four literati with their own favourite
Jiajing period, Ming Dynasty
Height: 16.5cm　Diameter of mouth: 36.2cm
Diameter of foot: 14.9cm

139

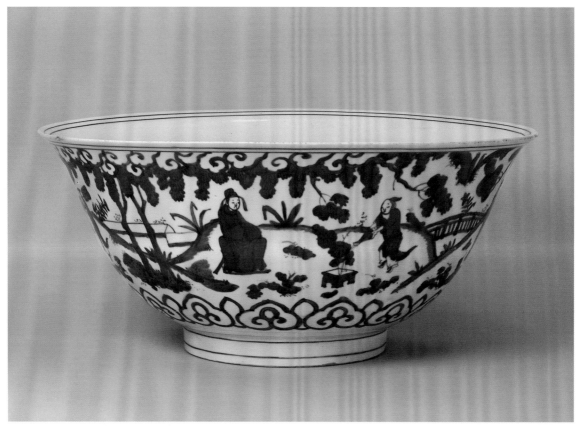

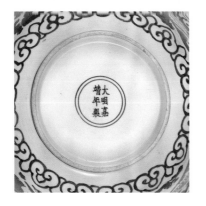

碗撇口，弧壁，圈足。青花紋飾，碗心繪松竹梅，外壁繪"四愛"人物圖，即"王羲之愛鵝"、"周茂叔愛蓮"、"陶淵明愛菊"、"孟浩然愛梅"。底青花雙圈內書"大明嘉靖年製"楷書款。

此碗青花濃艷，紋飾生動，裏外呼應，寓意深長。

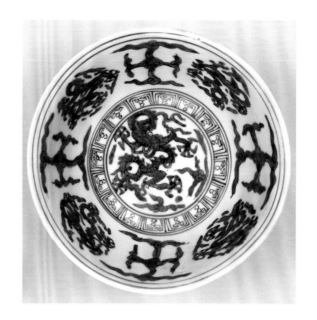

青花嬰戲圖碗
明嘉靖
高7.1厘米　口徑15.4厘米　足徑6.4厘米
清宮舊藏

Blue and white bowl with children-at-play design
Jiajing period, Ming Dynasty
Height: 7.1cm　Diameter of mouth: 15.4cm
Diameter of foot: 6.4cm
Qing court collection

140

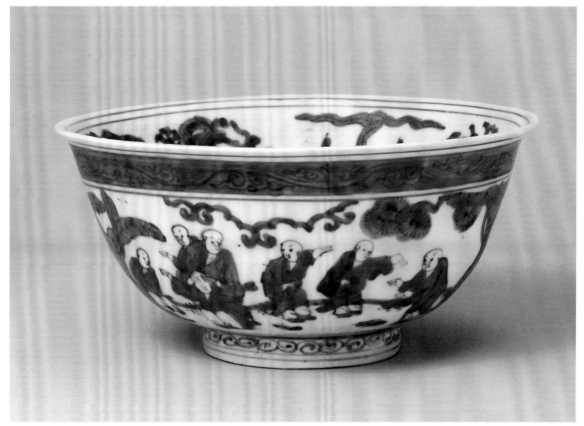

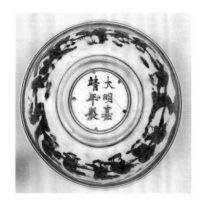

碗撇口，圈足。通體青花紋飾，碗心繪團龍朵雲，裏壁飾團龍雲紋，外壁繪《十六子嬰戲圖》，嬰孩或捉迷藏，或玩爆竹，或猜燈迷，周圍襯以樹石欄杆，洞石芭蕉。底青花雙圈內書"大明嘉靖年製"楷書款。

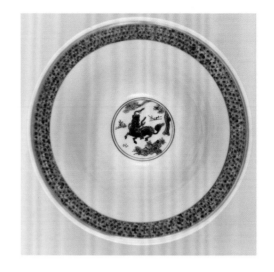

青花三羊紋碗
明嘉靖
高10.5厘米　口徑16.5厘米　足徑5.5厘米
清宮舊藏

141

Blue and white bowl with design of three rams
Jiajing period, Ming Dynasty
Height: 10.5cm　Diameter of mouth: 16.5cm
Diameter of foot: 5.5cm
Qing court collection

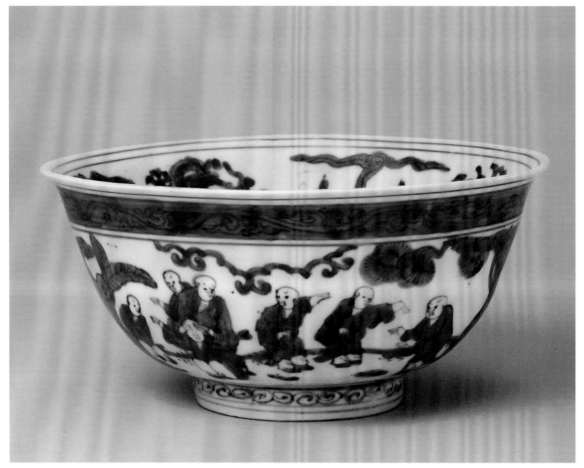

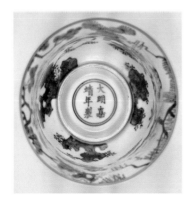

碗撇口，深弧壁，淺圈足。碗心繪麒麟，輔以松、石、花、草，裏口沿環飾錦紋，外壁繪三羊，周圍襯以松竹梅柳。底青花雙圈內書"大明嘉靖年製"楷書款。

《易經》云："正月為泰卦，三陽生於下。"喻冬去春來，陰消陽長，有吉亨之象。此青花紋飾以三羊諧音"三陽開泰"，稱頌歲首，祝國運昌盛。

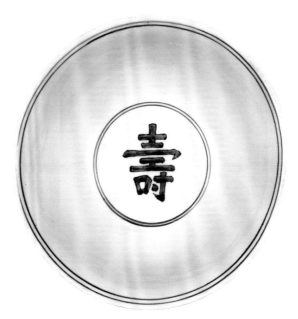

青花穿花鳳紋壽字碗
明嘉靖
高13.9厘米　口徑29.6厘米　足徑12.4厘米

Blue and white bowl with design of phoenixes and flowers and character "Shou" (longevity)
Jiajing period, Ming Dynasty
Height: 13.9cm　Diameter of mouth: 29.6cm
Diameter of foot: 12.4cm

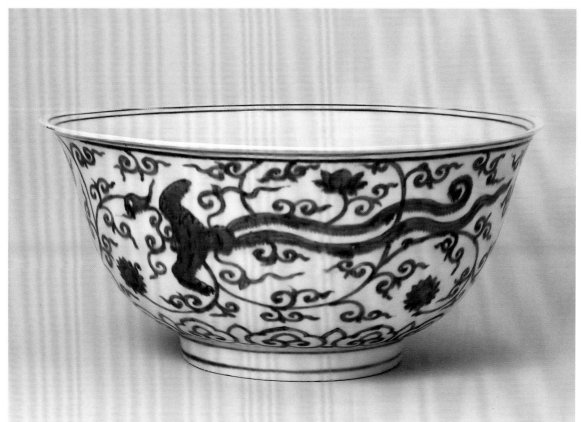

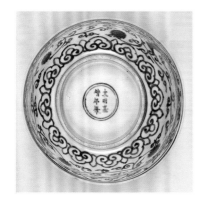

碗撇口，圈足。青花紋飾，碗心雙圈內寫楷書 "壽" 字；外壁飾雙鳳穿纏枝花，近足處環以如意雲頭紋。底青花雙圈內書 "大明嘉靖年製" 楷書款。

此碗青花略有暈散，釉面白中泛青，青花鳳紋與以往不同，其首無冠，頸若鈎雲，身後兩束鳳尾長如綏帶。

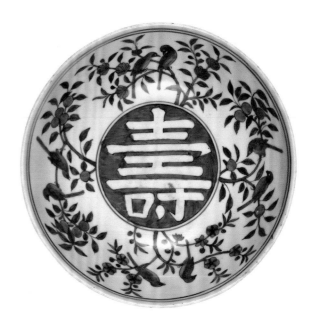

青花花鳥紋壽字碗

明嘉靖

高8.7厘米　口徑19厘米　足徑6.6厘米

清宮舊藏

Blue and white bowl with design of birds and flowers and character "Shou" (longevity)
Jiajing period, Ming Dynasty
Height: 8.7cm　Diameter of mouth: 19cm
Diameter of foot: 6.6cm
Qing court collection

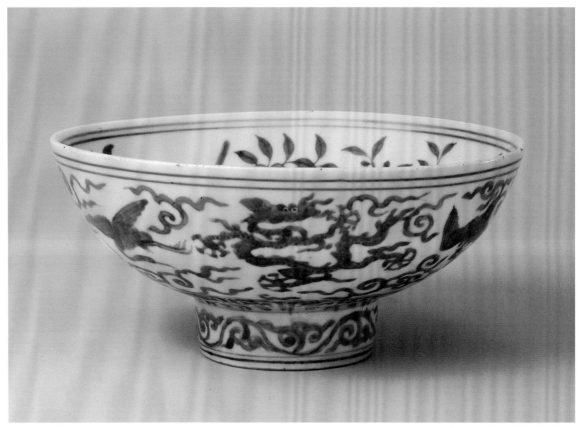

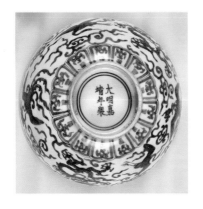

碗敞口，淺弧腹，圈足。碗心為青花地留白"壽"字，裏壁飾四對雀鳥，分別棲於桃李枝頭，桃李呈春華秋實狀，有的鮮花怒放，有的果實纍纍。外壁飾青鸞與玄鶴展翅於雲龍兩側，與器裏紋飾相呼應，含"福壽雙全"之意。底青花雙圈內書"大明嘉靖年製"楷書款。

143

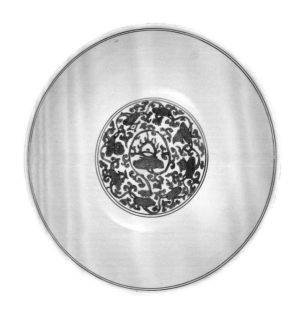

青花纏枝靈芝紋碗
明嘉靖
高14.8厘米　口徑33厘米　足徑14.7厘米
清宮舊藏

Blue and white bowl with design of interlocking magic fungus
Jiajing period, Ming Dynasty
Height: 14.8cm　Diameter of mouth: 33cm
Diameter of foot: 14.7cm
Qing court collection

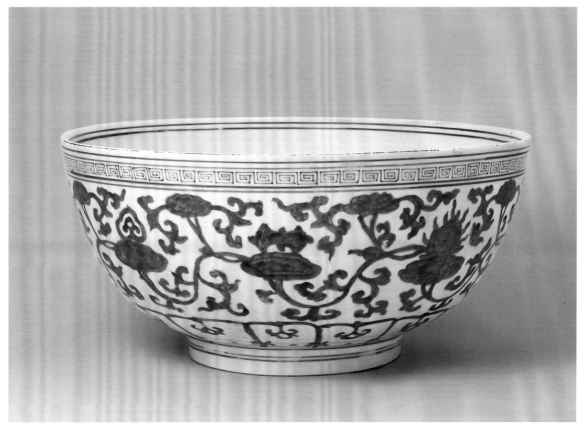

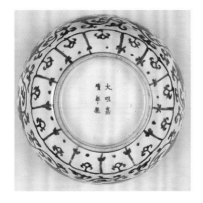

碗敞口，弧壁，圈足。青花飾纏枝靈芝托雜寶紋。底青花書"大明嘉靖年製"楷書款。

嘉靖皇帝信奉道術，四處尋求仙藥，以求長生不老，故此時祈壽圖案成為青花瓷的重要裝飾，而作為仙草的靈芝紋在青花中則是各式各樣，變化多端，如此件青花靈芝托寶紋就是其中之一。

青花山石花果紋碗
明嘉靖
高7.5厘米　口徑12.9厘米　足徑4.7厘米

Blue and white bowl with rock, flower and fruit design
Jiajing period, Ming Dynasty
Height: 7.5cm　Diameter of mouth: 12.9cm
Diameter of foot: 4.7cm

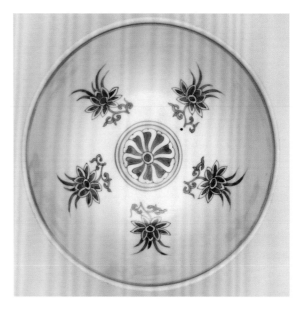

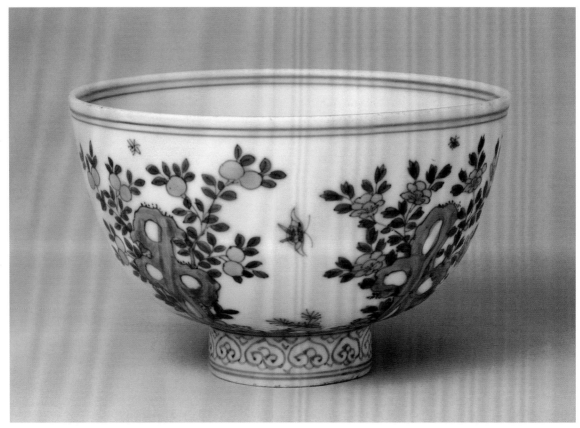

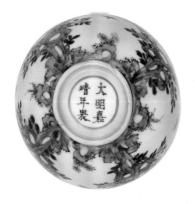

碗直口，深弧腹，圈足。青花紋飾，碗心繪團花，周圍環繞五朵折枝蓮；外飾洞石花果，足牆環白描如意一周。底青花雙圈內書"大明嘉靖年製"楷書款。

此碗為嘉靖晚期之作，其青花呈色淺淡，富有層次。碗心的團花又稱"月華"紋，是華蓋的變形，在人間它是皇權的代表，在天國它是淨土的象徵。

青花團花紋碗
明嘉靖
高4.8厘米　口徑13.5厘米　足徑7.5厘米

Blue and white bowl with medallion design
Jiajing period, Ming Dynasty
Height: 4.8cm　Diameter of mouth: 13.5cm
Diameter of foot: 7.5cm

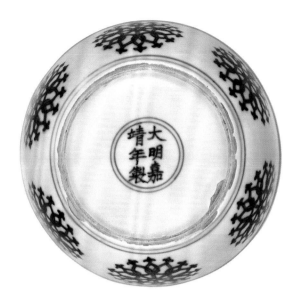

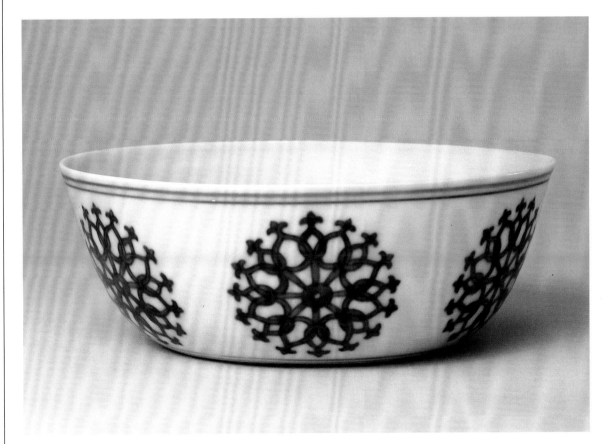

碗敞口，淺腹，臥足。外壁青花飾環套寶相花紋。底青花雙圈內書"大
明嘉靖年製"楷書款。

此件是"官仿官"瓷，以嘉靖官窰技藝追摹成化青花，造型、紋飾惟妙
惟肖，若不署本朝年款，幾可亂真。

青花百子桃都紋碗
明嘉靖
高6厘米　口徑10厘米　足徑5.4厘米

Blue and white bowl with design of peach and pomegranate trees
Jiajing period, Ming Dynasty
Height: 6cm　Diameter of mouth: 10cm
Diameter of foot: 5.4cm

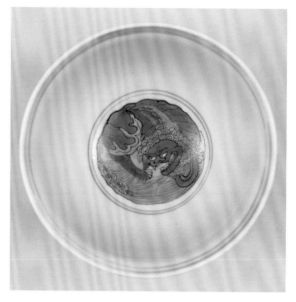

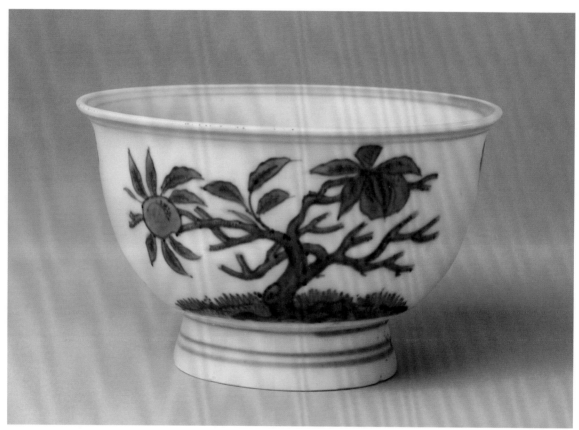

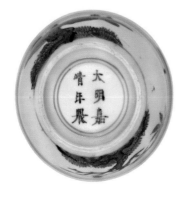

碗撇口，弧壁，圈足外撇，底心下塌。青花紋飾，碗心繪團獅紋，外壁於石榴樹與桃樹側上方青花楷書"百子榴"、"桃都"字；底青花雙圈內書"大明嘉靖年製"楷書款。

百子榴和桃都均是傳說中的仙樹，寓意"榴開百子"、"長生不老"。

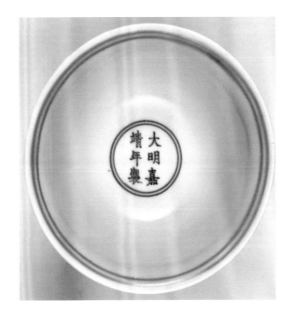

青花雲龍紋高足碗

明嘉靖
高10厘米　口徑12厘米　足徑4.5厘米
清宮舊藏

Blue and white stem-bowl with dragon and cloud design
Jiajing period, Ming Dynasty
Height: 10cm　Diameter of mouth: 12cm
Diameter of foot: 4.5cm
Qing court collection

148

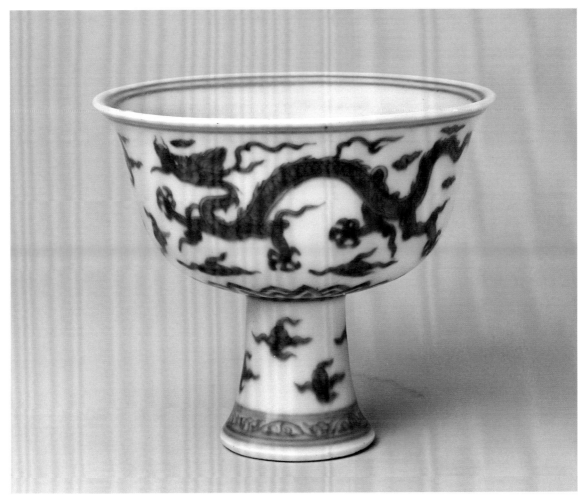

碗撇口，深腹，高足外撇。外壁青花飾雙龍趕珠紋，近足處環飾蓮瓣一周，足牆飾朵雲。碗心青花雙圈內書"大明嘉靖年製"楷書款。

此件為嘉靖官窯仿"宣青"之器，唯器心署款不同。

青花八仙祝壽圖高足碗
明嘉靖
高11.3厘米　口徑14.1厘米　足徑3.8厘米
清宮舊藏

Blue and white stem-bowl with design of the Eight Immortals celebrating birthday
Jiajiod period, Ming Dynasty
Height: 11.3cm　Diameter of mouth: 14.1cm
Diameter of foot: 3.8cm
Qing court collection

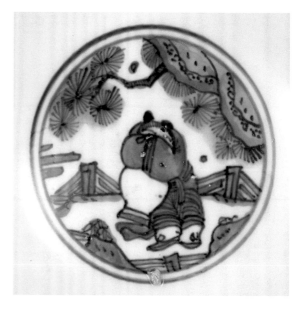

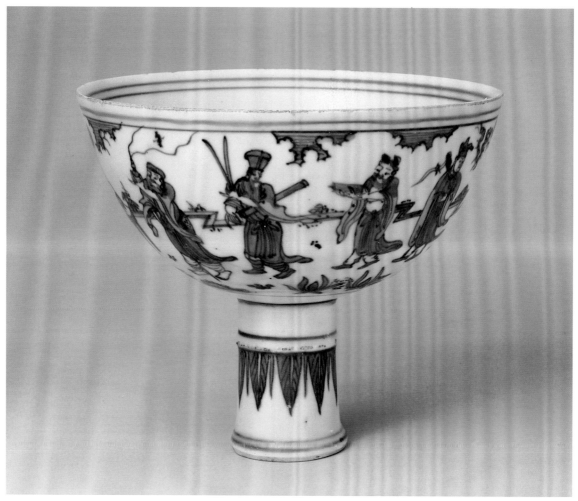

碗敞口，弧壁，高足。青花紋飾，碗心繪仙翁抱酒罈，外壁繪《八仙祝壽圖》，足柄飾蕉葉紋。

此器青花色澤鮮艷，人物描繪細膩。畫面為八仙自西王母蟠桃大會醉別而歸，步履蹣跚。碗心繪一仙抱酒罈醉臥懸崖松下，生動傳神，令人忍俊不禁。

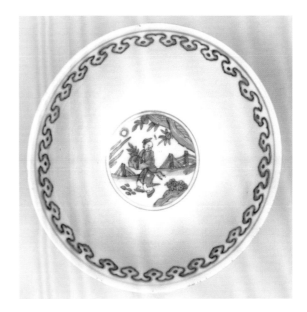

150

青花攜琴訪友圖高足碗
明嘉靖
高10.5厘米　口徑15.2厘米　足徑4.5厘米

Blue and white stem-bowl with design of a noble scholar taking qin to call on a friend
Jiajing period, Ming Dynasty
Height: 10.5cm　Diameter of mouth: 15.2cm
Diameter of foot: 4.5cm

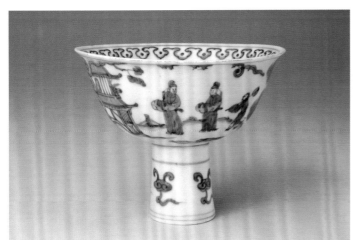

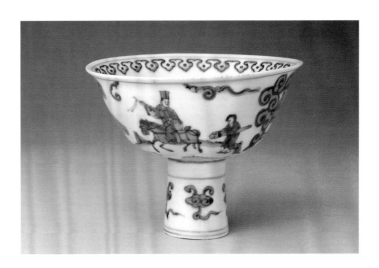

碗撇口，深弧壁，高圈足中空。青花紋飾，碗心繪詼諧的東方朔從西王母處酒醉抱桃而歸。外壁繪高士騎馬出行訪友，侍童攜琴相隨。

此器紋飾在明代青花瓷繪中較為流行，形象生動，綫條流暢。

青花高士圖杯
明嘉靖
高5厘米　口徑7.7厘米　足徑3.6厘米
清宮舊藏

Blue and white cup decorated with a noble scholar
Jiajing period, Ming Dynasty
Height: 5cm　Diameter of mouth: 7.7cm
Diameter of foot: 3.6cm
Qing court collection

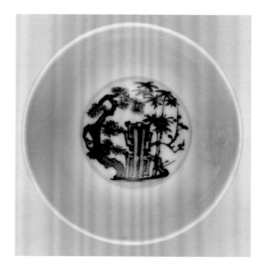

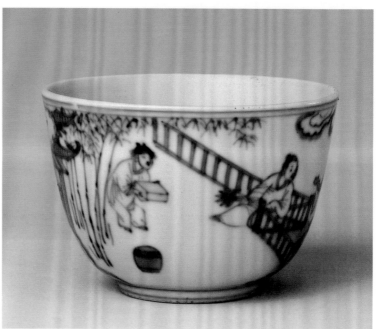

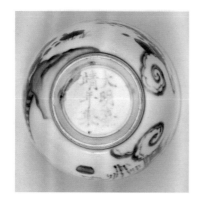

杯撇口,深壁,淺圈足。青花紋飾,杯心繪松竹梅及柱石;外壁繪《周茂叔愛蓮圖》,周圍襯以樹石、翠竹、房舍、清泉。底青花書"大明嘉靖年製"楷書款。

這是一"官仿官"的佳作,造型、紋飾、釉面、青花無一不與成化青花惟妙惟肖,出神入化,後世尊崇成化瓷之風此時已見端倪。

香港筲箕灣

耀興道3號

東滙廣場8樓

商務印書館(香港)有限公司

顧客服務部收

商務印書館 讀者回饋咭

請詳細填寫下列各項資料，傳真至2565 1113，以便寄上本館門市優惠券。憑券前往商務印書館各大門市購書，可獲折扣優惠。

所購本館出版之書籍：

購書地點：

通訊地址：

電話： 傳真：

電郵：

姓名：

你是否想透過電郵或傳真收到商務新書資訊？ 1□是 2□否

性別： 1□男 2□女

出生年份： 年

學歷： 1□小學或以下 2□中學 3□預科 4□大專 5□研究院

每月家庭總收入： 1□HK$6,000以下 2□HK$6,000-9,999 3□HK$10,000-14,999 4□HK$15,000-24,999 5□HK$25,000-34,999 6□HK$35,000或以上

子女人數（只適用於有子女人士）： 1□1-2個 2□3-4個 3□5個或以上

子女年齡（可多於一個選擇）： 1□12歲以下 2□12-17歲 3□18歲或以上

職業： 1□僱主 2□經理級 3□專業人士 4□白領 5□藍領 6□教師 7□學生 8□主婦 9□其他

最常前往的書店：

每月往書店次數： 1□1次或以下 2□2-4次 3□5-7次 4□8次或以上

每月往書費： 1□1本或以下 2□2-4本 3□5-7本 4□8本或以上

每月購書消費： 1□HK$50以下 2□HK$50-199 3□HK$200-499 4□HK$500-999 5□HK$1,000或以上

您從哪得知本書： 1□書店 2□報章或雜誌廣告 3□電台 4□電視 5□書評書介 6□親友介紹 7□商務文化網站 8□其他（請註明：

您有否進行過網上買書？ 1□有 2□否

您有否瀏覽過商務出版網（網址：http://www.publish.commercialpress.com.hk）？ 1□有 2□否

您希望本公司能加強出版的書籍： 1□藝書 2□外語書籍 3□文學語言 4□歷史文化 5□自然科學 6□社會科學 7□醫學衛生 8□財經書籍 9□管理書籍 10□兒童書籍 11□流行書 12□其他（請註明：

您對本書內容的意見：

根據個人資料（私隱）條例，讀者有權查閱及更改其個人資料。讀者如須查閱或更改其個人資料，請來函本館〔信封上請註明「讀者回饋咭-更改個人資料」〕

青花雲龍紋爵杯

明嘉靖
高9.5厘米　口徑11.7厘米　足徑7厘米
清宮舊藏

152

Blue and white Jue-shaped cup with dragon and cloud design
Jiajing period, Ming Dynasty
Height: 9.5cm　Diameter of mouth: 11.7cm
Diameter of foot: 7cm
Qing court collection

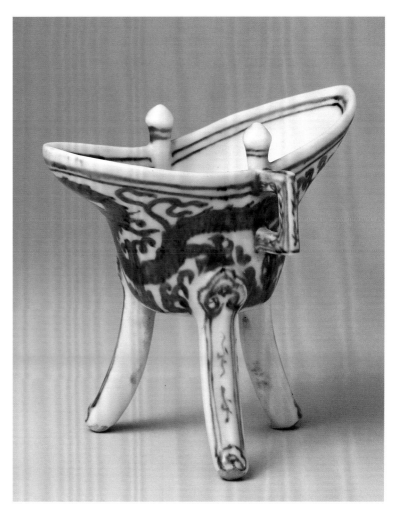

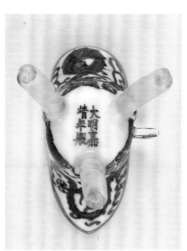

杯造型仿古代青銅器。青花繪一條捲曲的行龍盤繞在雲氣浪花之間，三足外飾如意頭紋。底青花書"大明嘉靖年製"楷書款。

瓷質爵杯濫觴於元代，器身矮小，至明初時漸有大型器；嘉靖朝瓷爵杯分大、小兩種，除青花外還有黃釉及塗金品種，通常用於祭祀。

青花團龍紋提梁壺
明隆慶
通高30厘米　口徑10.5厘米　足徑15.3厘米
清宮舊藏

Blue and white loop-handled teapot with design of dragon medallions
Longqing period, Ming Dynasty
Overall height: 30cm　Diameter of mouth: 10.5cm
Diameter of foot: 15.3cm
Qing court collection

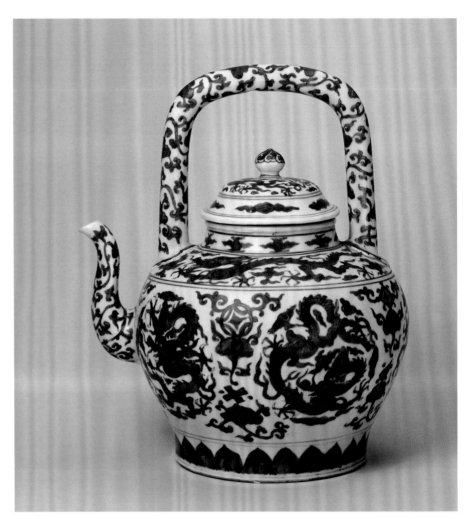

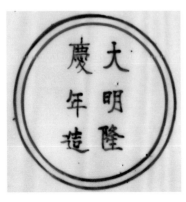

此壺短頸，圓肩，鼓腹下斂，曲流，高提梁柄，假圈足。蓋圓頂出沿，寶珠鈕。通體青花紋飾，壺身飾五條團龍，間以靈芝托雜寶，其餘分別為蓮瓣、纏枝花、雲龍、朵雲等。底青花雙圈內書"大明隆慶年造"楷書款。

此壺造型渾圓飽滿，胎體堅硬潔白，釉面光亮瑩潤。青花呈色藍中泛紫，濃重艷麗，所繪紋飾構圖嚴謹，繁而不亂。高提梁是一種新的裝飾方法，穩重古雅，實用美觀。

明代飲茶之風甚盛，飲茶習慣與前代大不相同。由唐、宋時的碾茶煎煮演變為沖泡茶葉，茶具的造型也隨之而變化，各式各樣。這件隆慶提梁壺是此時官窰青花瓷器的代表作。

青花龍鳳紋圓盒
明隆慶
高15.3厘米　口徑20.9厘米　足徑19.2厘米

Blue and white box with dragon and phoenix design
Longqing period, Ming Dynasty
Height: 15.3cm　Diameter of mouth: 20.9cm
Diameter of foot: 19.2cm

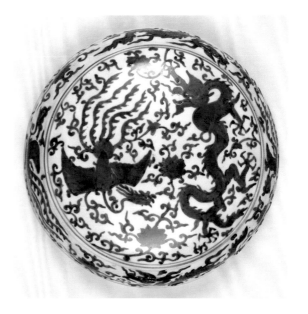

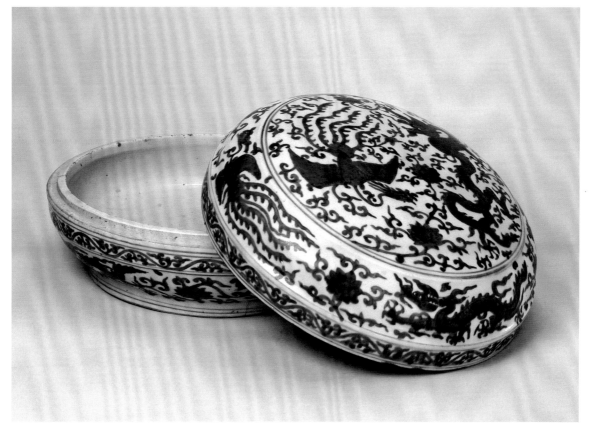

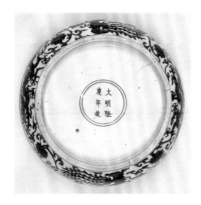

盒扁圓形，子母口，有蓋。通體青花滿飾穿花龍鳳紋，輔以忍冬紋邊
飾。底青花雙圈內書"大明隆慶年造"楷書款。

嘉靖、隆慶、萬曆三朝均以回青作青花料，而以隆慶官窯之選料最精，
其燒成的青花瓷，呈色濃艷明麗。

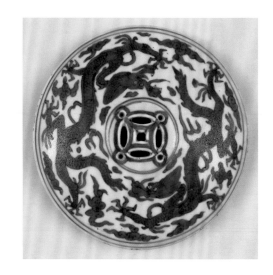

155

青花雲龍紋蟋蟀罐
明隆慶
通高10.6厘米　口徑13.2厘米　足徑13.4厘米

Blue and white cricket pot with dragon and cloud design
Longqing period, Ming Dynasty
Overall height: 10.6cm　　Diameter of mouth: 13.2cm
Diameter of foot: 13.4cm

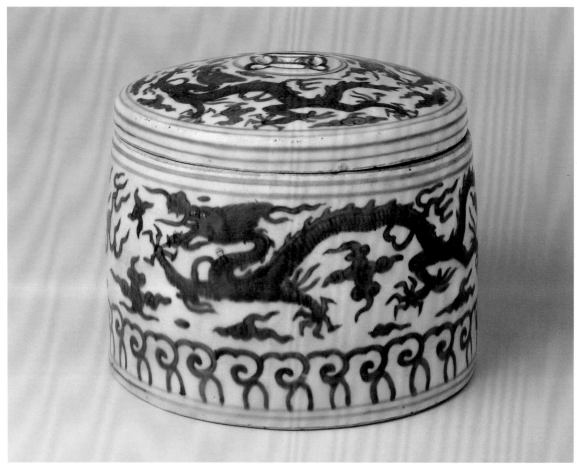

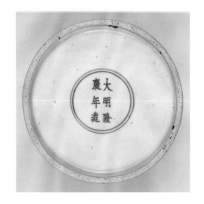

罐直壁，口略小於圈足；蓋面隆起。通體青花紋飾，外壁繪雙龍戲珠，近足處環以靈芝雲頭紋；蓋面中心透雕錢紋，圍繞雙龍戲珠。底青花雙圈內書"大明隆慶年造"楷書款。

明代蟋蟀罐，以宣德、隆慶、萬曆三朝多見，均與當朝皇帝嗜好有關。

青花穿花龍紋盤

156

明隆慶

高3.6厘米　口徑17.4厘米　足徑10厘米

Blue and white plate with dragon-and-flower design
Longqing period, Ming Dynasty
Height: 3.6cm　Diameter of mouth: 17.4cm
Diameter of foot: 10cm

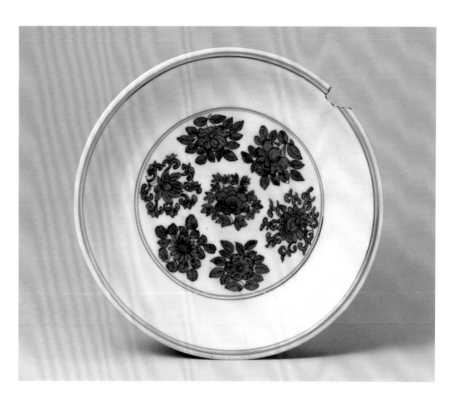

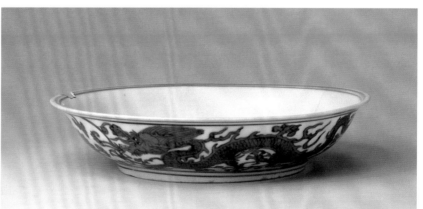

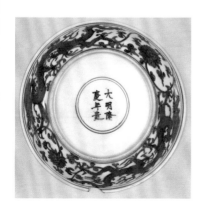

盤敞口，坦底，圈足。青花紋飾，盤心以六朵不同的折枝花環繞中心的牡丹花，構圖新穎；外壁飾雙龍穿花。底青花雙圈內書"大明隆慶年造"楷書款。

青花穿花鳳紋盤
明隆慶
高3.6厘米　口徑17.2厘米　足徑10.4厘米

Blue and white plate with phoenix-and-flower design
Longqing period, Ming Dynasty
Height: 3.6cm　Diameter of mouth: 17.2cm
Diameter of foot: 10.4cm

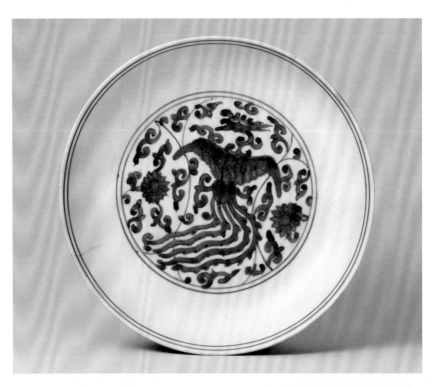

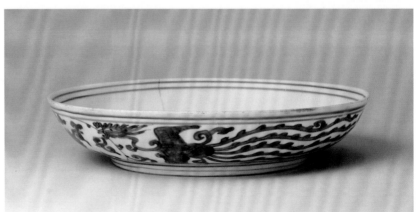

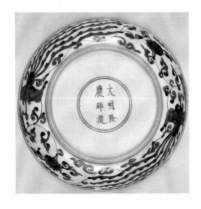

盤敞口，坦底，圈足。盤心及外壁為青花飾穿花鳳紋。底青花雙圈內書
"大明隆慶年造" 楷書款。

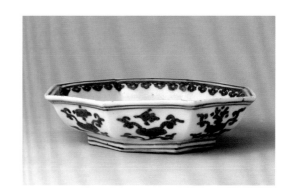

158

青花花鳥圖八方盤
明隆慶
高3.4厘米　口徑14/13厘米　足徑8.6/7.8厘米

**Blue and white octagonal plate with bird and flower
design**
Longqing period, Ming Dynasty
Height: 3.4cm　Diameter of mouth: 14/13cm
Diameter of foot: 8.6/7.8cm

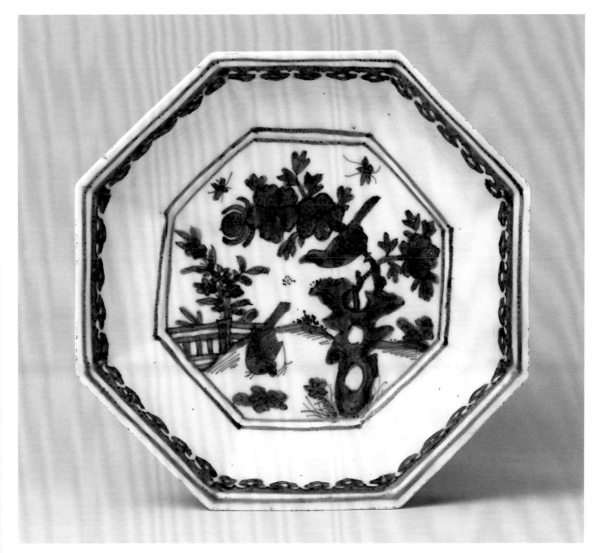

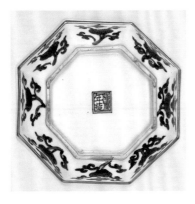

盤通體八方形，撇口，坦底。青花紋飾，盤心飾《雀鳥鬧春圖》，一鳥
棲於牡丹枝頭，一鳥伏地啄食，周圍飾以欄杆、花草、壽石、蝴蝶，喻
"富貴長春"之意。外壁飾靈芝托雜寶。底青花雙方框內書"隆慶年
造"楷書款。

此時器型最常見花口與多方，這件盤頗為典型。

159

青花蓮生貴子團花紋碗
明隆慶
高4厘米　口徑15厘米　足徑5.1厘米

Blue and white bowl with medallion of children and lotus
Longqing period, Ming Dynasty
Height: 4cm　Diameter of mouth: 15cm
Diameter of foot: 5.1cm

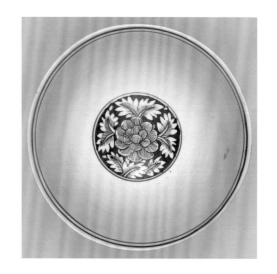

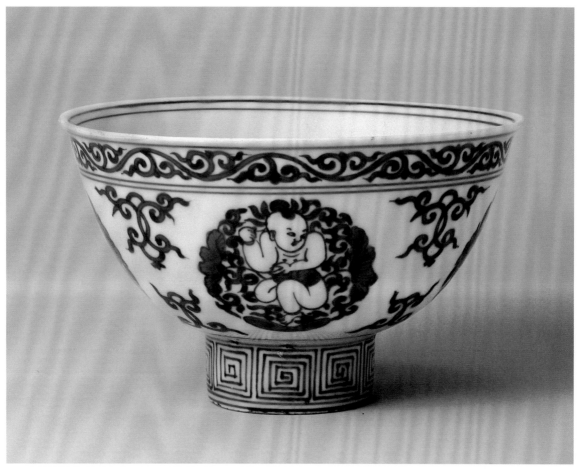

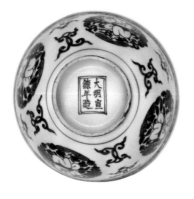

碗撇口，深壁，圈足。碗心繪四面出葉的團花牡丹，外壁繪團花式童子蓮荷。底青花雙方框內偽託“大明宣德年造”楷書款。

嬰戲蓮紋是佛教故事“鹿母蓮花生子”在中國的演化，此時出現在青花瓷中，還巧妙地運用了諧音喻意手法，以“蓮”諧音“連”，寓意“連生貴子”，子孫延綿。

160

青花穿花龍紋梅瓶
明萬曆
高72厘米　口徑10.4厘米　足徑19.3厘米

Blue and white prunus vase with design of dragon and flowers
Wanli period, Ming Dynasty
Height: 72cm　Diameter of mouth: 10.4cm
Diameter of foot: 19.3cm

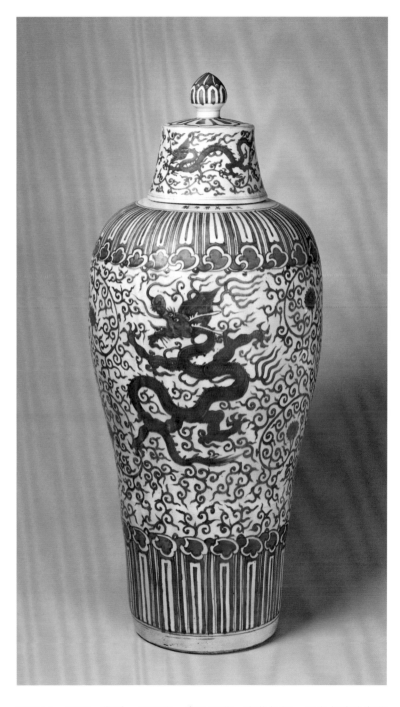

瓶撇口，短頸，豐肩，長圓腹，寶珠頂蓋。青花紋飾，器身主體繪穿花龍紋，上下繪蓮瓣紋。肩有青花橫書"大明萬曆年製"楷書款。

此瓶為萬曆御窰重器，繪工精細、規整，北京明十三陵的定陵曾出土一對。

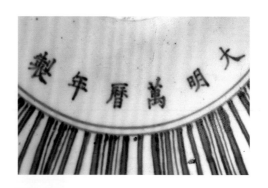

161

青花穿花龍紋梅瓶
明萬曆
高43厘米　口徑6.7厘米　足徑15厘米
清宮舊藏

**Blue and white prunus vase with design of dragon and
flowers**
Wanli period, Ming Dynasty
Height: 43cm　Diameter of mouth: 6.7cm
Diameter of foot: 15cm
Qing court collection

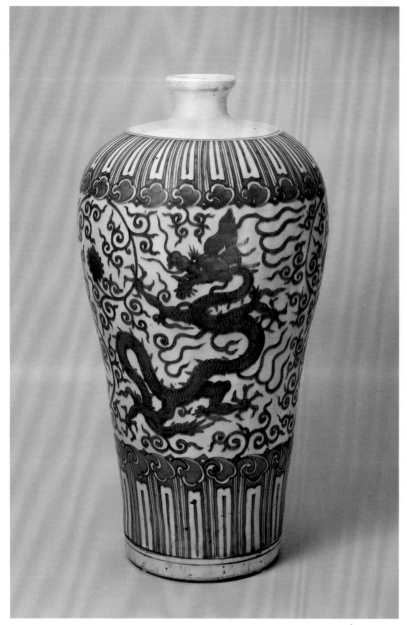

瓶撇口，短頸，豐肩，長圓腹。青花紋飾，肩及近足處各繪蓮瓣一周，
腹繪穿花龍。肩有青花橫書"大明萬曆年製"楷書款。

此瓶外撇的小口，略長的細頸與豐滿的肩部，都呈現出萬曆朝梅瓶獨具
的特徵。

青花八仙圖梅瓶
明萬曆
高32.4厘米　口徑5.7厘米　足徑9.5厘米
清宮舊藏

**Blue and white prunus vase decorated with the Eight
Immortals design**
Wanli period, Ming Dynasty
Height: 32.4cm　Diameter of mouth: 5.7cm
Diameter of foot: 9.5cm
Qing court collection

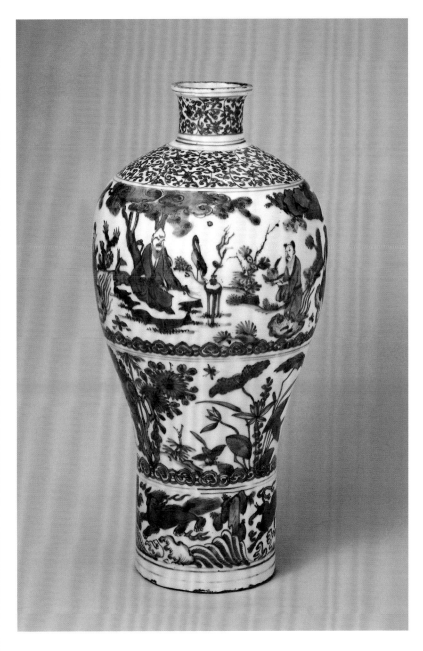

瓶唇口，短頸，圓肩，斂腹，平砂底。青花紋飾，器身以如意雲頭邊飾
間隔成三段通景圖，分別為八仙慶壽、四季花卉、海獸紋。頸、肩輔以
纏枝蓮紋錦地。

此件梅瓶雖為民窯之作，但構圖別致，用筆細膩，青花色澤也呈現層
次，同時期的藩王墓曾有類似的出土物。

163

青花仙人渡海圖梅瓶
明萬曆
通高67厘米　口徑11.4厘米　足徑14.6厘米
清宮舊藏

**Blue and white prunus vase decorated with design of
immortals crossing the sea**
Wanli period, Ming Dynasty
Overall height: 67cm　Diameter of mouth: 11.4cm
Diameter of foot: 14.6cm
Qing court collection

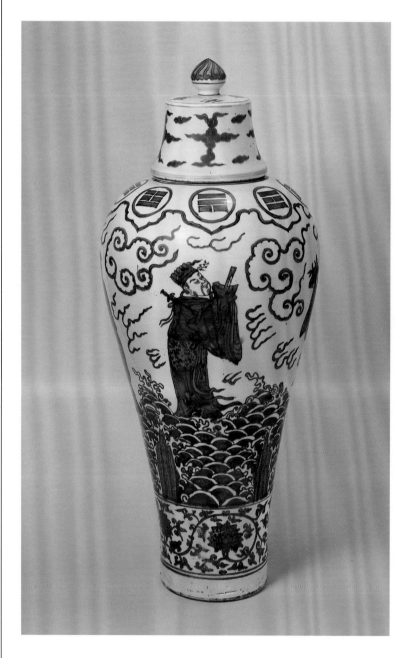

瓶身修長，底無釉露澀胎，寶珠頂蓋。青花紋飾，肩部圓形開光，內繪八卦，腹繪四仙渡海，仙人足踏海水江崖，四周祥雲環繞。蓋面飾雜寶，外壁繪朵雲紋。

此瓶製作刻意求工，人物描繪細膩傳神，青花呈色濃艷明麗，雖無款識，卻為上品。

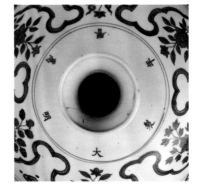

青花四愛圖梅瓶
明萬曆
高63.7厘米　口徑8.3厘米　足徑18厘米
清宮舊藏

Blue and white prunus vase with design of four literati with their own favourites
Wanli period, Ming Dynasty
Height: 63.7cm　Diameter of mouth: 8.3cm
Diameter of foot: 18cm
Qing court collection

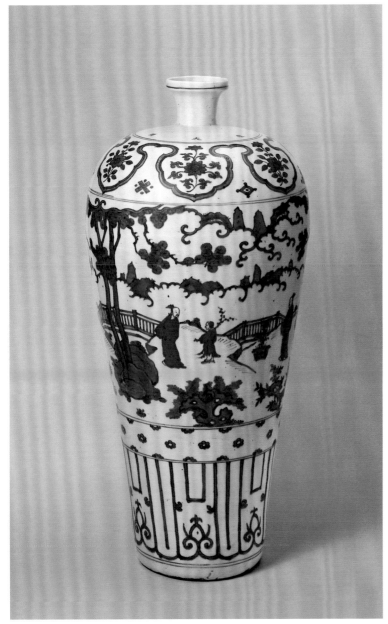

瓶唇口出沿，短頸，豐肩，長腹漸收，砂底。青花紋飾，肩繪如意形垂花，隙地點綴雜寶，瓶身通景繪《四愛圖》，分別為“羲之愛鵝”、“陶潛愛菊”、“浩然愛梅”、“茂叔愛蓮”；周圍以祥雲遠山、松柏、洞石、欄杆、盆景、花卉相襯托，近足處繪變形蕉葉及朵花紋。肩有青花環書“大明萬曆年製”楷書款。

青花魚藻紋蒜頭瓶

明萬曆
高37.5厘米　口徑7.7厘米　足徑18厘米

Blue and white vase with fish and seaweed design
Wanli period, Ming Dynasty
Height: 37.5cm　Diameter of mouth: 7.7cm
Diameter of foot: 18cm

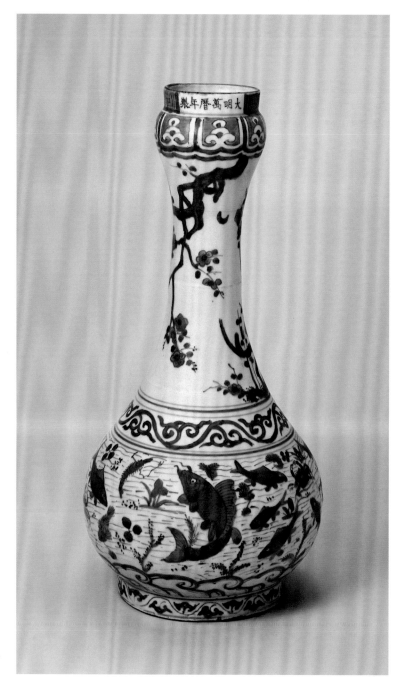

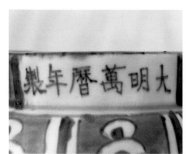

瓶蒜頭口，長頸，垂腹，圈足。青花紋飾，口沿繪蓮瓣，頸繪倒垂枝梅花映月，腹繪游魚戲水，伴以蓮花、茨菇、荷葉、浮萍等，輔以忍冬紋邊飾。外口沿青花橫書 "大明萬曆年製" 楷書款。

此種形體高大的蒜頭瓶多見於萬曆朝官窯，其蒜頭形直口較嘉靖時開闊，長頸較粗，造型與以往不同。

青花鴛鴦臥蓮紋瓶

明萬曆
高23厘米　口徑6.5厘米　足徑8.3厘米
清宮舊藏

**Blue and white vase with design of mandarin ducks and
lotus**
Wanli period, Ming Dynasty
Height: 23cm　Diameter of mouth: 6.5cm
Diameter of foot: 8.3cm
Qing court collection

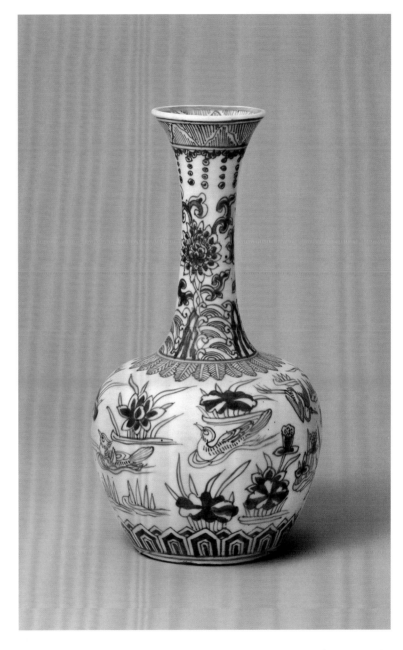

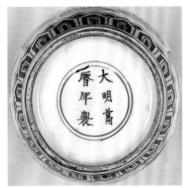

瓶撇口，長頸，豐肩，圓腹，圈足。器身通景青花繪鴛鴦臥蓮紋，一對
鴛鴦戲於水中，周圍飾蓮花荷葉、水草茨菇等，兩隻白鷺鷥飛於空中。
底青花雙圈內書"大明萬曆年製"楷書款。

此瓶製造於萬曆晚期，青花圖案以白描技法繪就，瓶口內外以花蕊與瓔
珞作邊飾，頗有新意。

青花纏枝蓮紋蒜頭瓶

明萬曆
高34.3厘米　口徑4.8厘米　足徑10.8厘米
清宮舊藏

Blue and white vase with interlocking lotus design
Wanli period, Ming Dynasty
Height: 34.3cm　Diameter of mouth: 4.8cm
Diameter of foot: 10.8cm
Qing court collection

167

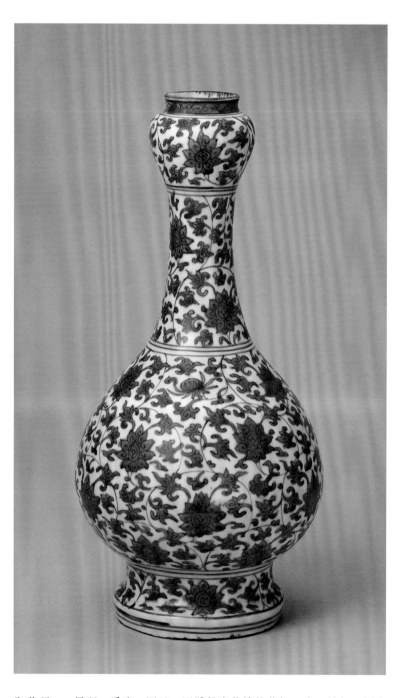

瓶蒜頭口，長頸，垂腹，圈足。通體飾青花纏枝蓮紋，畫工精細，圖案工整。

青花花鳥紋瓶

明萬曆
高25.6厘米　口徑6.4厘米　足徑11.6厘米
清宮舊藏

Blue and white vase with bird and flower design
Wanli period, Ming Dynasty
Height: 25.6cm　Diameter of mouth: 6.4cm
Diameter of foot: 11.6cm
Qing court collection

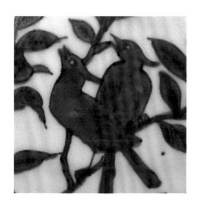

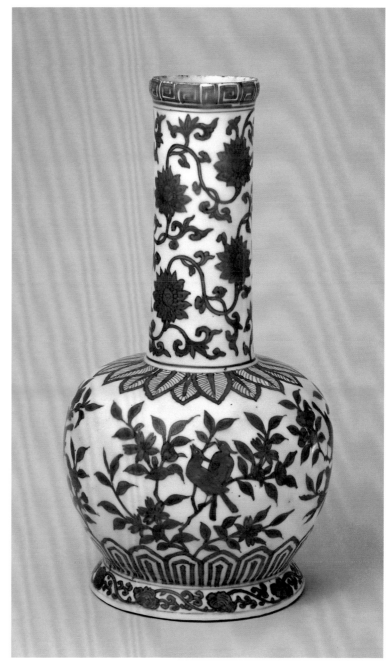

瓶唇口，筒形長頸，豐肩，鼓腹，圈足外撇。青花主體紋飾為折枝花鳥，輔以回紋、纏枝花、蕉葉、變形蓮瓣紋等。

此瓶青花鮮艷，紋飾規矩，尤以造型與眾不同，首開清代盛行的紙槌瓶與搖鈴尊的先河。

青花花鳥圖葫蘆瓶
明萬曆
高38厘米　口徑4.2厘米　足徑14厘米
清宮舊藏

**Blue and white calabash-shaped vase with bird and
flower design**
Wanli period, Ming Dynasty
Height: 38cm　Diameter of mouth: 4.2cm
Diameter of foot: 14cm
Qing court collection

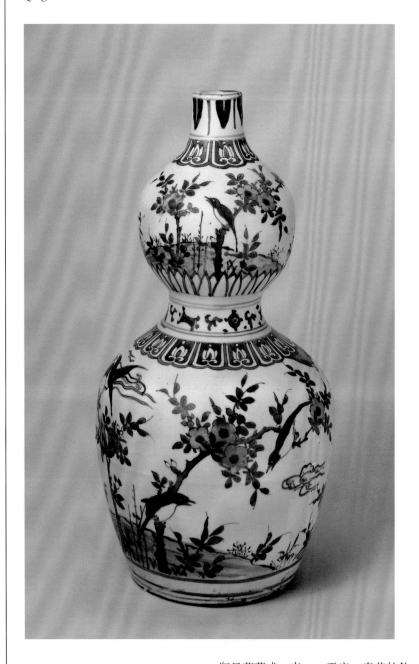

瓶呈葫蘆式，直口，平底。青花紋飾，器身以蓮瓣與雜寶間隔成上下兩
幅通景花鳥圖，均為喜鵲登梅，畫意生動，寓意吉祥。

這種小直口的葫蘆瓶應為萬曆朝中後期作品。

青花龍鳳紋活環耳瓶
明萬曆
高21.9厘米　口徑4.6厘米　足徑8.9厘米
清宮舊藏

Blue and white vase with two elephant-shaped ears
holding a movable ring decorated with dragon and
phoenix design
Wanli period, Ming Dynasty
Height: 21.9cm　Diameter of mouth: 4.6cm
Diameter of foot: 8.9cm
Qing court collection

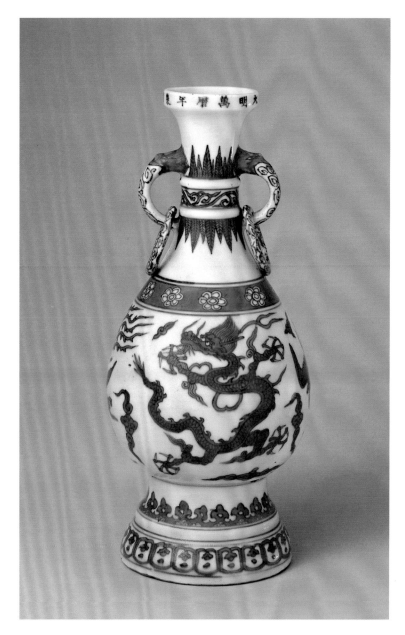

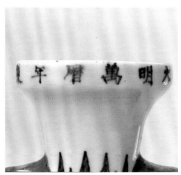

瓶盤口，細頸凸起二道弦紋，垂腹，足外撇，平砂底；頸兩側有雙象耳
套活環。青花主體紋飾為龍鳳呈祥，輔以蕉葉、忍冬、梅花、如意雲頭
紋等邊飾。外口沿青花橫書“大明萬曆年製”楷書款。

此瓶造型、紋飾承襲嘉靖朝，僅署款不同；後世清代康熙、雍正官窰有
仿，形神俱備，唯器底多遺旋痕。

青花龍鳳紋出戟尊
明萬曆
高21.9厘米　口徑15.7厘米　足徑11.3厘米
清宮舊藏

**Blue and white Zun with vertical flanges decorated with
dragon and phoenix design**
Wanli period, Ming Dynasty
Height: 21.9cm　Diameter of mouth: 15.7cm
Diameter of foot: 11.3cm
Qing court collection

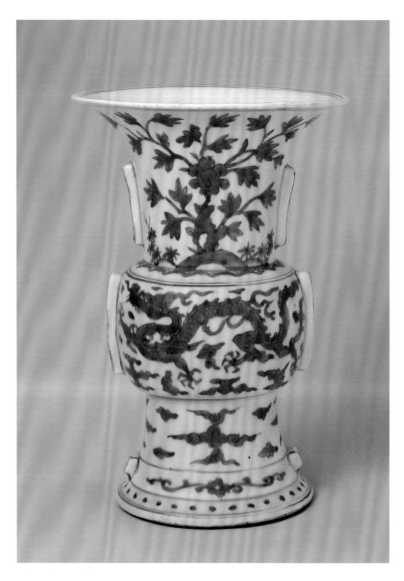

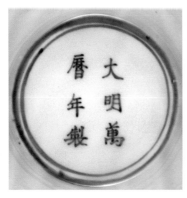

尊撇口，粗頸，鼓腹，足外撇。兩側對應出戟。青花紋飾，頸繪洞石牡丹，喻"長命富貴"；腹兩面分別繪雲龍與雲鳳紋，高足以雲紋、捲花、圈點紋裝飾。底青花雙圈內書"大明萬曆年製"楷書款。

此尊的造型源於古青銅器，明代中、晚期多見，為宮廷陳設用器。

172 | **青花八卦雲鶴紋出戟尊**
明萬曆
高22.8厘米　口徑14.7厘米　足徑10.5厘米
清宮舊藏

**Blue and white Zun with vertical flanges decorated with
design of cloud, cranes and the Eight Diagrams**
Wanli period, Ming Dynasty
Height: 22.8cm　Diameter of mouth: 14.7cm
Diameter of foot: 10.5cm
Qing court collection

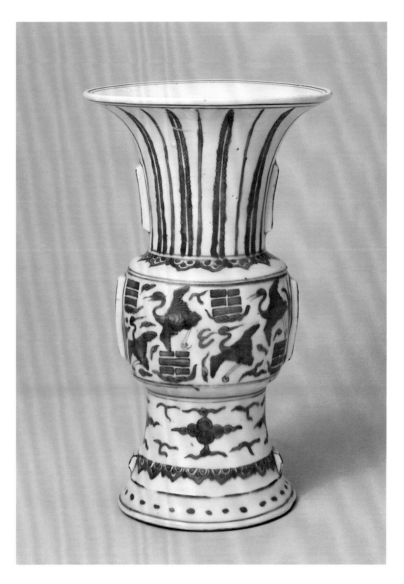

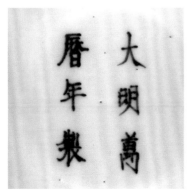

尊撇口，粗頸，鼓腹，高圈足中空外撇。兩側出戟。青花紋飾，頸飾長蕉葉紋，腹繪雲鶴八卦，足牆以如意雲頭紋、點紋裝飾。底青花書"大明萬曆年製"楷書款。

此器青花構圖不落窯白，以細長蕉葉頂天立地佈滿頸部，其下腹部的雲鶴與八卦紋上下錯落，別開生面。

青花異獸紋花觚
明萬曆
高76.5厘米　口徑22.6厘米　足徑19.3厘米

**Blue and white beaker-shaped vase with auspicious
animal design**
Wanli period, Ming Dynasty
Height: 76.5cm　Diameter of mouth: 22.6cm
Diameter of foot: 19.3cm

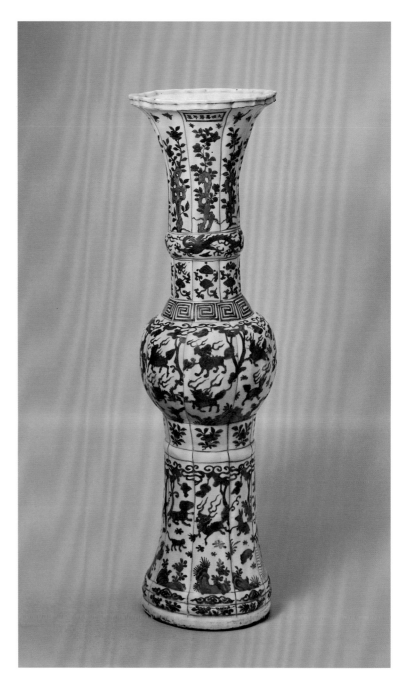

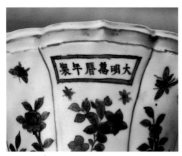

觚葵瓣式，花口，折沿，長頸，鼓腹，高足外撇。通體九層青花紋飾，
自上而下依次繪洞石花卉草蟲、雙龍穿花、折枝靈芝托寶、回紋、瑞
獸、折枝花卉等。口沿青花長方框內書"大明萬曆年製"楷書款。

此器造型別致，於傳統花觚中略勝一籌；青花紋飾繁縟，色澤艷麗，為
皇室佛前供器。

青花龍紋蟋蟀罐
明萬曆
通高7.3厘米　口徑9.3厘米　足徑8.9厘米

Blue and white cricket pot with dragon design
Wanli period, Ming Dynasty
Overall height: 7.3cm　Diameter of mouth: 9.3cm
Diameter of foot: 8.9cm

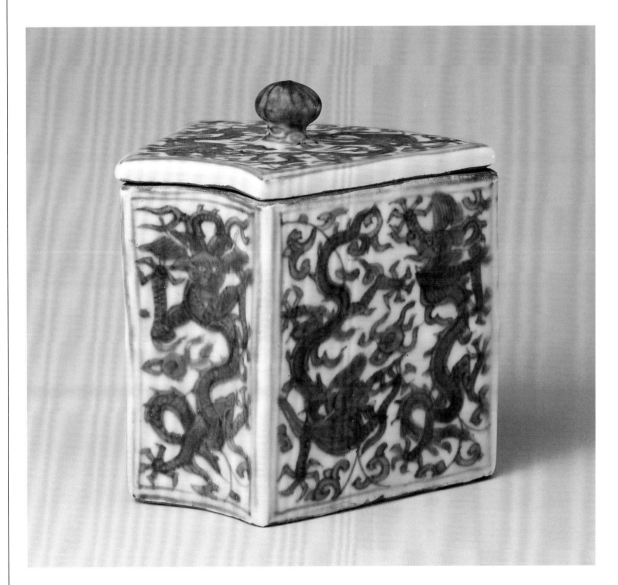

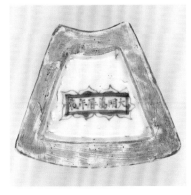

罐呈扇形,直腹,口底相若;平蓋,圓鈕。青花通體繪穿花龍紋。底青花長方框內書"大明萬曆年製"楷書款。

朱翊鈞是歷史上有名的怠政皇帝,久不御朝,沉迷於玩樂之中,故此時御窯廠奉命製作出了各式各樣新奇的蟋蟀罐,此器即為其中之一,扇形器身甚為別致。

青花四愛圖蓋罐

明萬曆

通高45.5厘米　口徑21厘米　足徑23.3厘米

Blue and white jar decorated with design of four literati with their own favourites

Wanli period, Ming Dynasty

Overall height: 45.5cm　Diameter of mouth: 21cm

Diameter of foot: 23.3cm

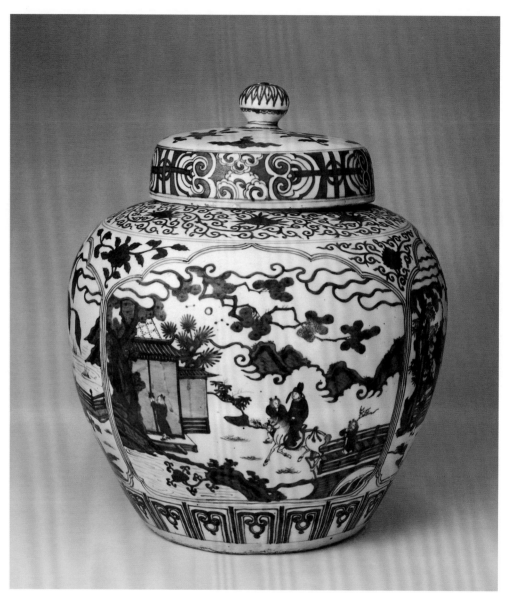

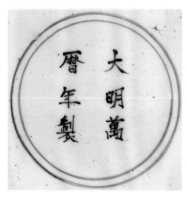

罐直口，短頸，圓肩，鼓腹，圈足；覆鉢式蓋，平頂寶珠鈕。青花紋飾，腹部蓮瓣式開光內繪《四愛圖》，表現四位高士愛鵝、愛菊、愛梅、愛蓮的故事。周圍有雲山草樹、洞石欄杆、蓮塘垂柳，近足處環飾蓮瓣紋；蓋面繪折枝花，口沿環飾十字結如意雲頭紋。底青花雙圈內書"大明萬曆年製"楷書款。

此器形體碩大，紋飾精美，體現了萬曆官窯青花大器的製作水平。

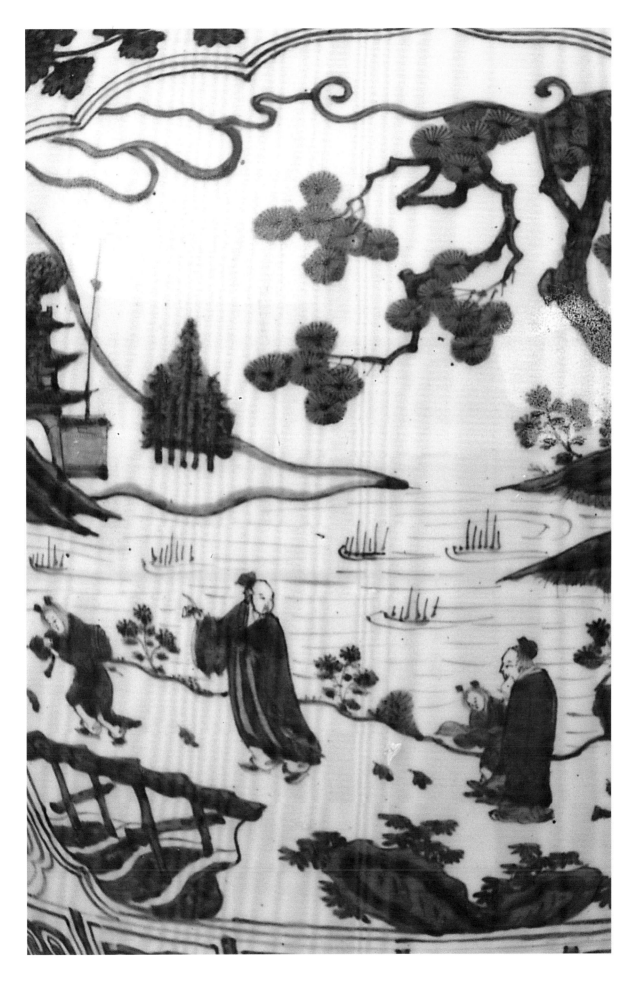

青花仕女圖罐
明萬曆
高13.8厘米　口徑10.5厘米　足徑13.5厘米

Blue and white jar decorated with beautiful women design
Wanli period, Ming Dynasty
Height: 13.8cm　Diameter of mouth: 10.5cm
Diameter of foot: 13.5cm

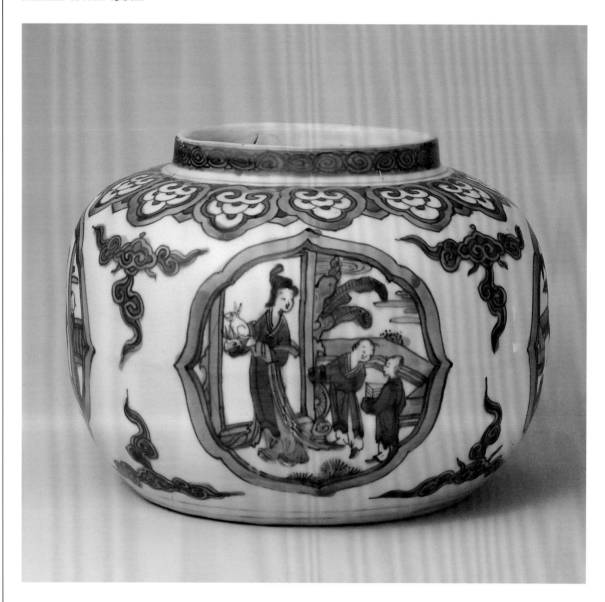

罐直口，豐肩，扁圓腹，豐底內凹。青花紋飾，口下飾圓圈紋，肩繪變形如意雲頭，腹四面棱形開光內繪《婦人課子圖》。

此件主題紋飾粉本出自同期的版畫《閨苑》中的《課子圖》。

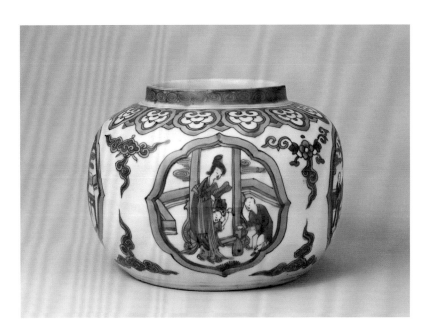

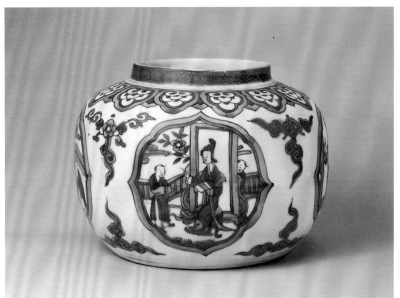

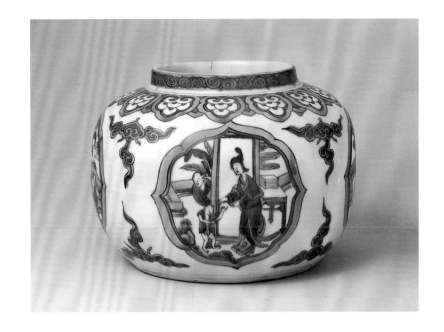

青花海水雲龍紋四足方爐

明萬曆

通高13.4厘米　口徑13.2×13.2厘米　足徑9×9厘米

清宮舊藏

Blue and white rectangular censer with design of clouds, dragons and waves

Wanli period, Ming Dynasty

Overall Height: 13.4cm　Diameter of mouth: 13.2 x 13.2cm

Diameter of foot: 9 x 9cm

Qing court collection

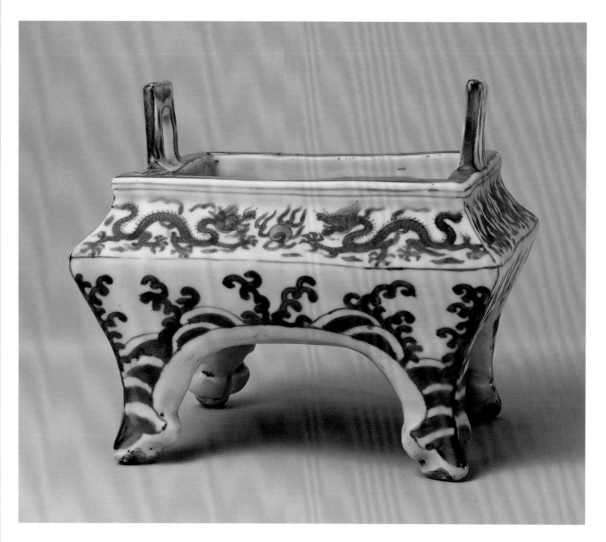

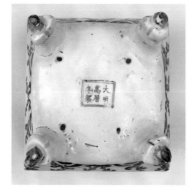

爐呈鼎式，四方形，如意形四足，兩側立方耳。青花紋飾，腹上部繪雙龍戲珠，下部繪海水浪花。底有四支燒釘痕，青花雙方框內書“大明萬曆年製”楷書款。

萬曆皇帝生母李太后崇佛，宮人稱她是菩薩的化身，尊為“九蓮菩薩”。故此時官窯製香爐甚多，且造型變化多端。

青花八卦紋三獸足爐
明萬曆
高13.5厘米　口徑14厘米　足徑9.5厘米
清宮舊藏

**Blue and white incense burner with animal-shaped feet decorated
with the Eight Diagrams design**
Wanli period, Ming Dynasty
Height: 13.5cm　Diameter of mouth: 14cm
Diameter of foot: 9.5cm
Qing court collection

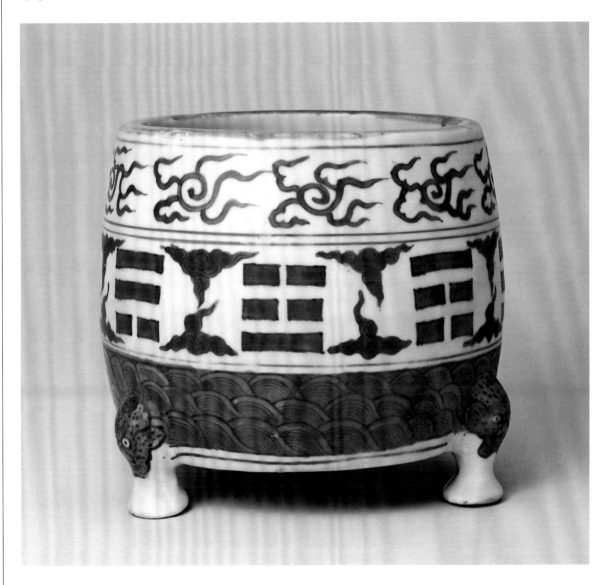

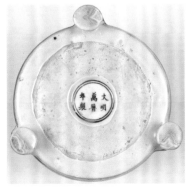

爐呈樽式，鼓腹，下承以三獸頭足。青花紋飾，繪火焰、八卦、海水、
雲紋。底白釉內有寬澀圈，中部凹進施釉若臍，青花雙圈內書"大明萬
曆年製"楷書款。

此爐構圖別致，爐身中部以祥雲間隔乾與坤、震與巽、艮與兌六卦，其
上下以火焰與水波象徵"離"與"坎"卦，構思巧妙，不可言狀。

青花雲鶴海馬紋三足爐
明萬曆
通高17厘米　口徑14厘米　足徑11厘米

**Blue and white incense burner with design of cloud,
cranes and sea-horses**
Wanli period, Ming Dynasty
Overall height: 17cm　Diameter of mouth: 14cm
Diameter of foot: 11cm

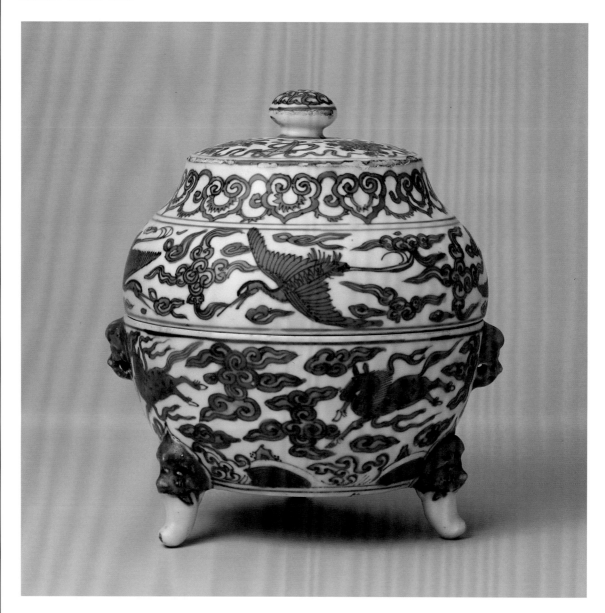

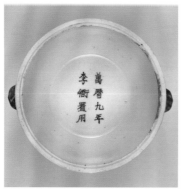

爐敞口，弧腹，細砂底，下承以三獸足；蓋平頂，圓鈕，高邊壁，子母口。青花紋飾，蓋鈕正中寫"福"字，平頂上繪花卉雜寶，邊壁上半部繪如意雲頭，下半部繪雲鶴；腹繪四海馬穿行於雲朵浪花之間。爐心青花書"萬曆九年李衙置用"楷書款。

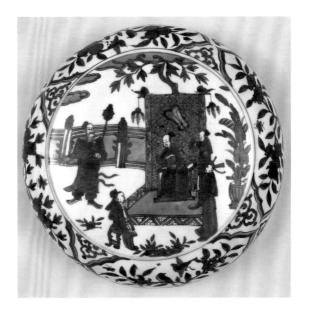

青花人物圖圓盒

180

明萬曆
高12.6厘米　口徑21厘米　足徑15.7厘米

Blue and white box with figure design
Wanli period, Ming Dynasty
Height: 12.6cm　Diameter of mouth: 21cm
Diameter of foot: 15.7cm

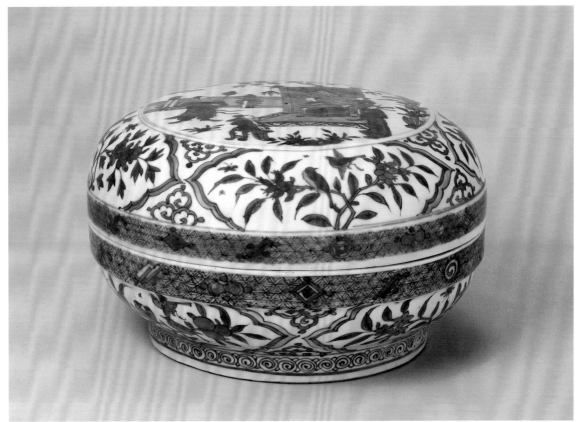

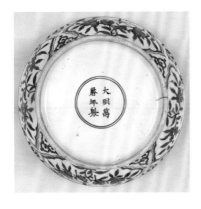

盒圓形，子母口，平頂，圈足。通體青花紋飾，盒身繪錦地十字寶杵紋；蓋面繪人物故事圖，周圍有影壁、欄杆、樹石花草，外壁有四開光，內飾折枝花鳥。底青花雙圈內書"大明萬曆年製"楷書款。

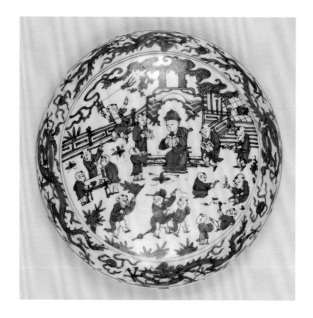

青花嬰戲圖圓盒
明萬曆
高11.3厘米　口徑20.3厘米　足徑16.2厘米
清宮舊藏

181

Blue and white box with design of children at play
Wanli period, Ming Dynasty
Height: 11.3cm　Diameter of mouth: 20.3cm
Diameter of foot: 16.2cm
Qing court collection

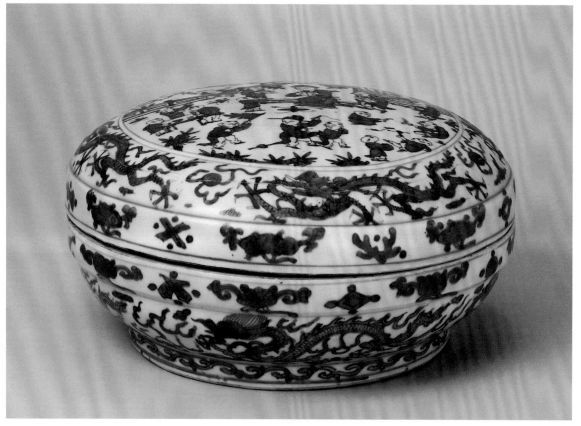

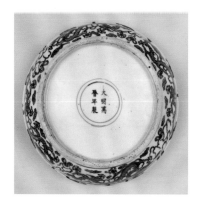

盒子母口，圈足，底心微塌。蓋面主題紋飾為開光嬰戲圖，繪十六個頑童在庭院中扮師教學、放風箏、騎竹馬……，嬉戲玩耍，稚趣可愛；周圍環飾雲龍趕珠、花卉、雜寶紋等。底青花雙圈內書"大明萬曆年製"楷書款。

此件青花色澤純正，濃艷清麗，紋飾構圖繁而不亂，用筆隨意生動。

青花松鹿紋盒
明萬曆
高3.2厘米　口徑3.4厘米　足徑2.8厘米
清宮舊藏

Blue and white box with pine and deer design
Wanli period, Ming Dynasty
Height: 3.2cm　Diameter of mouth: 3.4cm
Diameter of foot: 2.8cm
Qing court collection

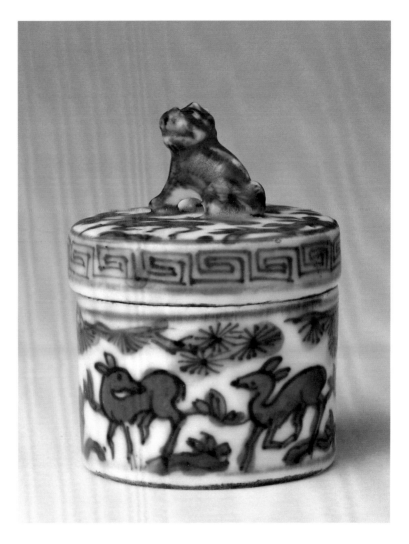

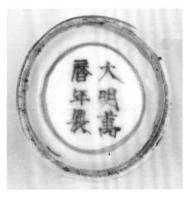

盒筒式，口底相若，圈足；平頂蓋，子母口。青花紋飾，盒身繪松柏雙鹿；蓋面塑麒麟鈕，鈕旁有一小繫，口沿繪回紋。底青花單圈內書"大明萬曆年製"楷書款。

萬曆官窯製盒，大可盈尺，小如板栗、牛眼。此盒小巧玲瓏，雕刻精細，工藝水平較高，為文房用具。

青花麒麟花鳥紋方盒
明萬曆
高10厘米　口徑12/9.8厘米　足徑12/12厘米

Blue and white square box with design of unicorn,
flowers and birds
Wanli period, Ming Dynasty
Height: 10cm　Diameter of mouth: 12/9.8cm
Diameter of foot: 12/12cm

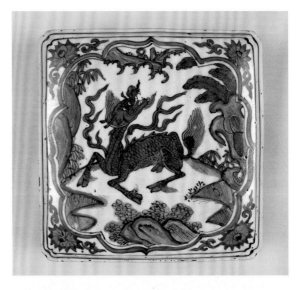

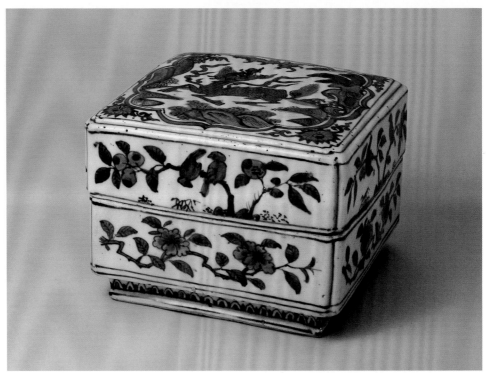

盒呈四方形，子母口。青花紋飾，外壁四面分繪不同的折枝花紋；蓋面
花瓣形開光內繪麒麟回首望月，周圍襯以山石、樹木、花草。

麒麟為傳說中的瑞獸，《名山藏》云："孔子將生，有麟吐玉書於闕
里。"此盒以麒麟入畫，寓"福增貴子"的祈願。

青花纏枝蓮紋委角長方盒

明萬曆

高7.5厘米　口徑12/9.8厘米　足徑10/7.5厘米

Blue and white rectangular box with flattend-angles decorated with design of interlocking sprays of lotus
Wanli period, Ming Dynasty
Height: 7.5cm　Diameter of mouth: 12/9.8cm
Diameter of foot: 10/7.5cm

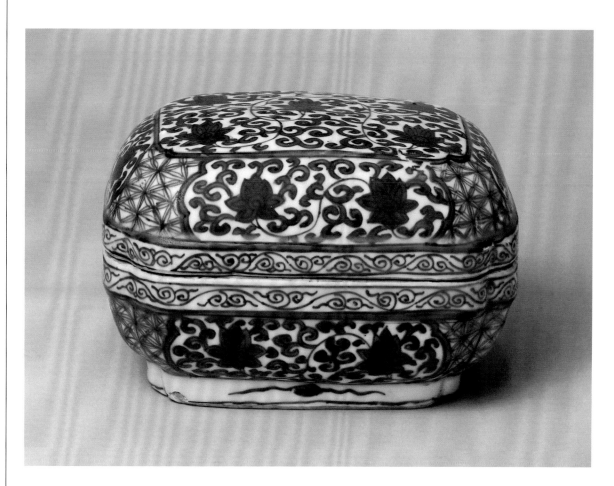

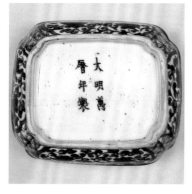

盒長方形，委角，子母口。通體青花錢紋錦地開光繪纏枝蓮花，口沿繪忍冬紋。底青花書“大明萬曆年製”楷書款。

此盒色澤藍中泛灰，為萬曆時青花瓷器使用“石子青”青料的典型製品。

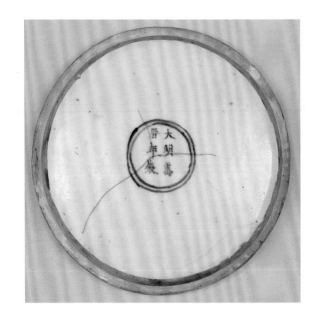

青花錦地開光花卉紋屜盒

185

明萬曆
高25.3厘米　口徑20厘米　足徑18厘米
清宮舊藏

Blue and white tiered box with floral design within reserved brocaded panels
Wanli period, Ming Dynasty
Height: 25.3cm　Diameter of mouth: 20cm
Diameter of foot: 18cm
Qing court collection

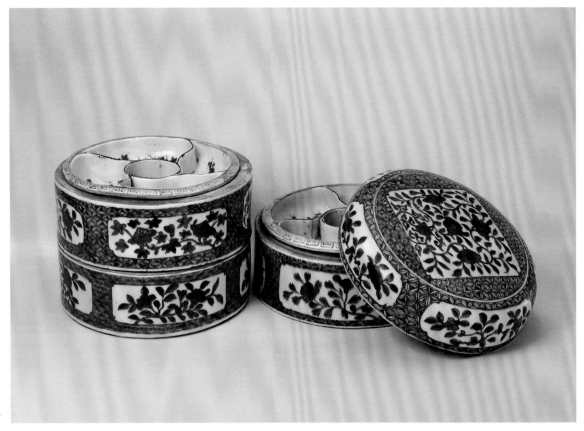

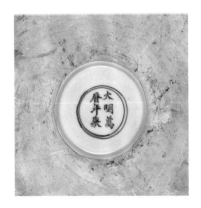

盒圓筒式，三屜，上有蓋，中間兩屜附花瓣形格碟；底心凹進，施釉若臍。通體青花繪錢紋錦地長方形開光，內飾折枝四季花卉；格內繪折枝花，口邊繪回紋。底青花雙圈內書"大明萬曆年製"楷書款。

萬曆朝青花瓷器的造型最為多樣，常見的瓷盒，有圓形、桃形、長方形、長方委角形和帶屜式、銀錠式、方勝式、牛眼式、天蓋地式等。此屜盒青花色調純正，錦地開光新穎獨特，工藝製作細緻，為萬曆官窯瓷器的代表作。

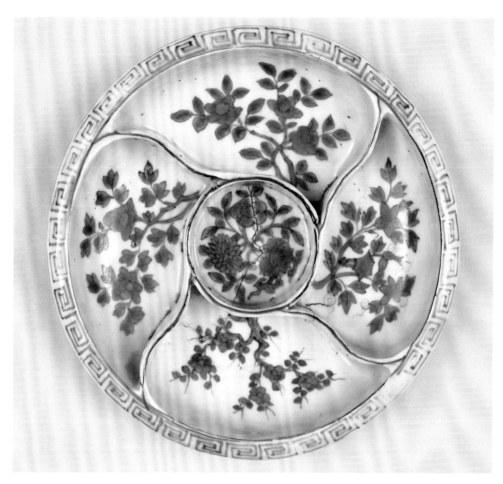

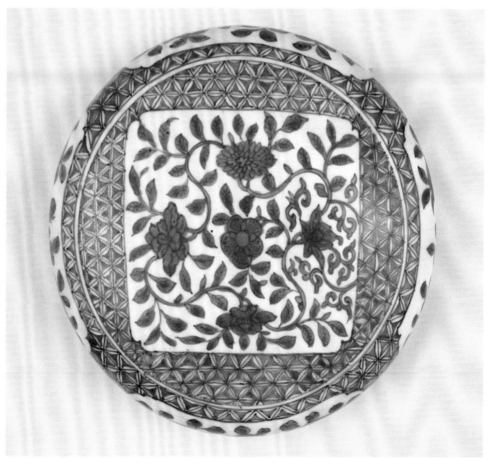

青花雲龍紋鏤空長方盒
明萬曆
高11.1厘米　口徑29/18.2厘米
足徑25/18.2厘米

**Blue and white rectangular box with design of
dragons and clouds in openwork**
Wanli period, Ming Dynasty
Height: 11.1cm　Diameter of mouth: 29/18.2cm
Diameter of foot: 25/18.2cm

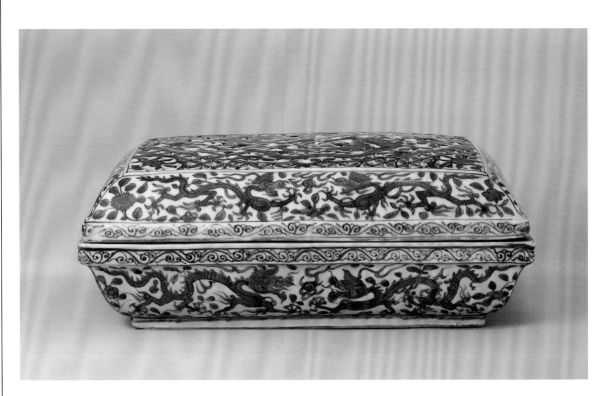

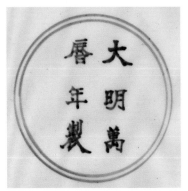

盒長方形。通體青花裝飾，盒身及蓋外壁飾雙龍穿花紋，蓋面菱形開光內飾鏤空雙雲龍紋。底青花雙圈內書"大明萬曆年製"楷書款。

此盒紋飾繁縟，幾乎是見縫插針，代表了萬曆官窯的繪畫風格。

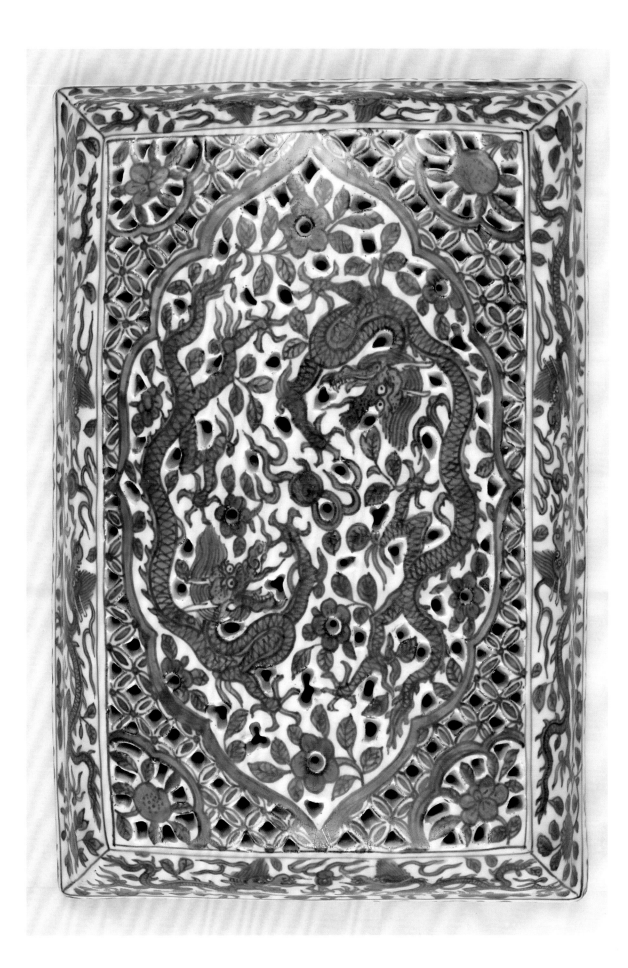

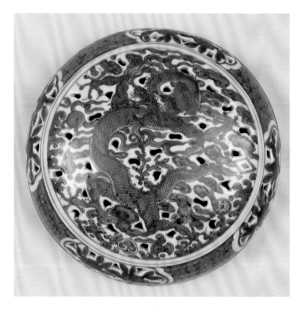

青花雲龍紋鏤空盒

明萬曆

高12厘米　口徑22.2厘米　足徑17厘米

187

Blue and white box with design of clouds and dragon in openwork

Wanli period, Ming Dynasty

Height: 12cm　Diameter of mouth: 22.2cm

Diameter of foot: 17cm

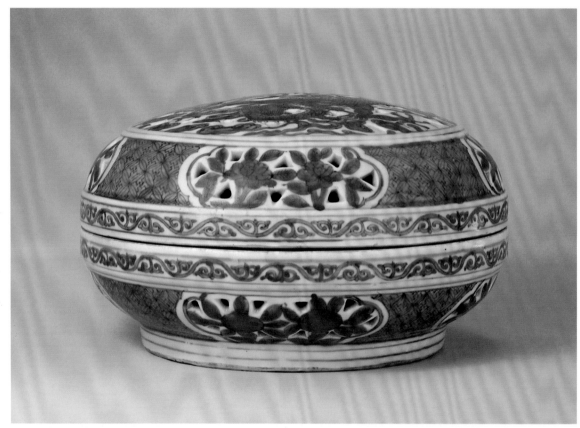

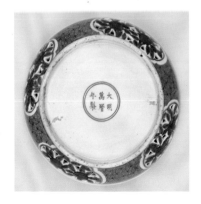

盒圓形，子母口，圈足。青花鏤空裝飾，盒身飾錢紋錦地開光花卉紋，蓋面飾開光雲龍戲珠。底青花雙圈內書“大明萬曆年製”楷書款。

此盒胎厚體重，青花藍中泛灰，是萬曆時的代表作。其龍紋形象獨特，粉本應出自同期畫家丁雲鵬之手。

青花雙龍紋盂

188

明萬曆
高10.2厘米　口徑9厘米　足徑8.9厘米
清宮舊藏

Blue and white Yu (receptacle for water) with two dragon design
Wanli period, Ming Dynasty
Height: 10.2cm　Diameter of mouth: 9cm
Diameter of foot: 8.9cm
Qing court collection

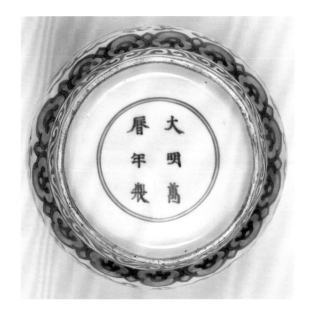

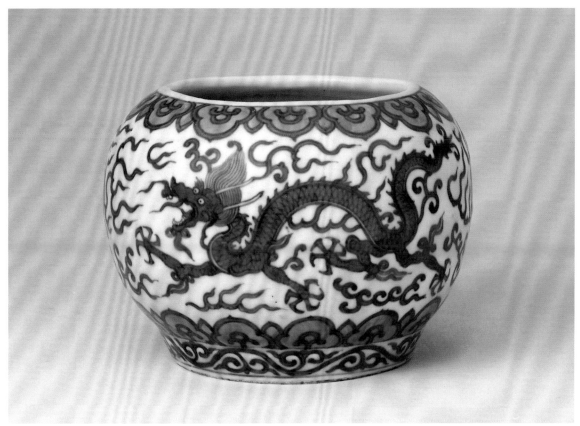

盂口內斂，豐肩，鼓腹，腹下漸收，圈足。主體青花紋飾為雙龍趕珠，上下輔以如意雲頭紋邊飾。底青花雙圈內書"大明萬曆年製"楷書款。

此器胎薄體輕，釉面白潤，青花明艷，紋飾精美，是晚明官窯瓷器中的佳作。

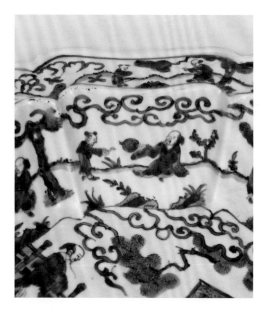

青花人物圖盆
明萬曆
高9.3厘米　口徑35.5厘米　足徑25厘米
清宮舊藏

Blue and white washbasin with figure design
Wanli period, Ming Dynasty
Height: 9.3cm　Diameter of mouth: 35.5cm
Diameter of foot: 25cm
Qing court collection

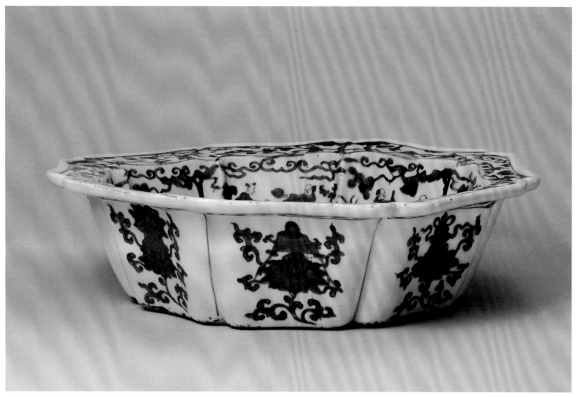

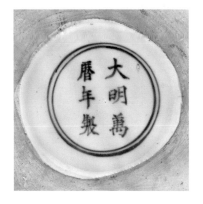

盆八方菱花式，折沿，直壁，平底。通體青花紋飾，口沿、盆心及邊壁分別繪不同的人物故事，外壁飾蓮扥八寶紋。底青花雙圈內書"大明萬曆年製"楷書款。

此種折沿盆為萬曆朝官窰新創的造型，供皇室盥洗之用。

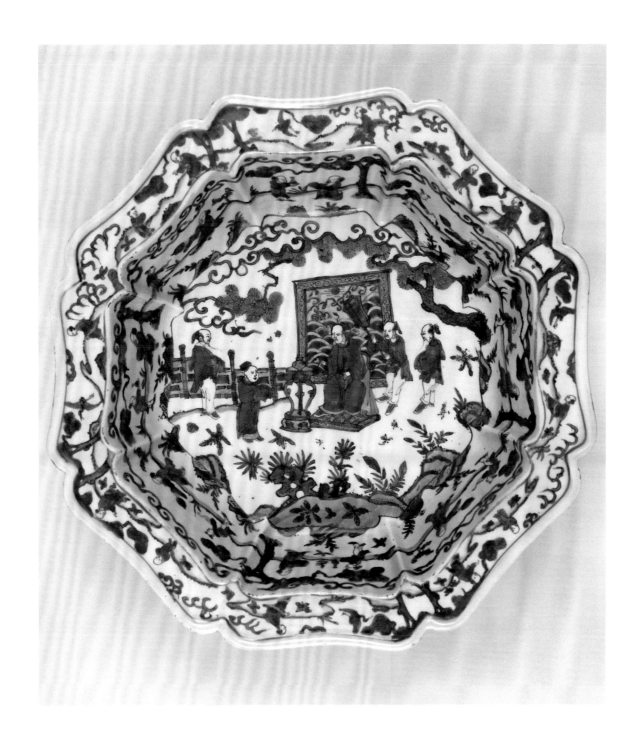

青花龍紋筆架
明萬曆
高10.1厘米　底徑15.5厘米

Blue and white brush-rest with dragon design
Wanli period, Ming Dynasty
Height: 10.1cm
Diameter of bottom: 15.5cm

190

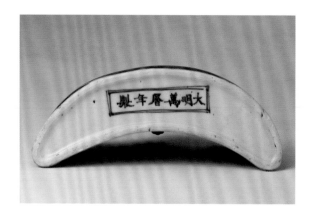

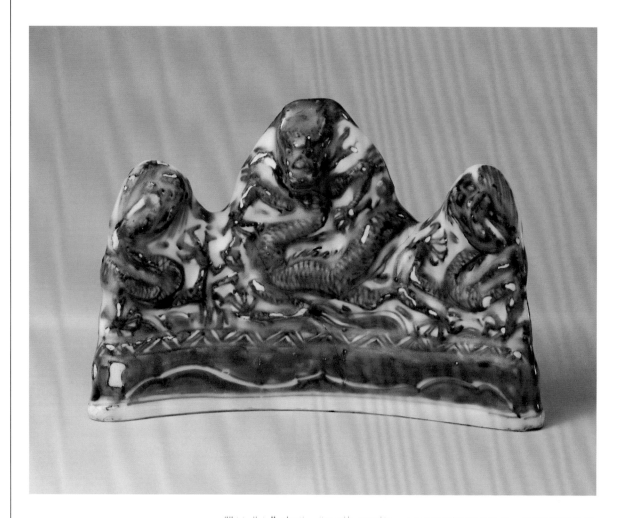

器呈"山"字形，塑三條立行龍，中間正面龍怒目伸爪，兩側龍昂首呼應。基座為海水江崖紋，下呈几形，彎月狀足。底長方框內青花橫書"大明萬曆年製"楷書款。

此種三龍筆架為萬曆官窯創新之作。

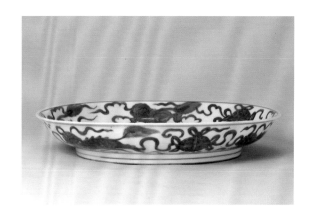

191

青花獅球紋盤
明萬曆
高4.4厘米　口徑25.2厘米　足徑17.1厘米
清宮舊藏

Blue and white plate with design of lions sporting with a ball
Wanli period, Ming Dynasty
Height: 4.4cm　Diameter of mouth: 25.2cm
Diameter of foot: 17.1cm
Qing court collection

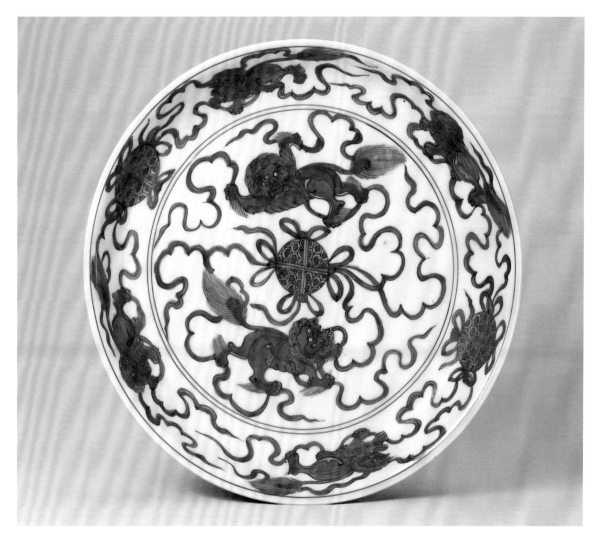

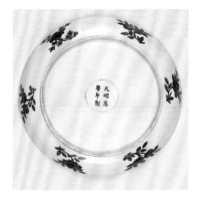

盤撇口，弧壁，圈足。通體青花繪雙獅滾繡球，隙地繪飄舞的綢帶。底青花雙圈內書"大明萬曆年製"楷書款。

獅子戲球為習見的傳統紋樣，寓意吉祥。萬曆青花瓷上的獅紋形象頗有稚趣，頭大呈圓形，前爪揮舞飄帶，如同頑童。

青花人物圖盤
明萬曆
高4.2厘米　口徑27.2厘米　足徑18.9厘米

Blue and white plate with figure design
Wanli period, Ming Dynasty
Height: 4.2cm　Diameter of mouth: 27.2cm
Diameter of foot: 18.9cm

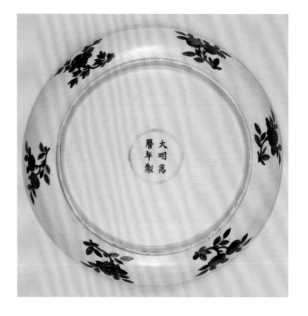

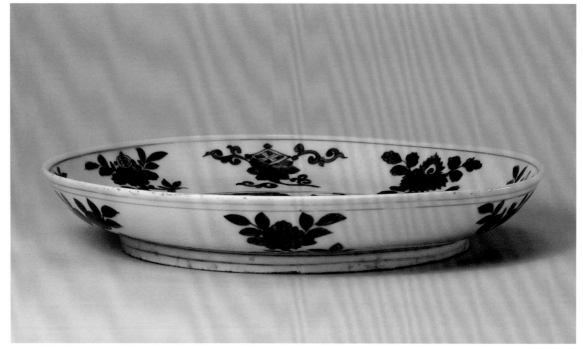

盤敞口，淺弧壁，圈足，塌底。盤心青花主體紋飾繪《會友圖》，兩位避世清談的高士，悠遊相遇，拱手施禮，侍童捧書在側，其周圍景色宜人，有山石、芭蕉、松樹、花草等；裏壁環飾折枝花托雜寶；外壁繪四季折枝花。底青花雙圈內書"大明萬曆年製"楷書款。

此件胎薄體輕、製作規整、繪工精細，青花色澤明艷，為萬曆時官窰中的珍品。

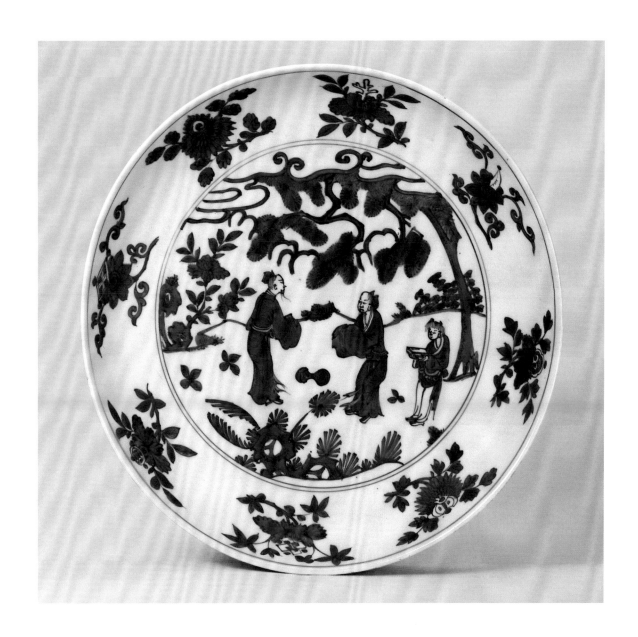

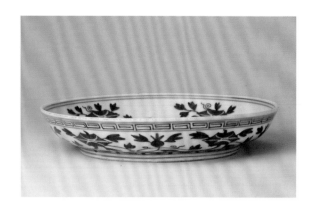

青花纏枝牽牛花紋盤
明萬曆
193 高2.7厘米　口徑16.8厘米　足徑11.2厘米

Blue and white plate with design of interlocking sprays of morning glory
Wanli period, Ming Dynasty
Height: 2.7cm　Diameter of mouth: 16.8cm
Diameter of foot: 11.2cm

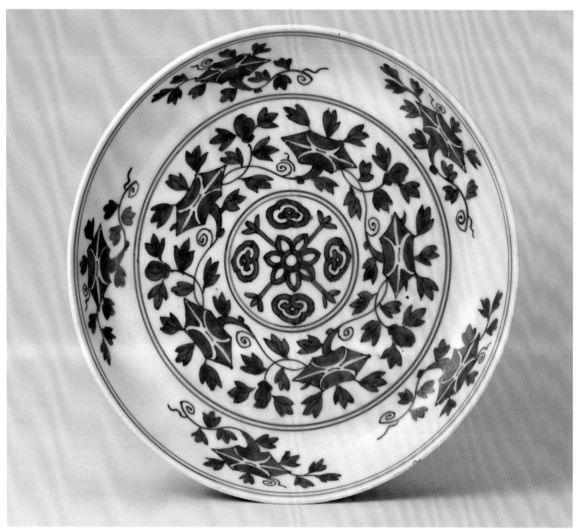

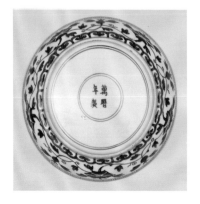

盤敞口，弧壁，圈足。主體青花繪纏枝牽牛花，花變形呈六方形，花芯留白，呈畫戟形。外口沿下繪回紋。底青花雙圈內書“萬曆年製”楷書款。

自明初宣德以後，瓷畫中鮮見牽牛花，此時再現，並將其抽象變形，令人耳目一新。

210

青花梵文蓮瓣盤

明萬曆
高15.5厘米　口徑18.5厘米　足徑5.5厘米

Blue and white lotus-petal-shaped plate with Sanskrit
Wanli period, Ming Dynasty
Height: 15.5cm　Diameter of mouth: 18.5cm
Diameter of foot: 5.5cm

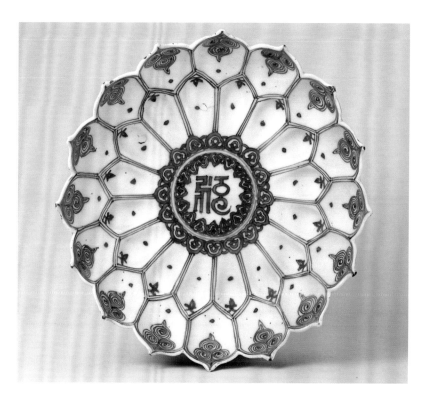

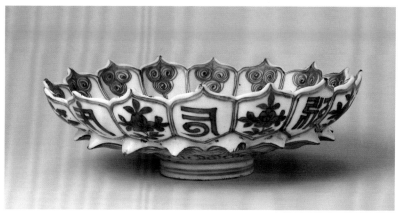

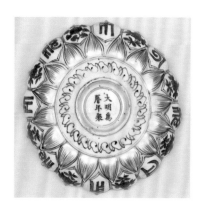

盤由雙層蓮瓣組成，每層十六瓣，圈足。通體青花紋飾，中心書梵文，裏壁蓮瓣上繪草花，外壁蓮瓣上飾螺旋紋及梵文、折枝花紋。底青花雙圈內書"大明萬曆年製"楷書款。

萬曆時，明朝廷與藏傳佛教中格魯派的教主三世達賴索南嘉措往來密切，黃教文化滲透於宮廷，這件梵文盤的製作即與此有關。

青花地留白花果紋盤
明萬曆
高5.5厘米　口徑31.5厘米　足徑20.5厘米

**Blue and white plate with white design of flowers and
fruits over a blue ground**
Wanli period, Ming Dynasty
Height: 5.5cm　Diameter of mouth: 31.5cm
Diameter of foot: 20.5cm

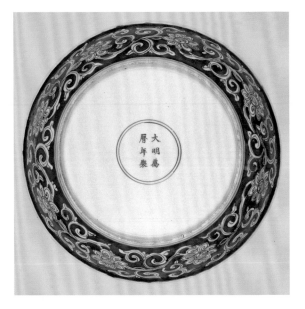

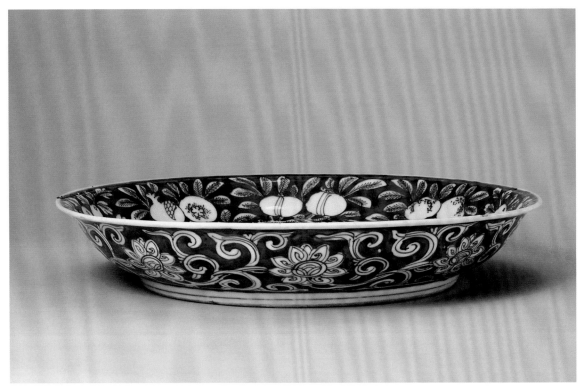

盤敞口，弧壁，圈足。通體青花紋飾，盤心以青花地留白綫描纏枝牡
丹，裏壁繪四季花果；外壁繪纏枝牡丹紋。底青花雙圈內書"大明萬曆
年製"楷書款。

青地留白工藝始於元代，是在素瓷坯上，以鈷藍勾出紋飾輪廓，在其外
渲染青色，形成青地白花。萬曆時在承襲前朝基礎上又有改變，其時的
青地留白以細筆勾繪，綫條挺拔，具有硬筆畫的藝術效果。

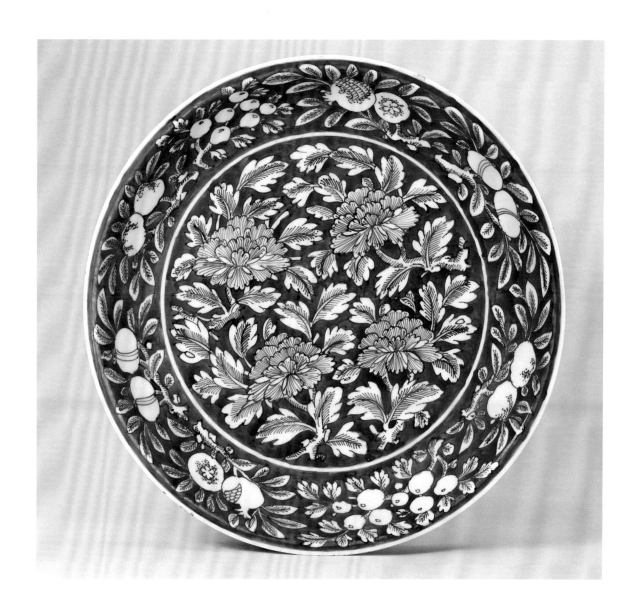

青花龍鳳紋碗
明萬曆
高3厘米　口徑10.8厘米　足徑5厘米

Blue and white bowl with design of dragons and phoenixes
Wanli period, Ming Dynasty
Height: 3cm　Diameter of mouth: 10.8cm
Diameter of foot: 5cm

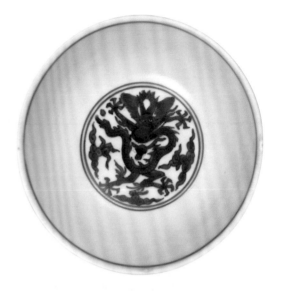

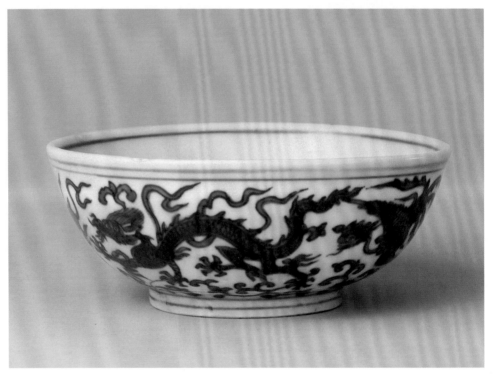

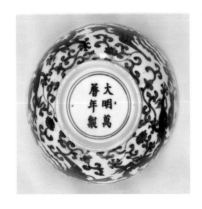

碗撇口，淺腹，底心凸起，圈足。青花紋飾，碗心繪正面雲龍；外壁繪穿花龍鳳。底青花雙圈內書"大明萬曆年製"楷書款。

青花瓷常以單一的龍穿花或鳳穿花作裝飾紋樣，如上以龍鳳共穿花者鮮見。

青花仕女圖碗
明萬曆
高8.2厘米　口徑22.1厘米　足徑8.9厘米

Blue and white bowl with design of beautiful women
Wanli period, Ming Dynasty
Height: 8.2cm　Diameter of mouth: 22.1cm
Diameter of foot: 8.9cm

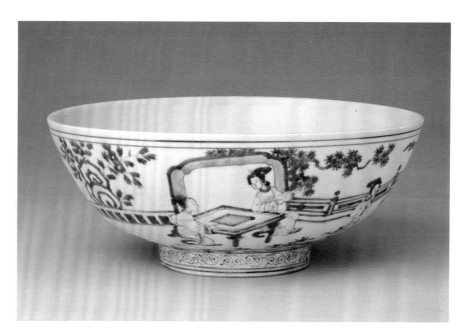

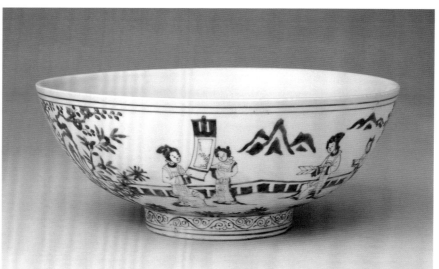

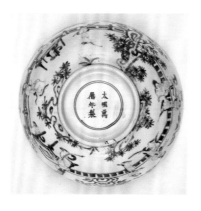

碗敞口，塌底，圈足。外壁青花繪仕女撫琴、對弈、閱卷、賞畫。周圍
有高山、溪水、樹石、欄杆。底青花雙圈內書"大明萬曆年製"楷書
款。

此碗造型、紋飾追摹明初宣德官窯青花瓷，但青花用料已與之不同。

青花三友圖碗
明萬曆
高10厘米　口徑21厘米　足徑8.2厘米
清宮舊藏

Blue and white bowl with design of three friends
Wanli period, Ming Dynasty
Height: 10cm　Diameter of mouth: 21cm
Diameter of foot: 8.2cm
Qing court collection

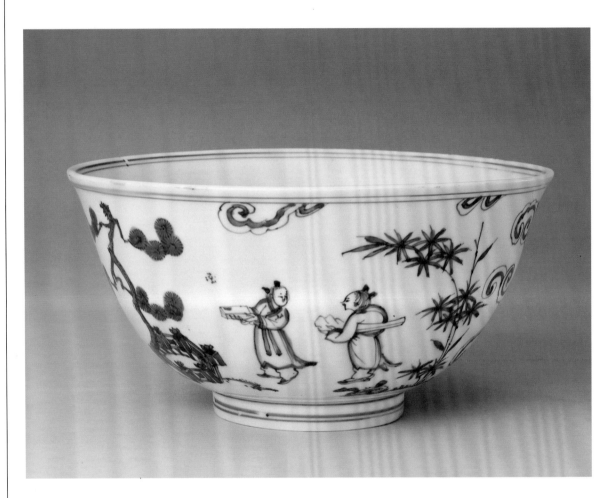

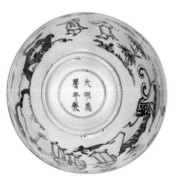

碗撇口，深弧壁，圈足。青花紋飾，碗心繪松、竹、梅，外壁繪三高士前行，二書童捧書及古琴隨後，周圍祥雲環繞，有殿宇、樓閣、欄杆、花草、仙鶴等。底青花雙圈內書"大明萬曆年製"楷書款。

此碗為萬曆晚期官窰之作，青花淺淡，構圖疏朗；紋飾內外呼應，以松竹梅"歲寒三友"喻遠離濁世的三位高士，寓意深長。

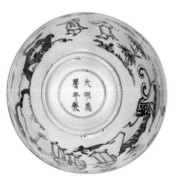

216

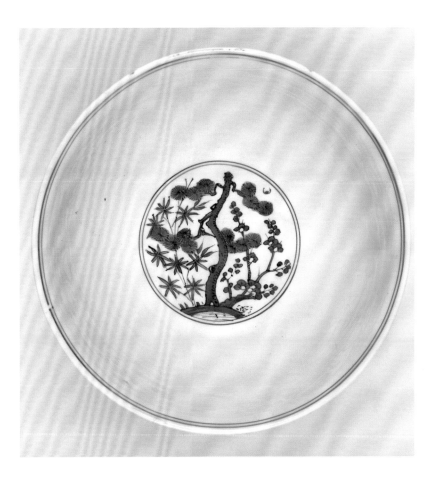

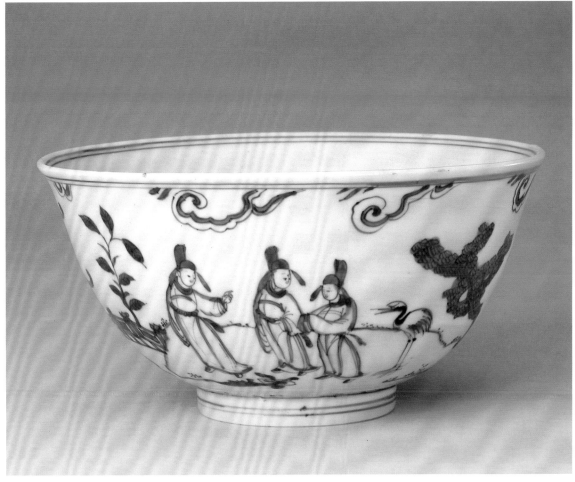

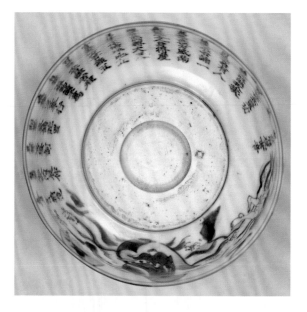

青花經文觀音像碗

明萬曆
高7.6厘米　口徑16.5厘米　足徑7厘米

Blue and white bowl decorated with portrait of Avalokitesvara and Buddhist scripture
Wanli period, Ming Dynasty
Height: 7.6cm　Diameter of mouth: 16.5cm
Diameter of foot: 7cm

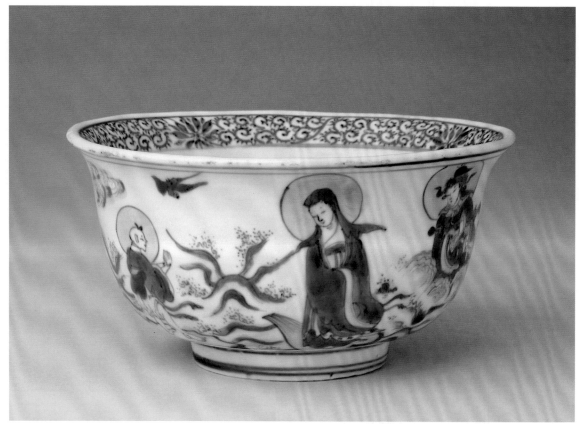

碗撇口，弧壁，玉璧底。青花紋飾，碗心楷書"南無無量壽佛"六字，環以纏枝花紋；外壁繪觀音像，渡海觀音居中，腳下波浪翻騰。善財童子合掌相拜，韋馱身着戎裝，雙手合十，橫置金剛杵護法。一側青花楷書經文一百十二字，首為"南無大慈大悲救苦救難觀世音菩薩"，落款為"皇明萬曆四十四年歲次丙辰仲冬月　吉日精造"。

此件青花設色清淡，富有層次，人物形象準確而生動；最為珍貴的是署有紀年款，以往認為康熙時始有的斜削式細砂拱壁底，卻以此首開先河。

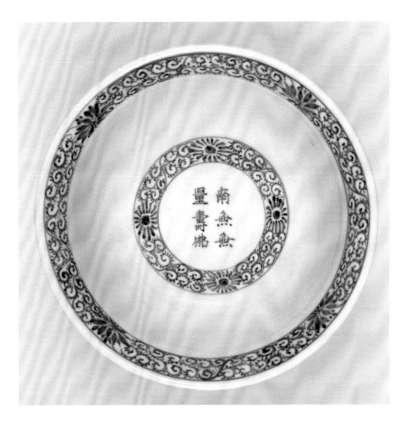

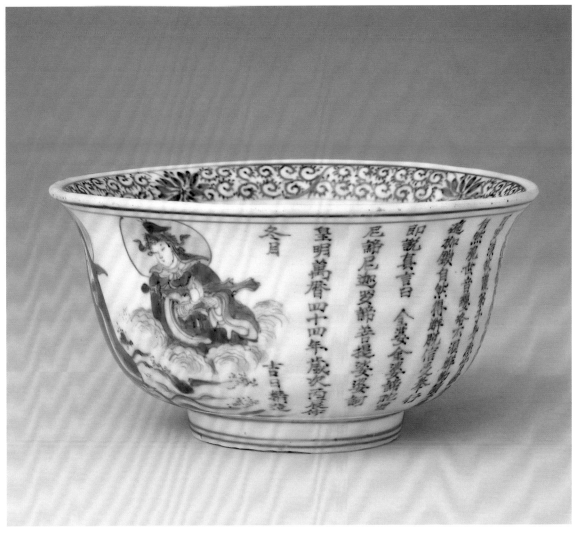

青花進寶圖碗

200

明萬曆
高8.4厘米　口徑17.5厘米　足徑7.7厘米
清宮舊藏

Blue and white bowl with the scene of Hu peoples
holding tributes to be offered
Wanli period, Ming Dynasty
Height: 8.4cm　Diameter of mouth: 17.5cm
Diameter of foot: 7.7cm
Qing court collection

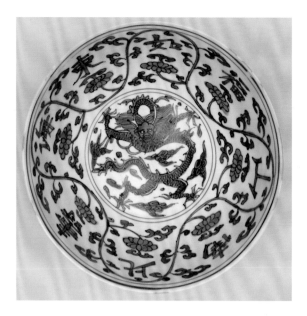

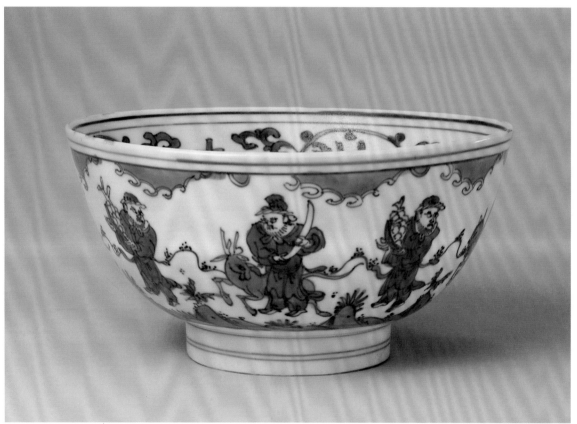

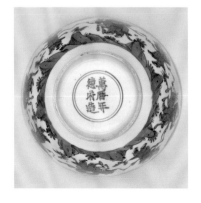

碗敞口，弧壁，圈足。青花紋飾，碗心繪正面龍，周圍以纏枝蓮托吉語"福如東海，壽比南山"，外壁繪八個手捧寶物的胡人。底青花雙圈內書"萬曆年德府造"楷書款。

此件為萬曆時藩王府定製的祝壽禮品。

220

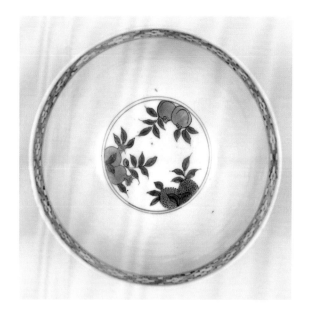

青花海屋添籌圖碗

明萬曆
高6.5厘米　口徑12厘米　足徑4.3厘米

Blue and white bowl with figure design
Wanli period, Ming Dynasty
Height: 6.5cm　Diameter of mouth: 12cm
Diameter of foot: 4.3cm

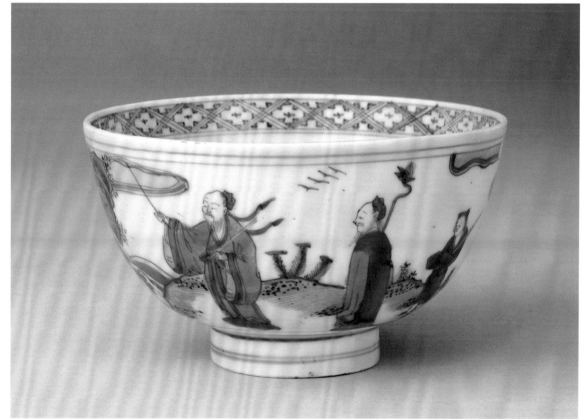

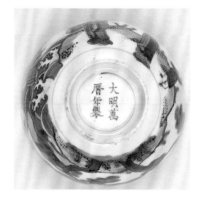

碗敞口，深弧壁，圈足。青花紋飾，碗心飾石榴、蟠桃、荔枝三生瑞果；外壁繪《海屋添籌圖》，底青花雙圈內書"大明萬曆年製"楷書款。

"海屋添籌"故事見於《東坡志林》，文中説：嘗有老人相遇，或問之年。一老人曰："海水變桑田時，吾輒下一籌，爾來吾籌已滿十間屋。"此青花所畫正是這一場景，仙翁對答間將一籌碼舉起，欲投向海中樓閣。其青花淺淡，構圖疏朗，人物頗有意趣，不失為萬曆晚期的官窰佳作。

青花海水異獸紋碗
明萬曆
高5厘米　口徑9.4厘米　足徑4.4厘米

Blue and white bowl with design of seawater and strange beasts
Wanli period, Ming Dynasty
Height: 5cm　Diameter of mouth: 9.4cm
Diameter of foot: 4.4cm

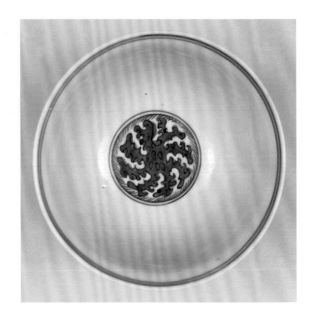

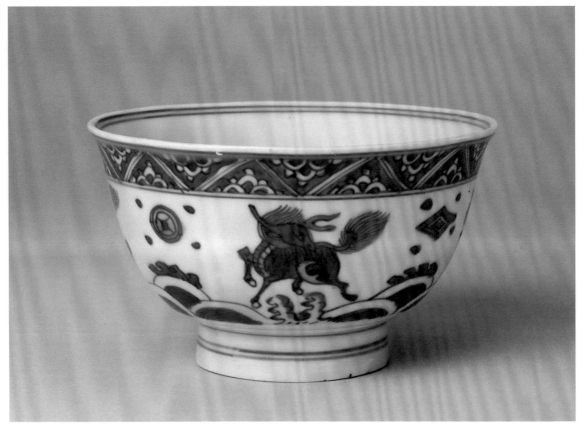

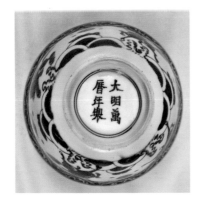

碗撇口，弧壁，圈足。青花紋飾，碗心飾青花地留白團浪紋；外壁繪四獨角瑞獸迎風踏浪。底青花雙圈內書"大明萬曆年製"楷書款。

此件為萬曆晚期的官窯青花瓷，特點是胎薄體輕，青花色澤略顯淺淡。

青花花果紋碗
明萬曆
高4厘米　口徑10.9厘米　足徑5厘米

Blue and white bowl with design of flowers and fruits
Wanli period, Ming Dynasty
Height: 4cm　Diameter of mouth: 10.9cm
Diameter of foot: 5cm

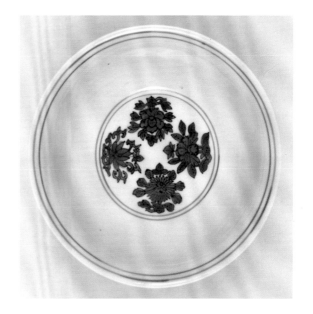

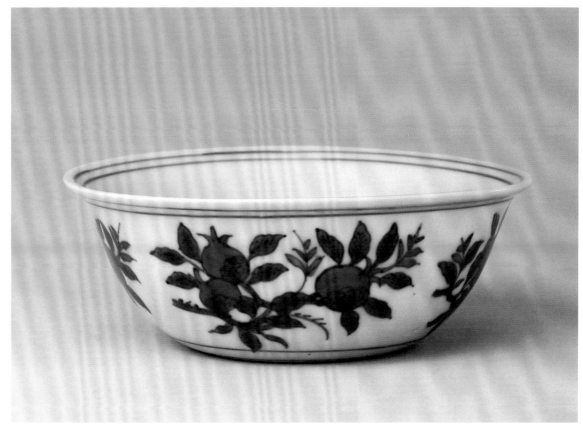

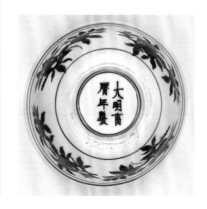

碗撇口，淺壁，臥足，平底。青花紋飾，碗心飾牡丹、蓮、菊、梔子四種折枝花卉，外壁飾折枝花果。底青花雙圈內書"大明萬曆年製"楷書款。

此器外壁花果紋飾含"福壽"吉祥之意。

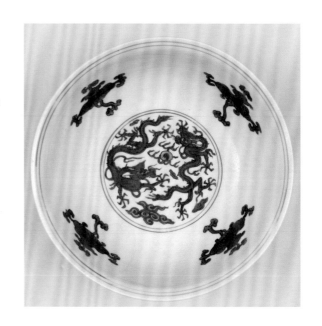

青花盆景花果紋碗

明萬曆
高8.3厘米　口徑19.6厘米　足徑9厘米
清宮舊藏

Blue and white bowl with design of potted flowers and fruits
Wanli period, Ming Dynasty
Height: 8.3cm　Diameter of mouth: 19.6cm
Diameter of foot: 9cm
Qing court collection

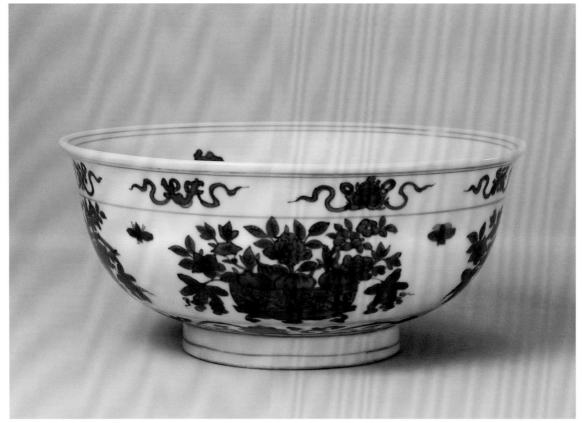

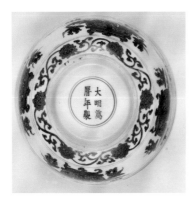

碗撇口，淺弧壁，圈足，底心微塌。青花紋飾，碗心飾雙龍戲珠紋，裏壁分飾四靈芝仙草；外口環以雜寶，外壁飾盆景花果，蜂蝶飛舞。底青花雙圈內書"大明萬曆年製"楷書款。

盆景花果為此時青花瓷中新出現的圖案，又稱為"萬寶仰成"，以百花盛開，百果盈盤，喻"太平盛世"。

224

青花纏枝葡萄紋碗
明萬曆
高5.5厘米　口徑11厘米　足徑4.5厘米

Blue and white bowl with design of interlocking grapes
Wanli period, Ming Dynasty
Height: 5.5cm　Diameter of mouth: 11cm
Diameter of foot: 4.5cm

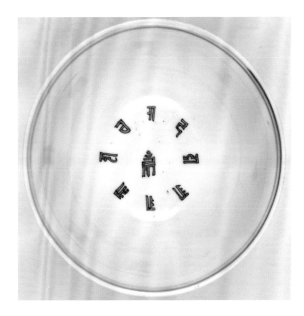

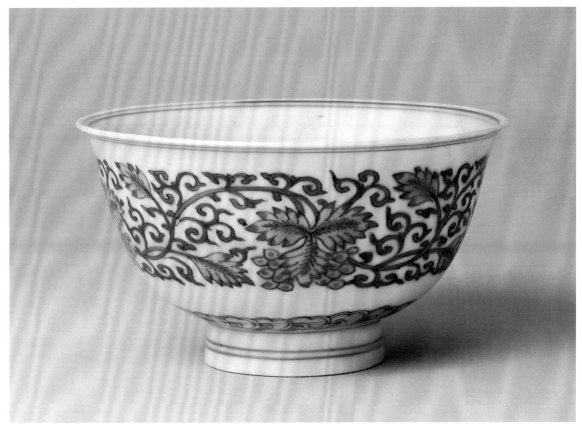

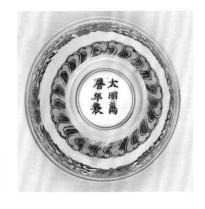

碗撇口，弧壁，圈足。青花紋飾，碗心青花書梵文九字；外壁以纏枝葡萄組成寬帶式花紋，近足處繪蓮瓣一周。底青花雙圈內書“大明萬曆年製”楷書款。

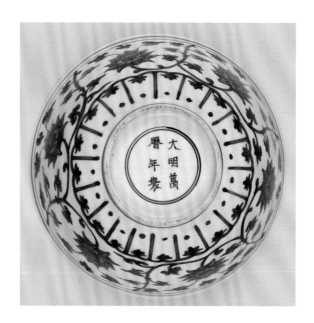

青花纏枝蓮紋碗

明萬曆

高9厘米　口徑21厘米　足徑7.7厘米

清宮舊藏

Blue and white bowl with design of interlocking sprays of lotus

Wanli period, Ming Dynasty

Height: 9cm　Diameter of mouth: 21cm

Diameter of foot: 7.7cm

Qing court collection

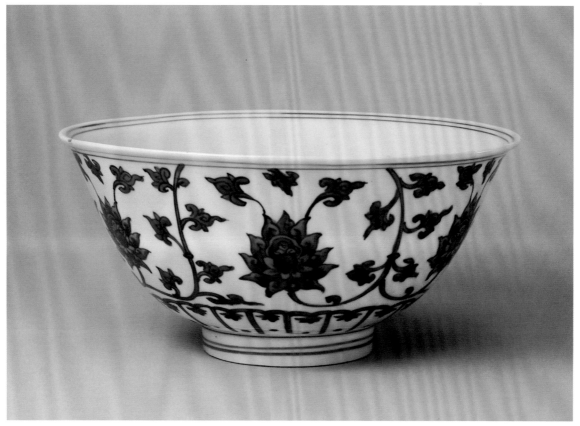

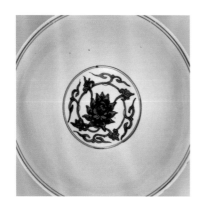

碗撇口，弧壁，圈足。碗心及外壁均以青花繪纏枝蓮，外壁近足處飾蓮瓣紋一周。底青花雙圈內書"大明萬曆年製"楷書款。

此件構圖舒展，筆觸細膩，青花艷麗，為精工之作。

青花蓮托八寶紋碗
明萬曆
高6.8厘米　口徑15.6厘米　足徑5.8厘米

Blue and white bowl with design of lotus holding Eight Buddhist Emblems
Wanli period, Ming Dynasty
Height: 6.8cm　Diameter of mouth: 15.6cm
Diameter of foot: 5.8cm

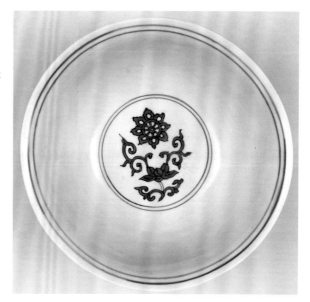

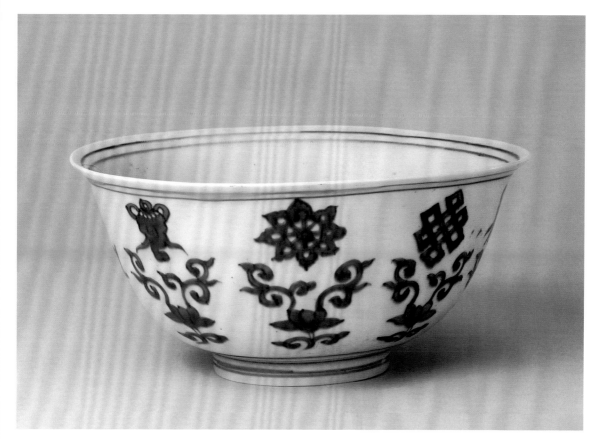

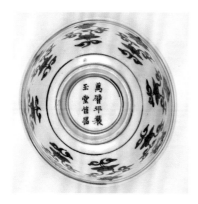

碗撇口，弧壁，圈足。青花紋飾，碗心繪朵蓮托寶相花，外壁繪朵蓮托八寶紋。底青花雙圈內書"萬曆年製玉堂佳器"楷書款。

八寶又稱"八吉祥"，是藏傳佛教用以象徵吉祥的八件器物，為輪、螺、傘、蓋、花、瓶、魚、結，明、清兩代其排列順序有所不同。此件器底的"玉堂佳器"款濫觴於萬曆朝，流行於明末清初的官、民窰青花瓷中。

青花團花紋碗
明萬曆
高6.9厘米　口徑15.9厘米　足徑5.6厘米

Blue and white bowl with posy design
Wanli period, Ming Dynasty
Height: 6.9cm　Diameter of mouth: 15.9cm
Diameter of foot: 5.6cm

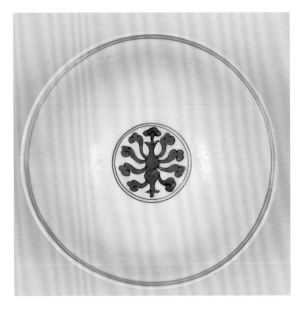

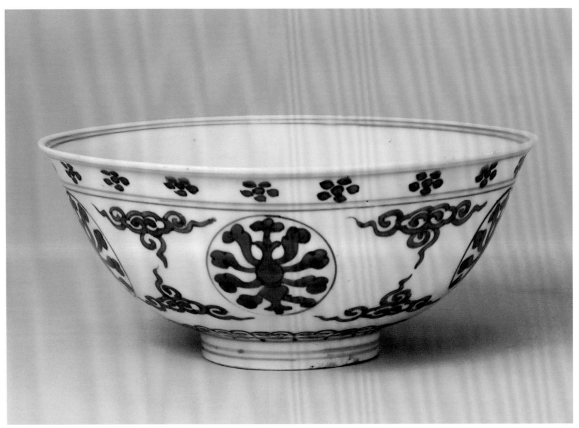

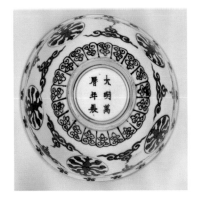

碗撇口，弧壁，圈足。碗心、外壁以青花繪如意輪花，輔以朵梅、仰覆勾雲紋等。底青花雙圈內書"大明萬曆年製"楷書款。

此件青花別開生面，為是時創新之紋樣。

青花福壽康寧文碗
明萬曆
高14.5厘米　口徑30厘米　足徑18.5厘米
清宮舊藏

Blue and white bowl decorated with four Chinese characters "Fu" (well-being) , "Shou" (longevity) , "Kang" (health) , "Ning" (tranquility)
Wanli period, Ming Dynasty
Height: 14.5cm　Diameter of mouth: 30cm
Diameter of foot: 18.5cm
Qing court collection

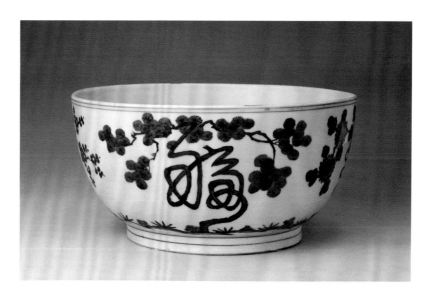

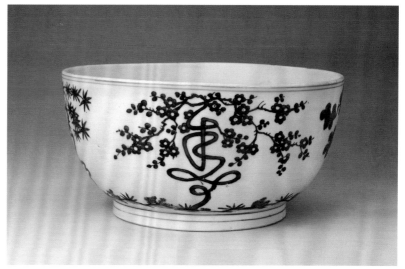

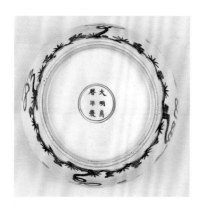

碗直口，深弧壁，寬圈足。青花紋飾，外壁以松、竹、梅、菊枝幹纏繞成"福、壽、康、寧"四字吉祥語。底青花雙圈內書"大明萬曆年製"楷書款。

松、竹、梅、菊四種植物在畫題中又稱"四君子"，含有"高風亮節"之意。以樹本盤"福壽"字為萬曆朝青花瓷最常用的裝飾。

青花纏枝蓮紋梵文碗

210

明萬曆
高8.8厘米　口徑21.2厘米　足徑9.4厘米

Blue and white bowl with design of interlocking sprays of lotus and Sanskrit
Wanli period, Ming Dynasty
Height: 8.8cm　Diameter of mouth: 21.2cm
Diameter of foot: 9.4cm

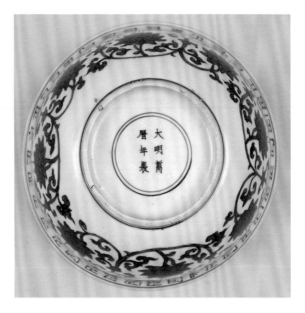

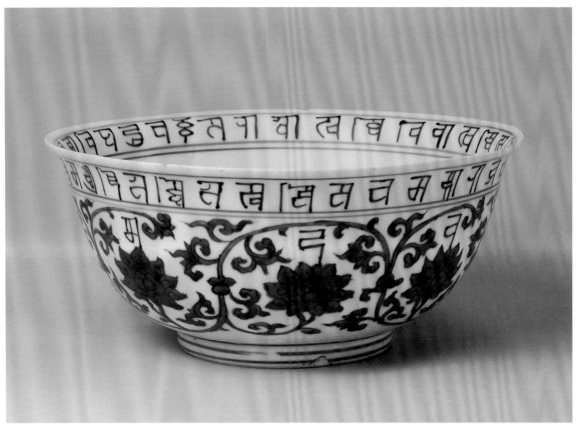

碗撇口，深弧壁，圈足。青花紋飾，碗心繪蓮花瓣，內書五梵文，裏外口均為梵文；外壁繪纏枝花托八梵文。底青花雙圈內書"大明萬曆年製"楷書款。

此碗以梵文組成吉祥咒，為是時皇室禮佛之器。

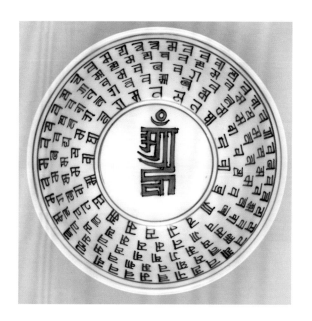

青花梵文碗

明萬曆

高3.8厘米　口徑12厘米　足徑5.2厘米

Blue and white bowl with concave foot inscribed with Sanskrit

Wanli period, Ming Dynasty

Height: 3.8cm　Diameter of mouth: 12cm

Diameter of foot: 5.2cm

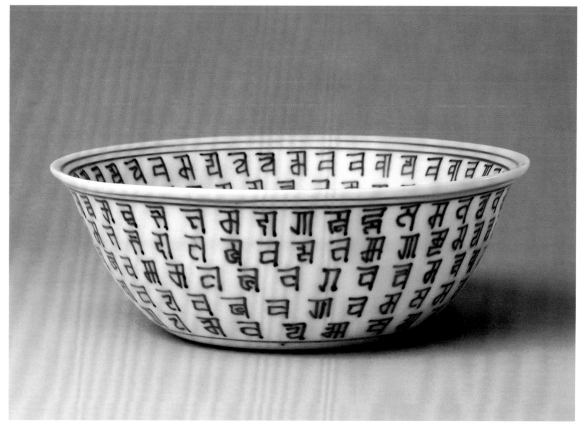

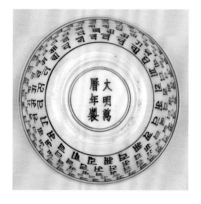

碗撇口，淺弧壁，臥足。通體青花飾梵文二百餘字吉祥咒；碗心所書一梵文代表時輪金剛咒。底青花雙圈內書"大明萬曆年製"楷書款。

此為皇室禮佛之器，但由漢地工匠書於青花瓷上的梵文與番僧手書原本有小的誤差。

青花羅漢圖獸鈕鐘

明天啟
高19.6厘米　口徑14.5厘米
清宮舊藏

**Blue and white bell with a beast-shaped knob decorated
with Lohan pattern**
Tianqi period, Ming Dynasty
Height: 19.6cm　Diameter of mouth: 14.5cm
Qing court collection

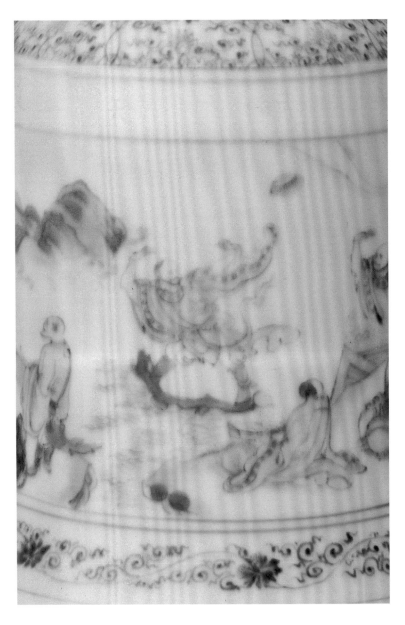

鐘圓頂，直腹，撇沿，雙首蒲牢鈕，蒲牢在傳說中是海邊之獸。通景青
花淡描十八羅漢，隙地飾高山、雲朵、草叢、樹木等；上下輔以纏枝花
紋邊飾。肩白釉下暗刻"大明天啟元年孟夏月造"楷書款。

此器青花淡雅，釉面瑩潤；描繪的人物姿態各異，生動傳神，粉本出自
同時的著名畫家丁雲鵬之手，為天啟朝目前僅見的珍品。

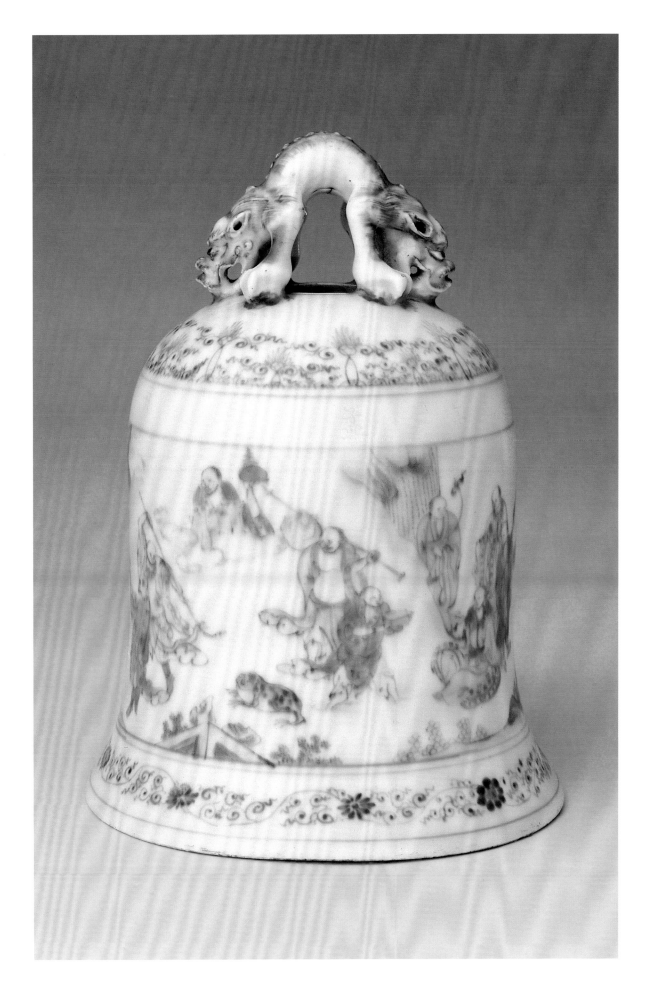

青花花卉紋方觚

明天啟
高31.8厘米　口徑14.3厘米　足徑10.2厘米
清宮舊藏

Blue and white square Gu (beaker) with floral design
Tianqi period, Ming Dynasty
Height: 31.8cm　Diameter of mouth: 14.3cm
Diameter of foot: 10.2cm
Qing court collection

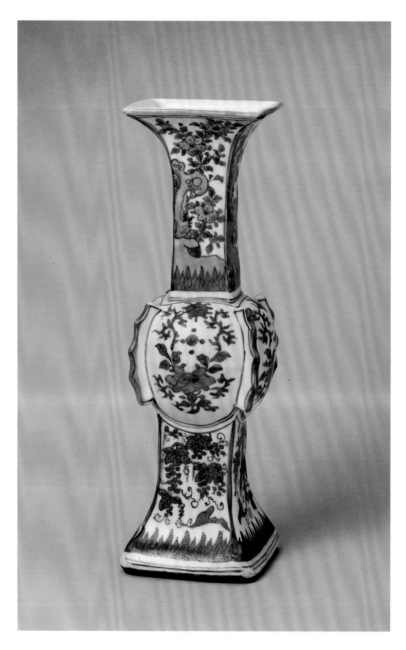

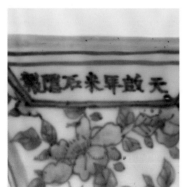

觚四方形，撇口，長頸，腹出四戟，高足外撇。通體青花紋飾，頸繪洞
石花卉，腹繪折枝花托輪、螺、傘、蓋佛教四寶，高足飾折枝葡萄紋。
口沿下有青花書"天啟年米石隱製"楷書款。

米石隱，名萬鐘，明末書畫家，以收藏奇石名聞天下。此觚為其定製之
作，形體修長，青花淡雅，運筆靈活，頗有書卷氣，因是名士定製，更
是珍貴。

青花羅漢圖爐
明天啓
高17.5厘米　口徑28.5厘米　足徑18厘米

**Blue and white incense-burner decorated with Lohan
pattern**
Tianqi period, Ming Dynasty
Height: 17.5cm　Diameter of mouth: 28.5cm
Diameter of foot: 18cm

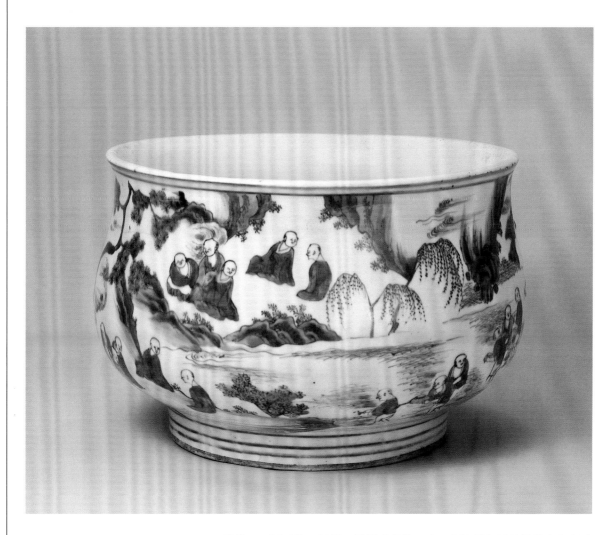

爐敞口，深弧腹，圈足。通景青花繪三十二個姿態各異的羅漢在山谷溪
水間休憩、嬉戲、打坐或摸魚，周圍有捲雲、松柏、清泉、竹林，好一
幅生動的山溪人物圖卷。

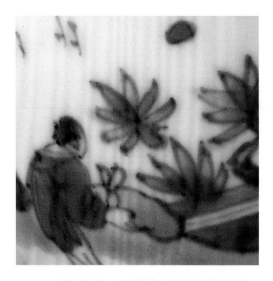

青花高士圖杯

215

明天啟
高4.7厘米　口徑6.8厘米　足徑2.7厘米

Blue and white cup decorated with a scholar
Tianqi period, Ming Dynasty
Height: 4.7cm　Diameter of mouth: 6.8cm
Diameter of foot: 2.7cm

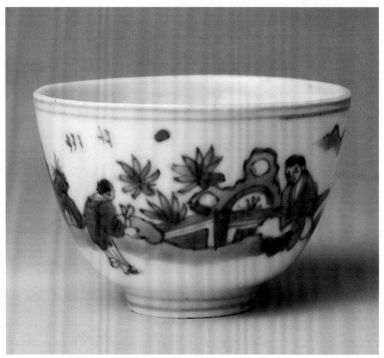

杯直口，深壁，淺圈足。外壁通景青花繪山水人物圖，高士坐於洞石一側，書童將琴遞與高士，遠處有羣山、飛鳥，近處有芭蕉、欄杆、竹林。底青花單圈綫內偽託"大明成化年製"楷書款。

此件青花設色淺淡，落筆輕柔，為天啟青花的代表作。

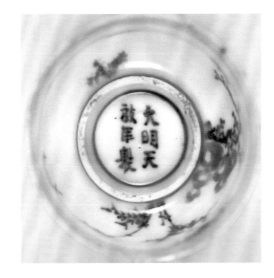

216

青花竹梅圖杯
明天啟
高2.2厘米　口徑5厘米　足徑2厘米

Blue and white cup with design of bamboo and plum
Tianqi period, Ming Dynasty
Height: 2.2cm　Diameter of mouth: 5cm
Diameter of foot: 2cm

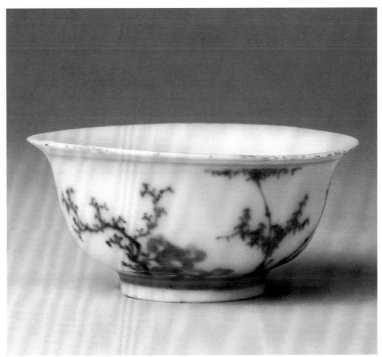

杯撇口，弧壁，圈足。外壁通景青花繪山石松竹。底青花單圈內書"大明天啟年製"楷書款。

此杯胎薄體輕，小巧玲瓏，器壁呈半透明狀；青花淡雅，筆法灑脫，疏密有秩，文人氣十足，不落俗套，為天啟時少有的官窯精品。

青花三國故事圖缸
明崇禎
高14.5厘米　口徑19厘米　足徑9.5厘米

Blue and white vat with design of the Romance of the Three Kingdoms
Chongzhen period, Ming Dynasty
Height: 14.5cm　Diameter of mouth: 19cm
Diameter of foot: 9.5cm

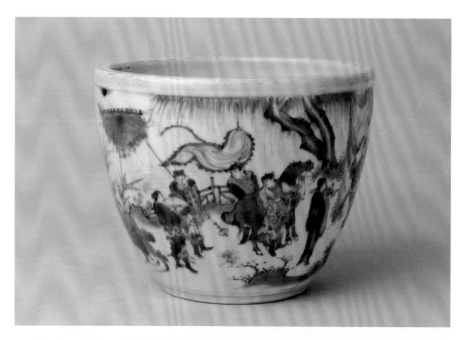

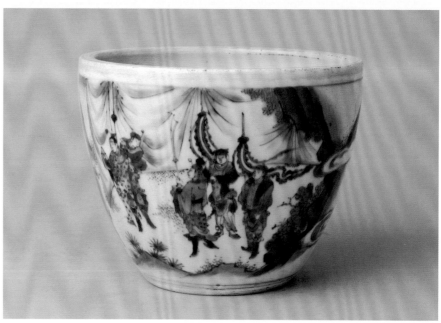

缸直口，深腹，平砂底。器身通景青花繪《饋寶説呂布圖》，武士手持
刀、槍、劍、戟，周圍繪旗幟、軍帳、城池、山水、草木等。

故事出自《三國演義》，李肅奉董卓之命，帶着赤兔馬和珍寶，來到洛
陽城下的呂布軍帳中，説服呂布投降。呂布頭戴束髮冠，身穿百花袍，
手持方天畫戟，形象十分生動。

青花誇官圖缸
明崇禎
高18厘米　口徑22.5厘米　足徑11.2厘米

Blue and white vat with figure design
Chongzhen period, Ming Dynasty
Height: 18cm　Diameter of mouth: 22.5cm
Diameter of foot: 11.2cm

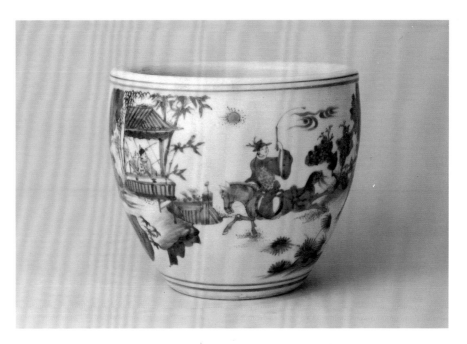

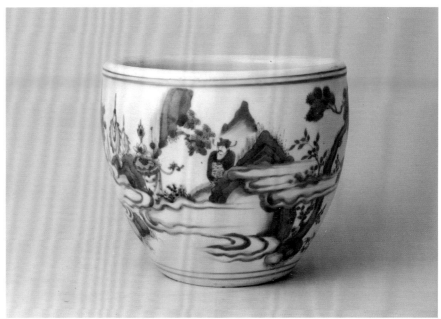

缸直口，深弧腹，細砂平底。器身通景青花繪《誇官圖》，圖中狀元及
第，騎馬揚鞭，沿途誇官報喜，隨從高擎旗幟開道，路人觀看同喜。

此器胎體厚重，畫意生動，為崇禎朝青花上品。

青花百鳥圖缸
明崇禎
高17.3厘米　口徑22厘米　足徑11.5厘米

Blue and white vat with design of hundred birds
Chongzhen period, Ming Dynasty
Height: 17.3cm　Diameter of mouth: 22cm
Diameter of foot: 11.5cm

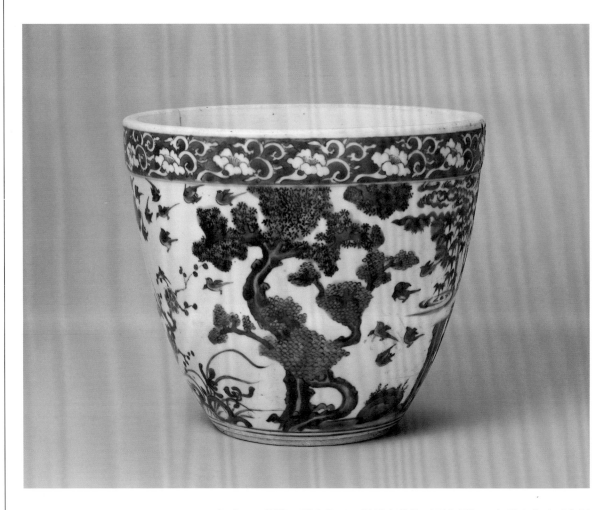

缸直口，深腹，平底內凹。通景青花繪《百鳥圖》，各種小鳥鳴叫穿行
在林間，隙地繪山石、花草、祥雲等。口沿呈寬帶式，以青花地留白花
裝飾。

釉裏紅

Underglaze red

釉裏紅四魚紋碗
明正德
高6.3厘米　口徑13.5厘米　足徑5.5厘米
清宮舊藏

Underglaze-red bowl with fish design
Zhengde period, Ming Dynasty
Height: 6.3cm　Diameter of mouth: 13.5cm·
Diameter of foot: 5.5cm
Qing court collection

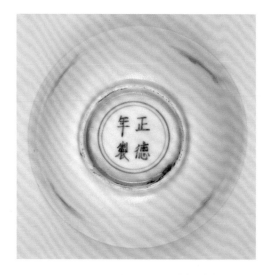

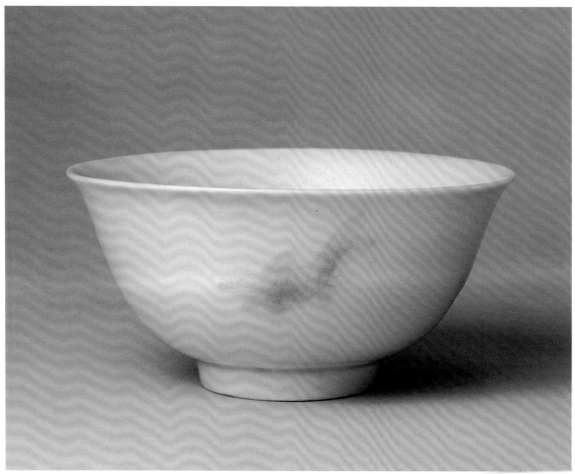

碗撇口，弧壁，圈足。器身以釉裏紅繪游魚四尾。底青花雙圈內書"正德年製"楷書款。

釉裏紅始於元代晚期，明代歷朝有燒，但正德時少見，尤其繪四魚者，故此碗愈顯珍貴。其紅魚色調紅中泛灰，極為淺淡，在瑩潤的白釉映襯下，游魚若隱若現，似在水中恣意潛游，別有意趣。

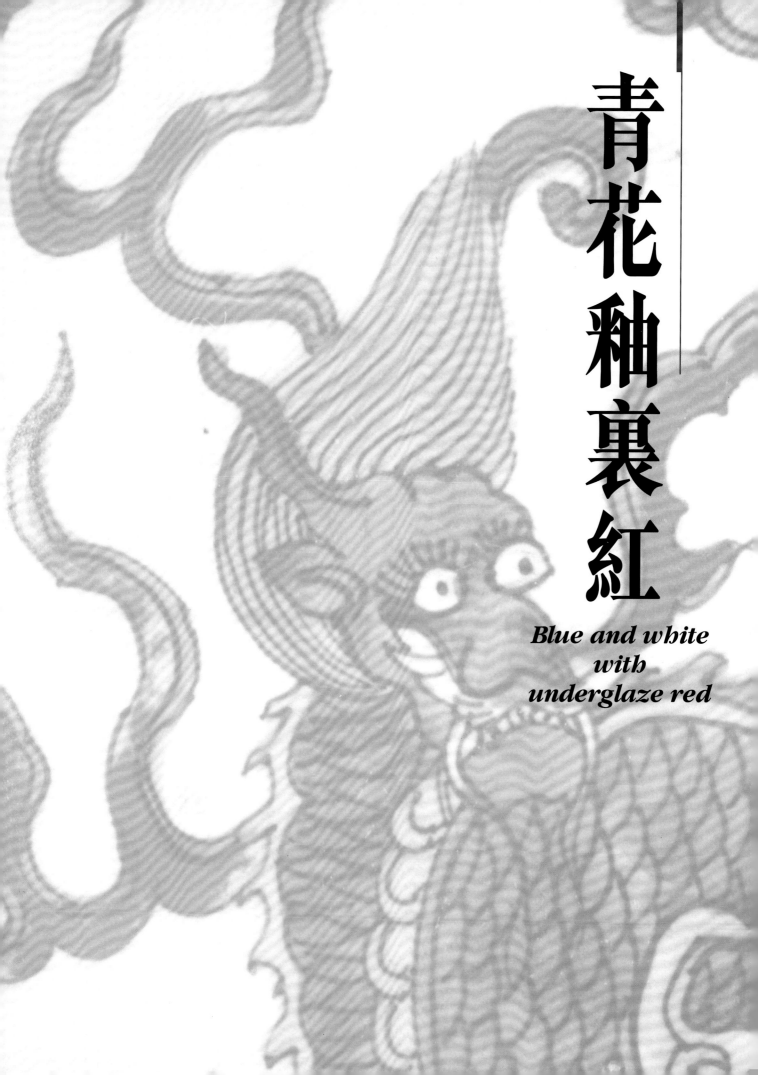

青花釉裏紅

Blue and white with underglaze red

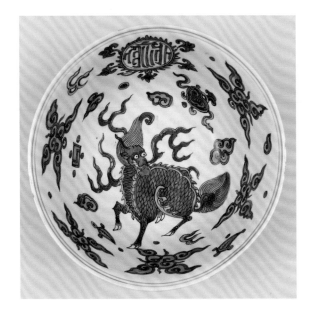

221

青花釉裏紅嬰戲圖碗
明萬曆
高10.2厘米　口徑22.4厘米　足徑8.8厘米

Blue and white bowl with design of children at play in underglaze red
Wanli period, Ming Dynasty
Height: 10.2cm　Diameter of mouth: 22.4cm
Diameter of foot: 8.8cm

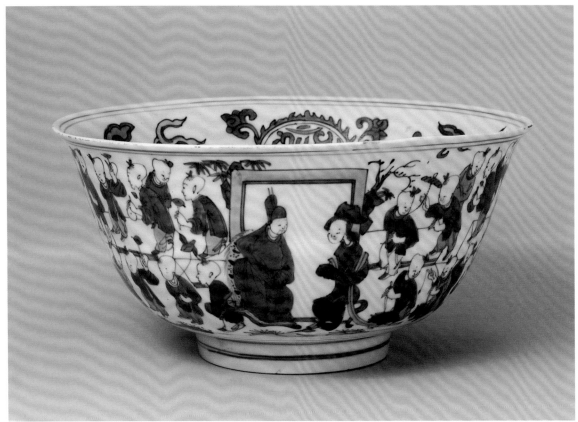

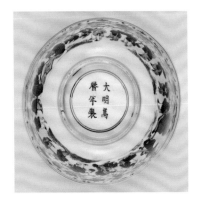

碗撇口，深弧壁，圈足。青花釉裏紅紋飾，碗心繪回首麒麟，周圍環以
祥雲、雜寶等，外壁繪屏風前坐有夫婦二人，周圍繪百子嬉戲，童子手
持靈芝、蓮葉、葫蘆等吉祥花草正在戲耍。底青花雙圈內書"大明萬曆
年製"楷書款。

青花釉裏紅的工藝始於元末，明初宣德時燒造較為成功。以後由於銅紅
釉的呈色技術較難掌握，明中期以後作品寥寥無幾。這件人物圖碗紋飾
清晰，所繪童子頑皮可愛，是萬曆官窰稀有的青花釉裏紅。

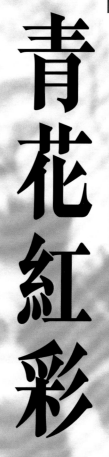

青花紅彩

Blue and white
in
gold colours

青花紅彩海水龍紋碗
明成化
高9.4厘米　口徑21.6厘米　足徑8.7厘米

Blue and white bowl with design of seawater and red dragon
Chenghua period, Ming Dynasty
Height: 9.4cm　Diameter of mouth: 21.6cm
Diameter of foot: 8.7cm

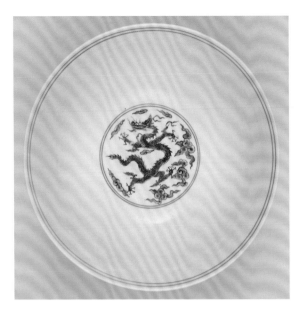

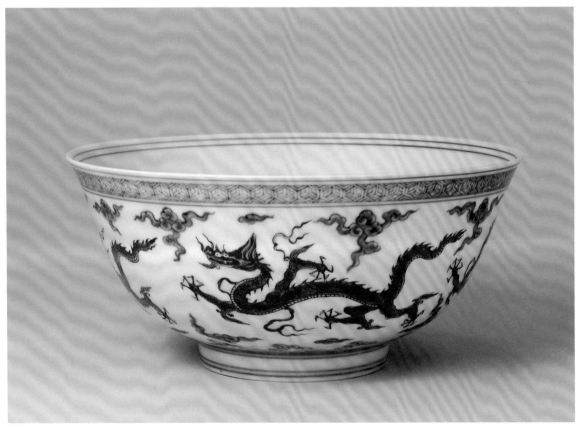

碗撇口，弧腹，圈足。碗心及外壁繪青花海水紅彩龍紋，輔以龜背錦邊飾與靈芝朵雲紋。

其胎質細膩，釉面潔白瑩潤，造型秀美，繪畫精細，設色雅麗，美不勝收。

青花紅彩海水龍紋盤

明弘治

高4.4厘米　口徑19.9厘米　足徑12.5厘米

Blue and white bowl with design of seawater and red dragon

Hongzhi period, Ming Dynasty

Height: 4.4cm　Diameter of mouth: 19.9cm

Diameter of foot: 12.5cm

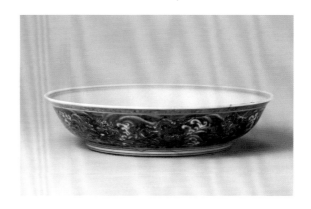

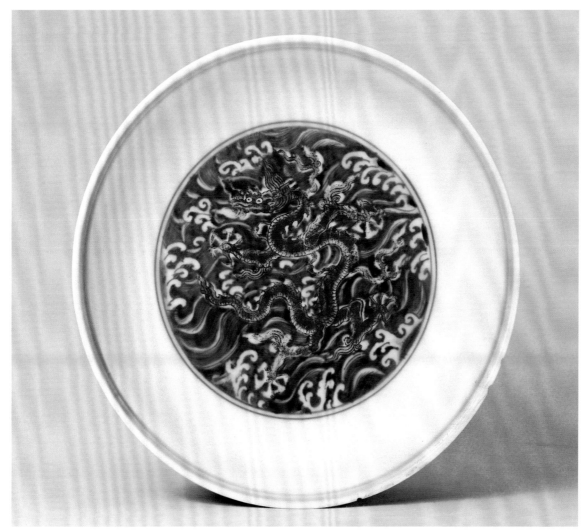

盤撇口，淺弧壁，圈足。通體飾翻騰於青花海水中的紅彩龍紋。以深藍色的海水映襯，龍身紅彩愈顯艷麗。

青花紅彩裝飾技法，是先以鈷料畫好部分紋飾並留出一定空白，經高溫燒成後在空白處填繪紅彩紋飾二次入窰低溫烘烤，因工藝複雜，故傳世品較青花品種稀少。

青花紅彩朵雲龍紋盤

明弘治
高4.3厘米　口徑22.2厘米　足徑14厘米
清宮舊藏

Blue and white plate with design of clouds and red dragon
Hongzhi period, Ming Dynasty
Height: 4.3cm　Diameter of mouth: 22.2cm
Diameter of foot: 14cm
Qing court collection

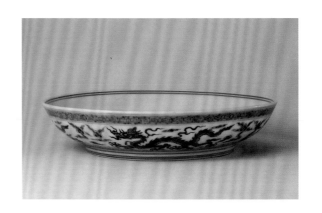

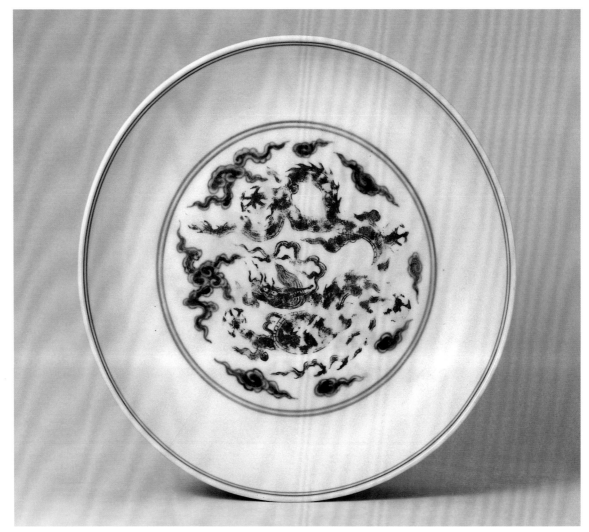

盤敞口，淺弧壁，圈足。盤心及外壁繪青花朵雲紅彩龍紋，輔以龜背錦
紋邊飾。

此盤紅彩凝膩，青花淺淡，紋飾纖細，頗具陰柔之美。其造型也見於同
期其他瓷器品種。

青花紅彩朵雲魚紋高足碗
明弘治
高11.9厘米　口徑16.1厘米　足徑4.4厘米

Blue and white stem bowl with design of clouds and red fish
Hongzhi period, Ming Dynasty
Height: 11.9cm　Diameter of mouth: 16.1cm
Diameter of foot: 4.4cm

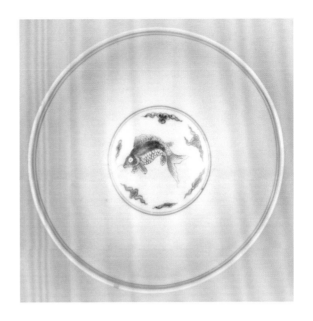

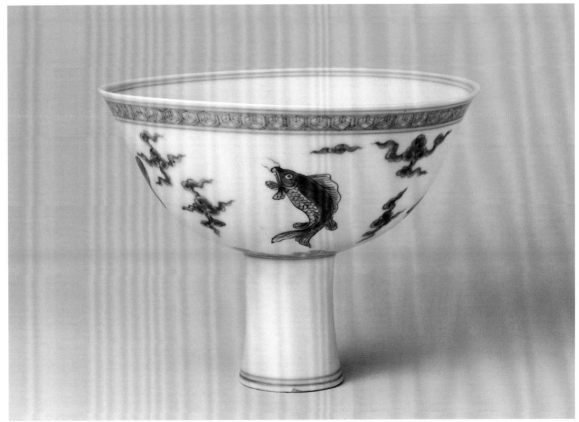

碗敞口，弧壁，高足中空。碗心及外壁繪青花朵雲紅彩鯉魚躍龍門，輔以青花龜背錦紋邊飾。

此件造型秀美，釉面潔白瑩潤；疏簡的構圖，使畫面有大片空白，令躍於空中的紅鯉更為生動、突出，其構思、用筆出神入化，超凡脫俗。

青花紅彩蓮塘魚紋碗
明弘治
高11.7厘米　口徑27.5厘米　足徑11.9厘米
清宮舊藏

**Blue and white bowl with design of red-coloured fish
swimming in lotus pond**
Hongzhi period, Ming Dynasty
Height: 11.7cm　Diameter of mouth: 27.5cm
Diameter of foot: 11.9cm
Qing court collection

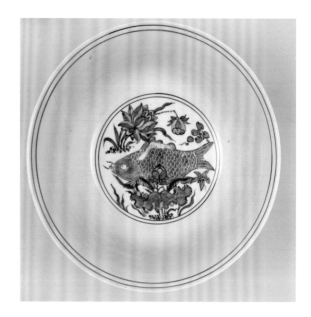

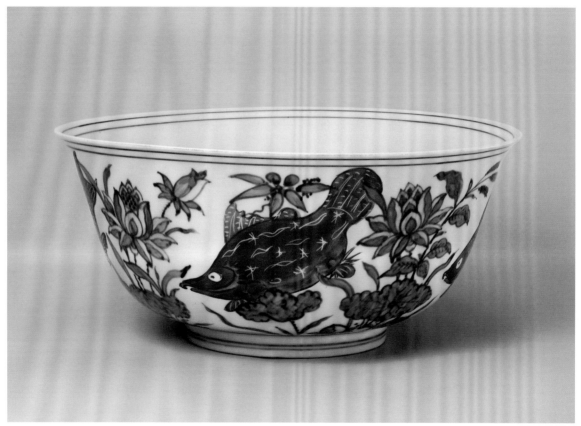

碗撇口，深弧壁，圈足，青花紅彩紋飾，碗心飾荷蓮鯉魚紋，外壁繪
鯉、鱖、鯖、鯽四魚游弋於荷蓮之間。

此器色彩鮮明，搭配得當，綫條流暢，紋飾生動，是一件不可多得的珍
品。

青花紅彩水藻魚紋蓋罐

明嘉靖
通高41.2厘米　口徑21.8厘米　足徑21.5厘米

**Blue and white bowl with design of water-weed and
red-coloured fish**
Jiajing period, Ming Dynasty
Overall height: 41.2cm　Diameter of mouth: 21.8cm
Diameter of foot: 21.5cm
Qing court collection

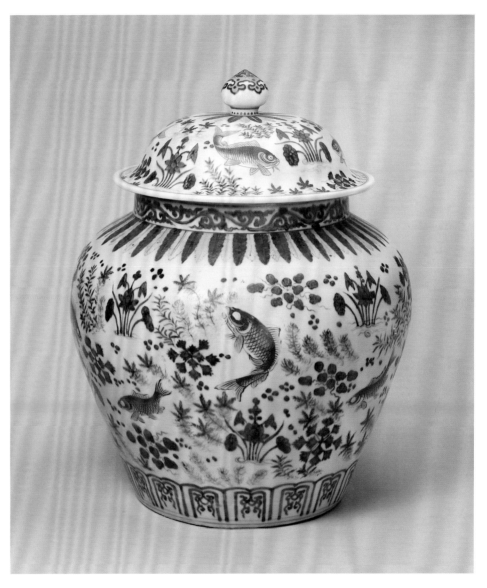

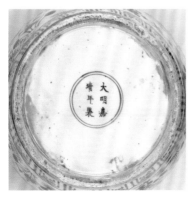

罐直口，豐肩，斂腹，寬圈足；寶珠鈕蓋。蓋及腹通景繪青花紅彩蓮塘魚紋，十二尾姿態各異的游魚穿行於水藻浮萍之間，千迴百轉。以淡黃染魚，以紅彩勾鰓描鱗，墨彩點睛，極具神采。底青花雙圈內書"大明嘉靖年製"楷書款。

嘉靖紅彩盛行一時，色調純正，絢麗，多以黃彩襯底，覆紅彩勾描，此種技法又稱為"黃上紅"。此器造型古樸，繪畫清新，色彩對比和諧，是官窯中的精品。

青花紅彩海水龍紋碗
明嘉靖
高16.2厘米　口徑36.6厘米　足徑15.6厘米
清宮舊藏

Blue and white bowl with design of seawater and red dragons
Jiajing period, Ming Dynasty
Height: 16.2cm　Diameter of mouth: 36.6cm
Diameter of foot: 15.6cm
Qing court collection

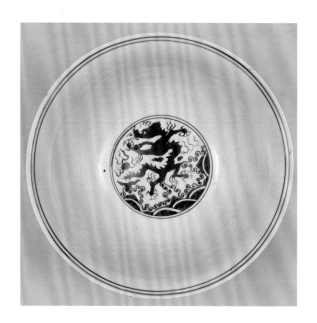

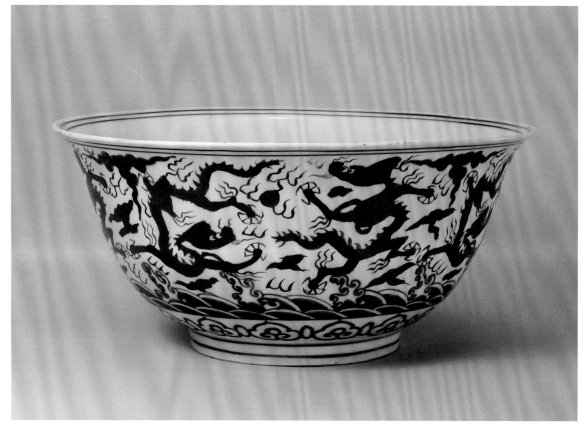

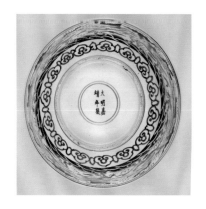

碗撇口，弧腹，圈足，底心下塌。碗心飾青花海水紅彩龍戲珠紋；外腹飾青花海水紅彩雙龍戲珠，隙地有青花"丁"字雲相隔，近足處飾如意雲紋一周。底青花雙圈內書"大明嘉靖年製"楷書款。

此種碗，嘉靖、隆慶、萬曆三朝的造型、紋飾、色彩相同，唯署款各異。

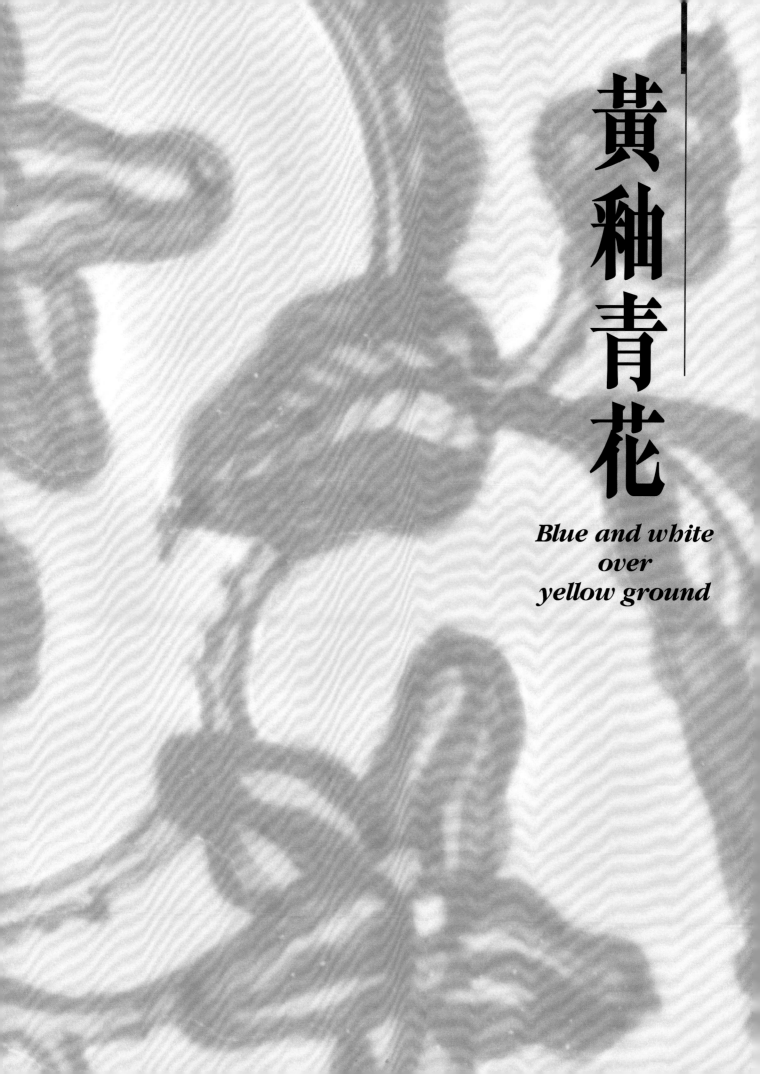

黃釉青花

**Blue and white
over
yellow ground**

黃地青花折枝花果紋盤
明成化
高5.2厘米　口徑29.5厘米　足徑21厘米
清宮舊藏

**Blue and white plate with design of fruit and floral
sprays over yellow ground**
Chenghua period, Ming Dynasty
Height: 5.2cm　Diameter of mouth: 29.5cm
Diameter of foot: 21cm
Qing court collection

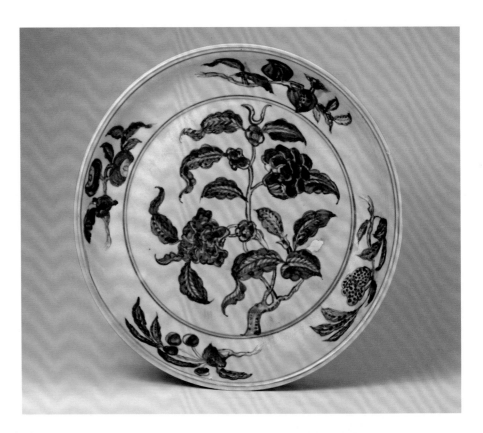

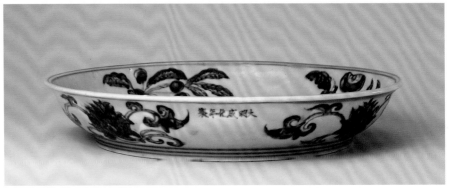

盤撇口，淺弧壁，圈足，糊米痕砂底。通體黃釉鋪地，青花紋飾，盤心
繪折枝石榴花，裏壁飾折枝瑞果四種；外壁飾折枝蓮紋。外口沿下有青
花橫書"大明成化年製"楷書款。

黃釉青花為明宣德時首創的高溫與低溫釉相結合的品種，成化時更加溫
潤而略淺淡。它是在青花燒成後再於白釉地上掛黃釉復入窰烘烤而成。
凝重艷麗的青花紋飾與淺淡的黃釉地相互輝映，更具立體藝術效果。

黃地青花折枝花果紋盤

230

明成化
高4.3厘米　口徑25.3厘米　足徑16.3厘米
清宮舊藏

**Blue and white plate with design of fruit and floral
sprays over yellow ground**
Chenghua period, Ming Dynasty
Height: 4.3cm　Diameter of mouth: 25.3cm
Diameter of foot: 16.3cm
Qing court collection

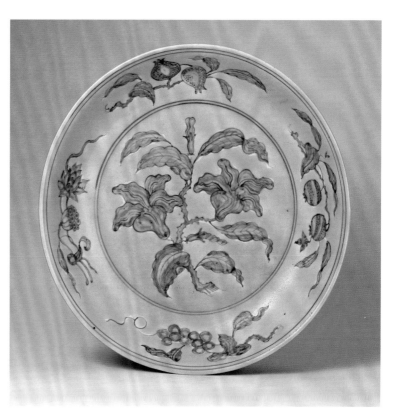

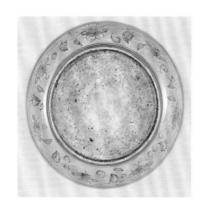

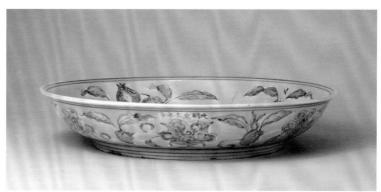

盤撇口，淺弧壁，圈足，糊米痕砂底。通體以黃釉鋪地，盤心繪青花折枝梔子花，裏壁繪折枝瑞果，分別為石榴、櫻桃、蓮蓬、楊梅，外壁繪青花纏枝蓮紋。外口沿下黃釉長方框內青花橫書"大明成化年製"楷書款。

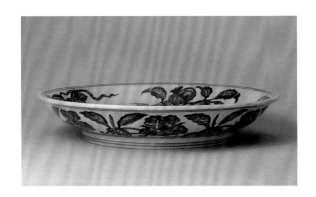

黃地青花折枝花果紋盤

明弘治

高4.2厘米　口徑26.2厘米　足徑16.5厘米

Blue and white plate with design of fruit and floral sprays over yellow ground

Hongzhi period, Ming Dynasty

Height: 4.2cm　Diameter of mouth: 26.2cm

Diameter of foot: 16.5cm

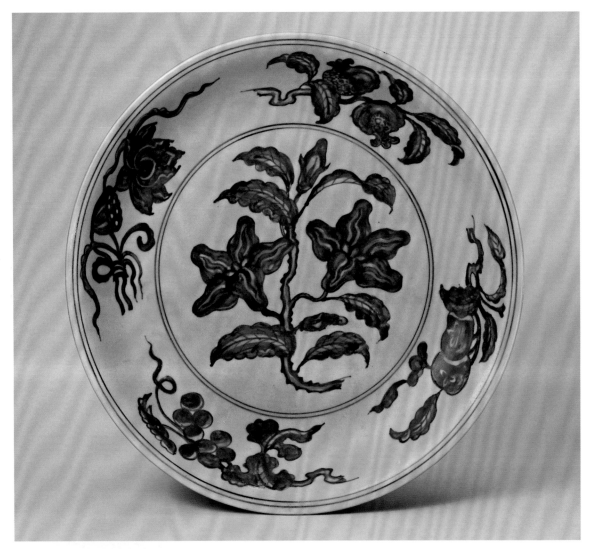

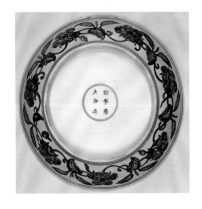

盤敞口，弧壁，圈足。通體黃釉鋪地，青花紋飾，盤心繪折枝梔子花，裹壁繪折枝石榴、櫻桃、蓮蓬、葡萄等象徵"福壽吉祥"的瑞果；外壁繪纏枝牡丹花紋。底青花雙圈內書"大明弘治年製"楷書款。

此為傳統品種，承前啟後，唯款識不同。

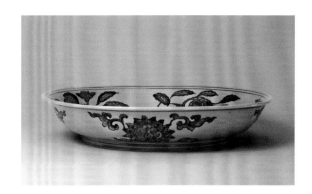

232

黄地青花折枝花果紋盤
明正德
高5.6厘米　口徑29.5厘米　足徑18.1厘米
清宮舊藏

Blue and white plate with design of fruit and floral sprays over yellow ground
Zhengde period, Ming Dynasty
Height: 5.6cm　Diameter of mouth: 29.5cm
Diameter of foot: 18.1cm
Qing court collection

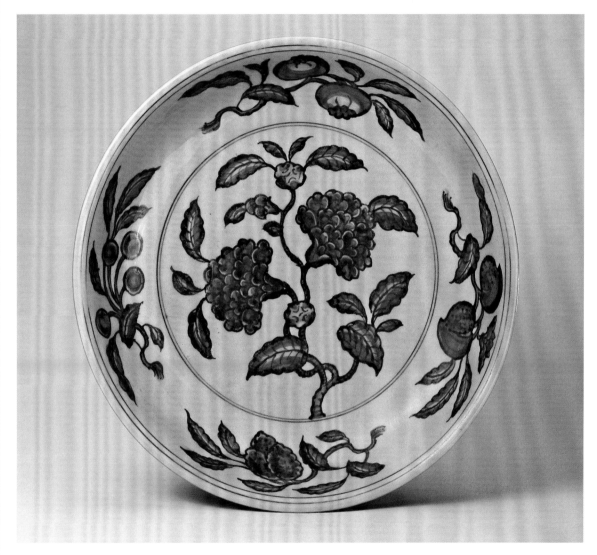

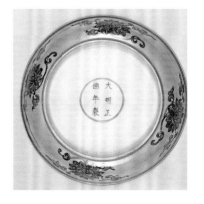

盤敞口，弧壁，圈足。通體黃地，青花紋飾，盤心繪折枝石榴花，裏壁
繪四季花果，有荔枝、枇杷、鮮桃、柿子；外壁繪折枝蓮紋。底青花雙
圈內書"大明正德年製"楷書款。

此盤為明初以來的傳統品種，但釉面色澤較前略深。

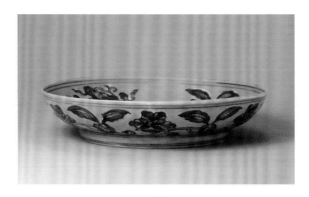

黃地青花折技花果紋盤

明正德

高4.3厘米　口徑21.5厘米　足徑13.9厘米

清宮舊藏

Blue and white plate with design of fruit and floral sprays over yellow ground

Zhengde period, Ming Dynasty

Height: 4.3cm　Diameter of mouth: 21.5cm

Diameter of foot: 13.9cm

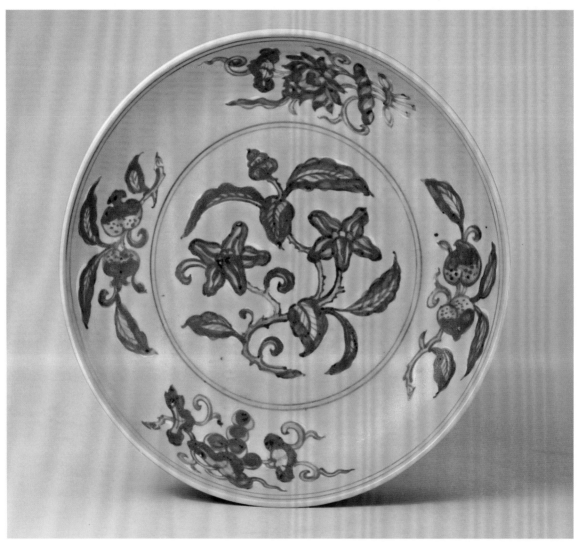

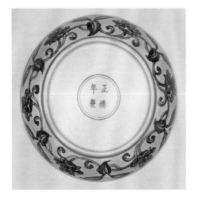

盤敞口，淺弧壁，圈足。通體黃釉鋪地，青花紋飾，盤心繪折枝栀子花，裏壁分飾石榴、葡萄、蓮藕、鮮桃等折枝花果，外壁飾纏枝牡丹紋。底青花雙圈內書"正德年製"楷書款。

此種盤於黃地青花品種中為新出現的器型。

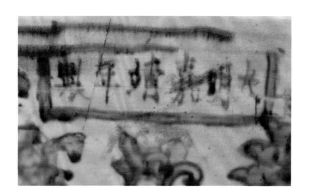

黄地青花穿花龍紋盤

明嘉靖
高11.8厘米　口徑80.7厘米　足徑54厘米
清宮舊藏

Blue and white plate with design of dragon among flowers over yellow ground
Jiajing period, Ming Dynasty
Height: 11.8cm　Diameter of mouth: 80.7cm
Diameter of foot: 54cm
Qing court collection

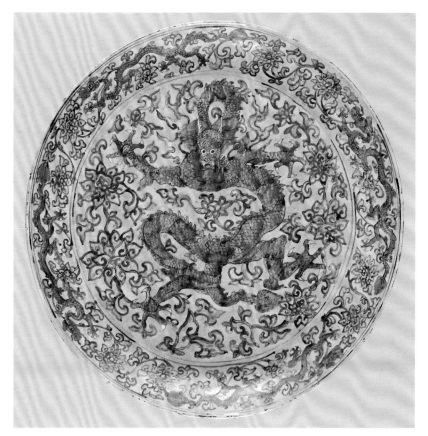

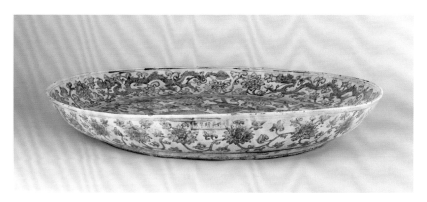

盤敞口，淺弧壁，塌底，圈足。通體黃釉鋪地，青花紋飾，盤心繪正面行龍穿纏枝蓮，外壁繪纏枝蓮紋。外口沿下有青花橫書"大明嘉靖年製"楷書款。

同此盤紋飾還見有青花品種，應為奉旨而造的皇室祀天祭地之重器。